# 掌控
## CONTROL

如何在人际交往中取得主导权

陈玮 ◎ 著

中央编译出版社
Central Compilation & Translation Press

## 图书在版编目（CIP）数据

掌控：如何在人际交往中取得主导权/陈玮著． —— 北京：中央编译出版社，2016.9（2018.7重印）
ISBN 978-7-5117-3021-3

Ⅰ．①掌… Ⅱ．①陈… Ⅲ．①人际关系－通俗读物 Ⅳ．①C912.1-49

中国版本图书馆CIP数据核字(2016)第118667号

掌控：如何在人际交往中取得主导权

| | |
|---|---|
| 出 版 人： | 葛海彦 |
| 责任编辑： | 盛菊艳　翟民刚 |
| 特约编辑： | 张金蓉 |
| 责任印制： | 尹　珺 |
| 出版发行： | 中央编译出版社 |
| 地　　址： | 北京西城区车公庄大街乙5号鸿儒大厦B座（100044） |
| 电　　话： | (010) 52612345（总编室）　(010) 52612335（编辑室）<br>(010) 52612316（发行部）　(010) 52612317（网络销售）<br>(010) 52612346（馆配部）　(010) 55626985（读者服务部） |
| 传　　真： | (010) 66515838 |
| 经　　销： | 全国新华书店 |
| 印　　刷： | 北京嘉业印刷厂 |
| 开　　本： | 710毫米×1000毫米　1/16 |
| 字　　数： | 280千字 |
| 印　　张： | 18 |
| 版　　次： | 2018年7月第1版第3次印刷 |
| 定　　价： | 38.00元 |
| 网　　址： | www.cctphome.com　　邮　箱：cctp@cctphome.com |
| 新浪微博： | @中央编译出版社　　微　信：中央编译出版社（ID:cctphome） |

凡有印刷质量问题，本社负责调换，电话：010-55626985

PREFACE 序言

## 别太"听话",一味顺从别人就等于让生活失控

你的想法和行动真的是出自你真实的意愿吗?对我们大多数人来说,答案是否定的。交际圈中的各种隐形规则让你寸步难行,你经常做着违背自己意愿的事情,并因此陷入各种困局之中:你可能常常在上司的强制性要求下被迫加班;你可能经常被客户刁难而不知道如何应对;你可能会因为不知如何拒绝亲朋好友的不合理请求而焦虑不安;你多年来都徘徊在自我意愿和父母的要求之间而左右为难;你总是一再忍让着伴侣的无理要求,而对方却得寸进尺……

在生活中,霸道蛮横、自私自利、难以共处之人无处不在。他们或许就在你的办公室里,在紧张而庄重的谈判桌上,在觥筹交错的饭局中,甚至可能在你的家里。他们或是思想保守的老人,或是血气方刚的年轻人;或是陌生人,也可能是你亲密的朋友或家人;他们或者位高权重,或者看似柔弱,但都给你的生活造成了一定程度的困扰。

这些难以对付的家伙使你的日常生活痛苦不堪,你费劲了心思,却还是不能使局面得到控制。每次交流都会引发冲突,每次谈判都像一场战斗,每次开会都会令你惴惴不安。你疲于应付他们,为了缓解矛盾,缓和关系,你采用了你认为最简单的手段——退让和妥协,你认为这样就能避开矛盾。然

而，你的妥协和逃避不仅不能真正地解决问题，还会把自己逼到进退两难的境地——他们只会变本加厉地"为难"你。

事实上，与其耗费精力去跟那些"难搞"的人周旋，不如回归自我，看看自己到底是哪里出了问题。因为"人在江湖"，所有的"身不由己"都是你自己造成的！你首先放弃了自己的掌控权，才会让他人有机可乘，左右你的行为。

那么，你为什么总是会选择退缩呢？你是如何失去掌控权的？

很多人害怕矛盾和批评，认为矛盾会带来损失，批评会让我们颜面扫地。我们放弃了很多权利，认为在很多场合都无权表达自己的观点，提出自己的要求。我们从小就被灌输了这样的观念：应该接受和遵守由他人制定的规则，要绝对听从长辈的话，因为这样才是一个受大家喜爱的人。即使面对不合理的要求，我们也很难拒绝，因为拒绝他人就表明我们冷漠和自私。

是的，你首先在自己心理植入了这样一种消极的观念：对抗和拒绝就等于自私，而自私的人会遭到他人的厌恶和排斥。这样的观念正好成为了他人摆弄你的最好工具，而你正是他们的同谋。

另外，我们也很容易被那些比我们强势的人所利用。我们无法拒绝来自上司、专家等"权威者"的要求，总会下意识地听命于他们，正因如此，我们在交际中形成了思维盲点。事实上，被控制是因为我们内心的软弱。我们总是会被这些强势之人的外表所迷惑，认为他们很强大，神圣不可侵犯，我们不知道的是，他们同样处于高度的焦虑状态中，只是他们会通过对别人的操纵，使自己显得很强大。

你可能会问："我也想摆脱这些困境，重新掌控生活，但是我不知道从何做起。"生活中有许多像你一样的人，他们也尽量让自己表现出最好的状态，却总是不尽如人意；面对他人的无礼相待，他们要么忍气吞声，要么情绪失控，却只能让事情变得更糟。其实，不管你身处何种境地，面对怎样的对手，妥协或者爆发都不能给你带来任何好处，你的解决之道只有一个——

训练掌控力。

## 摆脱"身不由己"的困境，真正掌控自己的生活

在工作、恋爱、人际交往等日常生活领域中，他人对我们的操控都来自于我们自身的懦弱。因此，想要掌控自己的生活，在人际交往中获得主导权，就必须有一颗强大的内心。锻炼强大的内心并不是那么困难的，我们不需要对任何人都严密戒备，也不必觉得自己成了一个"自私鬼"，你要清楚，你只是在一点一点拿回自己应有的权利而已。另外，你必须明确自己的人际界限。不仅仅是要尊重自己的权利和界限，同时也要尊重对方的权利和界限。拒绝别人对自己指手画脚，强调自己的独立性和自由性，这样才会让你赢得他人的尊重。

你需要让自己强势一些，果断一些，摆脱唯唯诺诺的性格和拖泥带水的处事方式。强势和果断并非是咄咄逼人的攻击，也不是盛气凌人的打压，更不是张牙舞爪的较量。强势和果断的人，他们的人格魅力比习惯顺从之人要大得多——我们所信赖和敬佩的人，都具有决断、坚韧、执着的特质。更为关键的是，他们绝对不会用蛮力去应对人际纠纷，而是以巧妙的策略来化解困扰，获得双赢的结果。而这些策略和技巧，在本书中你都能找得到。

当然，你必须有所准备，因为当你"脱胎换骨"之后，你可能会面临一小段时间的不适感。因为并不是所有的果断和强势行为都会获得掌声，你一定会触及某些人的利益——他们不能再像以前那样任意摆弄你了。你的朋友和同事会很吃惊地发现，他们习以为常的"小绵羊"不见了。你的老板也会对你的变化感到惊愕，比如当你提出加薪的要求时，他可能会很恼火，"你竟敢对我提出要求！"

然而，这正说明你的"修炼"有所成效。不久以后，他们会逐渐正视与你的人际界限，会摆正自己的位置，会尊重你的权利。而这时，你才真正地与他们站在同等地位上了。

本书以心理学、行为学、语言学等领域的研究成果为基础，并结合大量的日常社交中的案例，深入浅出地为你揭示：只有让自己拥有掌控力，才能搞定那些难缠之人，在人际交往中应对自如，真正跟随自己的意愿来行动，彻底掌控自己的命运和生活。

无论是在工作中面对领导、同事、客户，还是在家庭中面对父母、伴侣、亲戚，又或者是与交际圈中的朋友、对手和陌生人相处，只要你能够掌握并运用本书中提到的思维方式和诸多应对策略，你不需要让自己花费多大的精力，就能巧妙地扭转局面，化被动为主动，摆脱人际压力和负面情绪，从容不迫地获得主导权。即使你的对手比你强势得多，你也能在交锋中处于不败的境地，以四两拨千斤之力化解困境。

# 目录 CONTENTS

## PART ONE　看破隐形操控模式，摆脱被动地位，获得人生的掌控权

### 第一章　拿回主动权，不做操控者的"同谋" / 3

　　你的人生是否由自己掌控？ / 4
　　合作性关系：规则内的较量 / 8
　　权威式关系：服从他还是战胜他？ / 10
　　平等关系：势均力敌的压制 / 14
　　非对等关系的交涉：小心！他在利用你 / 17
　　揭破隐秘说服手段：你为何稀里糊涂就答应了？ / 20
　　你是操控者的"同谋"？！ / 25
　　你才是自己行为的最终决断者 / 27

### 第二章　建立人际界限：失去界限就等于放弃掌控权 / 31

　　丢失的主导权：你的生活已经遭到他人的入侵 / 32
　　界限感缺乏：过度的干涉会扰乱亲密关系 / 35
　　人际交往中的移情与反移情：相互融合还是主动剥离？ / 39
　　拯救关系：帮助你是我的责任 / 42
　　控制关系：我的话你必须听 / 46

依赖关系：我做不到，你来帮我 / 50
迎合关系：求求你给我一个肯定 / 53
角色困境1：拒绝他人是一种自私的行为——顺从者 / 56
角色困境2："我就是不愿接受你的好意"——回避者 / 60
角色困境3："怎样才能让你关注我"——无反应者 / 62
亲密OR疏远：太近不行，太远也不行 / 65
围墙OR屏障：设立界限就等于表达敌意吗？ / 68
找到人与人之间的平衡点：设定界限的十大法则 / 70

## 第三章 取悦的代价：迎合他人就等于亏待自己 / 77

摆脱"奴性讨好"，坚持自己的意愿 / 78
隐性讨好者："我并没有讨好别人啊！" / 80
用错了的"好意"：你以为自己是好人？ / 83
宁愿亏待自己也不愿违背他人——讨好者的心理动机 / 86
你是讨好者吗？——"取悦症"的四大症状 / 88
情绪错位1："是我伤害了他！"——愧疚感 / 92
情绪错位2："他该不会生我气吧？"——担忧和恐惧感 / 94
情绪错位3："他到底是怎么想的？"——焦虑和不安感 / 97
不会生气，就是在给自己挖掘"陷阱" / 100
了解你的愤怒方式：内在化or外在化 / 102
压抑还是爆发，伤人还是伤己——发火也是一种艺术 / 106
摆脱消极攻击方式——"我要让你知道，你冒犯了我！" / 108

## 第四章 潜伏的控制者：小心身边的"亲密敌人" / 111

"烫手"的利益：看他是如何引你入局的 / 112
情感绑架：人际关系中的软暴力 / 115

设计一道"防火墙"：给自己划定一个安全距离 / 118
风险评估法：如果没把握，就不要轻易答应别人 / 121
时间验证法：谨慎对待他的过分"热情" / 124
拆穿"老油条"的把戏：资历深就有掌控权吗？ / 127
情义和利益的博弈：交情是否能战胜欲望 / 130
提防身边的"暗箭"：为什么身边的人无缘无故远离你 / 133
"捧杀"的陷阱：他为什么会无条件地赞美你 / 136

# PART TWO　建立强大的思维和行为模式，由内而外训练掌控力

## 第五章　掌握赢家思维模式，走出人际博弈中的困局 / 141

突破思维局限：跳出思维框架，走出人际困局 / 142
摆脱情绪干扰：理智思考，做自己的主人 / 144
动态预备：不畏炮火，做个骄傲的"靶子" / 148
跳出人云亦云的陷阱：当"炮灰"的人不再是我 / 151
抓住思维漏洞：他的盲点，你的机会 / 154
减法反增量：不单只有加法能丰富人脉 / 157
拨反为正：走出被人反对的困境 / 161

## 第六章　培养果断力，彻底反制干扰者和操纵者 / 165

依赖者的施压：当对方不断蚕食你的生活 / 166
被控制的木偶——过度干涉 / 170
当断则断，走出双重困境 / 173
培养果断型行为：快刀斩乱麻，让你迅速摆脱困境 / 177

强调自己的做事风格：别对我指手画脚 / 181
想到就去做，别让对方有机可乘 / 184
你就是自己真正的主人——培养果断力的五大要素 / 186

## 第七章 训练强势力，做"霸气"十足的自己 / 191

不当"软柿子"，有时候你应当强硬一些 / 192
坚持自己的主张，平衡的格局由我来打破 / 196
承诺未必可靠，别死守那份心理契约 / 199
我有权决定我的想法 / 201
坏CD表达法："耍无赖"的艺术 / 204
折中应对法：不逞一时之勇，折中不代表软弱 / 208
反扣帽子：我不接受你的恶意批评 / 211
让自己看起来很强大，赶走心中的怯懦 / 215

## 第八章 以弱胜强的掌控术，让你搞定那些难缠的人 / 219

再强硬的人，你也有能力制服他 / 220
以沉默回应挑衅，让拳头落到"棉花"上 / 222
以柔克刚，软化比你更加强大的对手 / 226
追根溯源，搞定歇斯底里的"失控型"控制者 / 229
步步为营，攻克沉稳老练的"战略型"控制者 / 232
层层推进，遏制不可理喻的"跋扈型"控制者 / 235
顺势迎合，避开尖利刻薄的"武断型"控制者 / 238
坚持主张，应对顽固自负的"权威型"控制者 / 241
综合博弈法，应对独断专行的老板 / 244
保持独立性，逃离家人对你的操控 / 246
灵活回应，应对来自好友的考验 / 249

# 目录

## 第九章　掌控全局，有效地影响、领导他人　/ 253

自我认可，找到自己的不可替代性　/ 254

利用双方共同的准则，把握事态发展的方向　/ 257

掌控最薄弱的环节　/ 259

成为关系网中的中心人物：按自己的规则办事　/ 261

别太急于表现自己，做最后一个发言的人　/ 264

沉默的威慑力：于无声处让人臣服　/ 266

不鸣则已，一鸣惊人，与众不同的人更有号召力　/ 269

若要让人追随你，就要先让他认可你　/ 272

# PART ONE

看破隐形操控模式，
摆脱被动地位，获得人生的掌控权

第一章

# 拿回主动权，
# 不做操控者的"同谋"

> 你的想法和行动都是出自你真实的意愿吗？对我们大多数人来说，答案是否定的。交际圈中的各种规则让你寸步难行，你经常做着违背自己意愿的事情。然而，你的妥协和退让不仅得不到回报，还会把自己逼到进退两难的境地。不要抱怨了，"江湖"中所有的"身不由己"都是你自己造成的！你放弃了自己的掌控权，才会让他人有机可乘，左右你的行为。

掌控：如何在人际交往中取得主导权

# 你的人生是否由自己掌控？

**隐形操纵：警惕那些得寸进尺的操纵手段**

《伊索寓言》中有这样一则故事：

有个阿拉伯商人骑着他的骆驼穿越沙漠去做买卖。夜幕缓缓降临，沙漠的夜晚寒风凛冽，阿拉伯商人于是支起了帐篷打算进去取暖。他刚准备把头伸进帐篷，骆驼可怜巴巴地望着自己的主人说："主人，晚上天太冷啦，能让我的头进去取取暖吗？"阿拉伯商人想，这样的天气确实不好意思让它在外面受冻，于是就同意了。过了不久，骆驼说："主人，我的脖子也不占什么地方，能让我把脖子也伸进来吗？"阿拉伯商人想了想，虽然帐篷不大，但一段脖子确实占不了什么地方，于是又同意它把脖子伸进来。

夜渐渐地深了，风也开始越刮越猛烈，这时骆驼又央求道："主人，天越来越冷，风越来越大啦！我的前肢都冻僵了，这样冻下去明天可没法继续赶路了，能让我把前肢放进来吗？"阿拉伯商人环视了一下帐篷，虽然现在并不算宽敞，但挤一挤还是能进来的，于是他往帐篷边移了移身体，让骆驼把前肢放了进来。帐篷的门帘被骆驼的前肢撑开了一个口子，冷风不断地往里灌，阿拉伯人哆嗦着连续打了两个喷嚏。骆驼听到了又说："主人，你瞧我这样的姿势会把风带进来，不如我整个都进来，这样你和我都暖和啦！"阿拉伯人被外面的冷风吹得也很难受，没等他开口，骆驼竟然一股脑地钻了进来，把商人给挤了出去。

# 第一章　拿回主动权，不做操控者的"同谋"

这样的场景是不是很眼熟？在生活中，你可能是个很好说话的人，但你也因此成了同事或朋友的"廉价劳动力"；他们可能会一次又一次地借用你新买的汽车，无论你表现得有多么不情愿；他们可能会将你的办公室变为自己的"私人领地"，随意摆弄你的物件，肆无忌惮地在你的办公室内接打私人电话。在家庭中，你为了维护感情而不断退让，每次争吵，无论对错，你总会首先道歉，而对方却会更加"理直气壮"地频频发火。

你就像那个阿拉伯商人一样，只是好心地同意了骆驼的要求，因为骆驼的理由看似无懈可击，而且的确表现得很可怜。这时你会感到内疚："啊呀，天气这么冷，我怎么能这么狠心地让它待在外面呢？"等到骆驼逐渐占领了你的领地，你可能会愤恨："这明明是我的帐篷，为什么要让给它呢？"

事实上，你不见得是发自内心地想要收容骆驼，而是你潜意识里告诉自己："我要是不把帐篷让给它，就显得太自私了吧。"是的，你不再按照你的意愿而行动了，别人的话语和行为很容易地影响了你，并且慢慢地掌控了你的行为。得寸进尺，步步逼近，这是操纵者惯用的手段。这种在看似平静的表面下进行的温和的操纵方式，不易察觉，令人防不胜防，我们称之为"隐形操纵"。隐形操纵悄无声息而又无处不在，它们悄悄地进入你的大脑，或以迅雷不及掩耳之势或潜移默化地让你乖乖听命于他。

## 你是如何违背自己意愿的

"你周末没什么安排吧？"

"能有什么安排，还不是那样。"

"那你能开车送我去机场吗？我要去旧金山出差。"

"周末还要出差？那也太辛苦了。行吧，什么时候？"

"谁说不是呢！我的航班是7点半的，乘地铁过去肯定来不及。"

"早上7点半吗？"

"是啊，当然了！"

"那也太早了吧！"

"飞机航班的时间就是这样啊，你刚才不还同意的吗？"

"好吧，我就舍命陪君子啦。"

"太好了，那早上5点……哦，不，5点15分来接我吧。"

"什么？怎么又变成5点15分了？"

"难道你不知道乘飞机要提前两个小时到机场么？不然我也不会麻烦你啦，谁让你是我最好的朋友呢。你要是不送我去，我赶不上飞机可就全赖你了！"

"我的老天，我能说不吗？只此一回，下不为例啊。"

这样的对话在生活中十分常见，我们大家或多或少都遇到过这样让我们无奈又无法拒绝的请求。

其实，提要求的那个人就是一个熟练的操纵者，他的提问方式也十分典型。首先，提问者对于他提出的问题会得到怎样的答案是很清楚的，所以他采用封闭式的问法，而不是问"你周末有安排吗？"因为如果是开放式的提问，他就无法把握了。

得到了他要的答案以后，他的第二个问题就是一个含糊的请求，对方不假思索地积极回应了他的请求，然后，操纵正式开始。其实，我们会发现，操纵者在提出请求的过程中，是一点一点把缺失的元素补充完整的；而这些本来应该一开始就交代清楚的元素，是在对方因为不知情而同意的前提下，作为额外请求提了出来。因为操纵者深知，如果在最开始就告知出发的时间，对方肯定会拒绝。于是，他让对方一步步走进自己的陷阱。研究证明，当我们答应一个人的请求之后，即使最后给出的信息与之前的完全相反，我们还是很难全身而退。

用模棱两可的提问方式来控制对方只是操纵者的手段之一，如果你发现

# 第一章　拿回主动权，不做操控者的"同谋"

身边的人有如下举动，就要当心自己是否已经被人盯上，成为操纵者的俎上之肉：

**威胁**：如果你不肯做某件事情，就用为难、分手等来威胁你，表现得十分专制。

**索取**：不断地向你索取，却很少给予你什么。

**许诺**：如果你服从他们，就会许诺你各种事情，但是最后却很少真的做到。

**贬低**：常常贬低你的人格和能力，说你无情、自私、无趣……

**忽视**：很少关注你的感受和需求，对你的要求置之不理。

当你被操纵者控制了以后，你会发现自己与他相处时，常常会有不愉快的情感体验，他们会搞乱、模糊所有的事情，然后将他们的思想渗透进你的思维中，你根本搞不清楚："我是怎么被绕进去的？我该怎么停止这些让我无奈、困惑却又无法拒绝的事情？"

更可怕的是，当遇到更高明的心理操控者时，被控制的人还认为一切都是出于自己的意愿做出的决定，也愿意为自己的所作所为承担责任。越是高水平的心理操控，被心理操控的人越是会认为自己的行动是符合自己初衷的。

所以，即使你认为自己不需要控制他人，为了更好地保护自己，也要学会如何识别那些想控制你的人，并做出正确的反应。你也许是一位最安分守己的职员，毫无野心，只想保持现状。但是如果你对博弈法则缺乏清晰的认识，一位野心勃勃的同事可能会抢走让你感觉满足的工作，当你发现他的动机和伎俩时，已经太晚了。

要想摆脱他人的操纵，我们首先要让自己变得更加理性和冷静，成为社交关系中掌握主动权的那个人。当你发现自己的行为不知不觉偏离了初衷时，你应该冷静下来，对整件事情进行分析。你应该先搞清楚：对方说了什么话，做了什么动作，向你灌输了怎样的想法？你在这个过程中产生了怎样的心理变化？

掌控：如何在人际交往中取得主导权

    掌握主动权的首要步骤就是了解他人控制我们的手段，分析他们与我们之间存在怎样的博弈关系。当我们识破他人对我们施加的影响，拨开迷雾认同自己期望中的自己而非认同他人期望中的自己时，我们才有可能重获自尊自信，重掌自己的生活，重新对自己负责。

    然后我们就能充满自信地说：没有我的允许，你控制不了我！

## 合作性关系：规则内的较量

    人际交往中的过程，事实上就是心理博弈的过程。在社会生活中，无论你扮演的是什么角色，只要你还在与外界发生着信息交换、人际往来，你就无法阻止心与心之间的较量，无法避开人与人之间的博弈。要想掌握博弈中的制高点，首先必须跳出博弈的"围墙"，先了解博弈双方处于怎样的竞争关系中。

    我们大致将人际博弈中的关系分为三类：合作性关系、权威式关系和平等关系。在这一节中，我们首先介绍合作性关系。

### 规则内是否隐藏着"陷阱"？

    这个月的一个周六，孟小姐和另外几个女同事总共五人一起去小王家里探望她，因为她的宝宝在上个月初出生了！有些同事正处于备孕阶段，纷纷向小王讨教孕期经验。自从小宝宝诞生后，小王家里除了宝宝的哭声，还是第一次这么热闹。临近中午的时候，孟小姐提议大家去附近的一家餐厅聚一聚，庆祝小宝宝即将满月。

    来到餐厅后，服务员向她们提出了建议：她们6名成人加一名婴儿可以要一个大包厢，包厢里安静一点，环境也更加雅致。但包厢需要收取包厢费

# 第一章　拿回主动权，不做操控者的"同谋"

288元，不过只要消费满688元，就可以免除包厢费。孟小姐的同事们在网上查了一下，这家餐馆人均80到100元，6个人只要再多点一个菜就能免包厢费了。于是就敲定了这家餐馆。

这家餐馆中午生意特别好，甚至还有人在等位，孟小姐一行看着坐在餐馆门口的等位者们不禁窃喜：幸好聪明事先预定了包厢，否则，不知道要等到何时才能吃上午饭呢！但在准备结账的时候，她们就高兴不起来了——她们只点了450元的菜，离免除包厢费还差了238元呢。几个女孩平时饭量都不大，胃口最好的小王已经把肚子快撑破了，更别提其他人了。几个人商量之后一致认为：与其额外加包厢费，还不如再点几个菜呢。于是她们决定加点几个菜，再慢慢吃。半个小时过去了，加点的菜几乎没有动过。这时，离免包厢费还差100多元，大家决定再点一些饮料，但此时的她们肚子里已经完全没有空间装饮料了。

最后，孟小姐一行为了免除288的包厢费而不得不再消费238元。其实仔细一想，也只比包厢费便宜50元，但50元便宜的代价却是整桌的人肚子撑得圆滚滚的，本来欢欢喜喜的一顿庆祝宴席到最后却变成了让人痛苦的肠胃折磨。

在孟小姐与饭店的互动中，我们很容易看到，饭店有着压倒性的优势，孟小姐似乎亏大了。但在她们预订座位时，服务员就已经清楚地说明了包厢需要收取包厢费；孟小姐还在网上查阅了这家餐厅的消费标准；餐馆告知了消费规则，孟小姐一行也同意了这个规则——一切似乎都是在双方同意的条件下进行的平等的交易行为，但为什么最后却让孟小姐一方感到大大的不快呢？

这就是规则带来的困惑。在这种关系中，双方都是在彼此默认的规则下进行交际的，你情我愿，而且条例明晰。这种情况通常出现于合作伙伴，或是一些商业关系中。有时候，规则是彼此认同的，但规则的制定方会充分考虑到自己的利益，使规则在现实中实行的时候，让己方的利益最大化，或是在既定规则下继续带入其他隐形规则——而这种规则往往带有掌控性色彩，在另一方没有察觉的情况下慢慢地对局面进行控制。

比如，在日常消费中，我们常常会被"满 300 减 100"的促销所吸引，认为花 200 元的钱能买到 300 元的商品十分划算。但这个规则前提是你必须先使消费额达到 300 元，你会为了满足这个硬性标准而在购物车中添加你本不需要的物品。并且，无论你如何"凑单"，都无法挑选到刚满 300 元的商品，最终，你可能为了宣传上那 100 元的优惠，而购买远超过 300 元的物品，你以为自己赚到了大便宜，然而商家已经用促销规则一步步地引导了你的消费。所以当事后开始回想时，你虽然觉得自己赢得了实惠，却觉得这并不符合你的真实意愿，因为这一切都在规则中发生，而你的大脑已经被这种规则所植入，对方玩转着规则进行对你的压制。

## 权威式关系：服从他还是战胜他？

人际交往中的规则往往只对地位相差不大的人才能起到作用，如果博弈双方能力悬殊，你们之间既定的规则就没有意义了。这时，两者中相对强势的那一方会赢得主动权。

卡罗尔是一家软件公司的销售部经理，业余时间喜欢玩排球，他在自己的办公室置办了一台能够玩沙滩排球游戏的游戏机，但一直苦于没有人能在午休的时候和他一决高下。最近，实习生何塞和胡安正好帮他完成了一个项目，在庆功宴上，卡罗尔无意中听到了胡安对何塞抱怨说买不到今年排球锦标赛的门票，知道了他们原来对排球也有兴趣！卡罗尔十分高兴，这天见二人都在办公室，就让他们来玩一玩。

# 第一章　拿回主动权，不做操控者的"同谋"

对于卡罗尔的邀请，何塞和胡安有点受宠若惊，虽然没有亲身打过排球，也没玩过排球游戏，但比赛看多了，自然也知道了一些排球技巧，于是战战兢兢地跟着卡罗尔进了办公室。

几局下来，何塞和胡安渐渐摸透了卡罗尔打球的特点——他相信"大力出奇迹"！不管什么球他都猛地一扣，直接扣到底线，球速又快又猛，让两人招架不住。而他们两人打过来的球都能让电脑安排给卡罗尔的"队友"成功接住，卡罗尔只要随便一扣球，就能成功"绝杀"。每到这个时候，何塞总是唉声叹气，抱怨道："我又不是电脑，这样的球怎么可能接得到？经理占尽了优势，我们肯定赢不了他。"胡安虽然不大出声，也明显表达出了对这样打球的不满："没办法，谁让他是领导呢！"卡罗尔一开始还沉浸在自己屡屡扣杀得分的喜悦中，过了一会也慢慢觉察出了员工的情绪。

又一天午休时，卡罗尔再次邀请何塞和胡安到他办公室玩游戏，和上一次不同的是，卡罗尔这次扣杀并不稳定，出现了好几次球挂在网上的情况。何塞兴奋地说："我就说嘛，经理前几次能扣杀成功只是运气好罢了！"他还乘胜追击，一次次地吊小球，让球落在进网处，使卡罗尔无法防备。每当吊小球成功后，卡何塞和胡安就会欢呼雀跃，并没有觉察到一旁脸色越来越不妙的主管。

午休结束后，卡罗尔问秘书："何塞和胡安的实习期都到了吗？"

"何塞还有一个月，胡安马上就快到了。"

卡罗尔接着说："那再考察他们一段时间吧。"

于是，何塞和胡安没能按时转为正式员工，在以后的工作中，他们也一直触及不到项目核心。他们不知道哪里得罪了主管。

何塞和胡安的错误在于，在游戏中仍然把卡罗尔当作上司，认为他只是凭借自己的权力才能赢得游戏。而一旦卡罗尔出现失误，他们又表现出一种窃喜的态度："就算是领导又如何？照样赢不了我们。"

那么，为了取得卡罗尔的认可，是否意味着他们必须输球给卡罗尔呢？解答这个问题之前，我们来看看日本的正田美智子皇后是怎么做的。

1957年，明仁天皇还是皇太子。是年8月，他来到轻井泽参加在当地举行的大学网球邀请赛。当时的球赛实行淘汰赛，输的一方将失去晋级的资格。大家都知道皇太子来此比赛，因此每场比赛都坐满了为皇太子加油的观众，皇太子虽然不是主场作战却胜似主场。他一路过关斩将，终于到达第三轮，在第三轮上遇到了来自圣心女子大学的正田美智子。

当时在场的观众都一致认为皇太子能够获得出线权，皇太子也很自信，因为自己和其他贵族子弟打比赛时场场胜利，大家都夸他打球技术之高，更何况现在的对手是力量比他小很多的一名女子。但美智子有着不甘示弱的毅力和沉着的头脑。皇太子打过来的每一个险球，她都拼尽全力救起，每一次他在挥拍时，美智子也用心观察。终于，她发现了皇太子的弱点：他喜欢底线球，虽然又狠又刁，但上网技术确实是软肋。于是，美智子果断地调整了自己的打法，很快打乱了皇太子的阵脚。明仁太子也因为突如其来的变化有些招架不住，失误连连，双方都胶着不下。最好，这场比赛足足打了2个小时。

虽然没有得到继续比赛的机会，明仁太子却十分愉快，他发现这名女子没有因自己的身份而谦让，在一场比赛中充分展现了体育应该有的精神，她努力的表情和聪慧的头脑都给他留下了深刻的印象。几天后，皇太子委托朋友邀请美智子来参加一个舞会，美智子在舞会上表现得大方得体，明仁太子说话时她都静静地在一旁倾听，谦恭有礼，与之前在球场上步步紧逼的那个女子判若两人。明仁太子当即向她提出了想一起切磋球艺的渴望，两个人因为一场比赛慢慢走到了一起。

# 第一章　拿回主动权，不做操控者的"同谋"

**为什么他们处境相同，结果却不同？**

卡罗尔在公司里的身份是领导，明仁在政治上的身份是皇太子，两人在特定的场合下都掌握着一定的权力，这种外显的层级关系很容易让人内化成心理层面的关系。

何塞和胡安看似在游戏中没有顾虑领导的身份随性而为，其实在他们心中，领导的地位仍旧存在。何塞和胡安在工作中是卡罗尔的下属，在游戏中，他们急于想摆脱下属的处境，于是表现得对胜利极其渴望。在领导出现了失误或是输了比分时，他们就高呼庆祝，因为他们成功地挑战了权威。而事实上，卡罗尔的目的很简单——他只想像个普通人一样，与属下平等地玩游戏而已。

之前的贵族子弟都输在皇太子的球拍下，一方面，太子的球技的确在他们之上；另一方面，他们也确实顾及太子的身份，把对太子地位的忌惮带到了体育场上。与他们相反，美智子并没有因明仁是太子而手下留情，她把太子当作一个普通的对手，同样沉着冷静地应对——既没有故意输给他，也没有急于挑战他。美智子很好地把握了竞技游戏与现实生活的界限，以及作为对手的明仁和作为皇太子的明仁的界限，这是她取得明仁太子认可的主要原因。

在人际互动中很容易出现这样的情况：原本只应该出现在特定场合的人际关系模式被武断地带入到生活中，比如，老板要求你下班后顺便去一趟洗衣店，把他的西装取回；上司要求你周末放弃休息时间，陪他吃饭、玩乐……尽管你心中不愿意，但你无法忽略对方的权威性，也就无法再掌控自己的私人时间。父母与儿女之间也会出现这样的情况，很多时候，即使儿女成家立业了也无法摆脱父母的指手画脚。在你的大脑中首先植入的不是人与人之间的正常交际规则，而是他们身份的权威性。你默认了这样一个法则：他比我强大，所以我必须服从于他，无论什么时候。这也就意味着你放弃了自主权力，成了他们控制你的"帮凶"。

**掌控：**如何在人际交往中取得主导权

# 平等关系：势均力敌的压制

### 平等关系中的动态平衡

平等关系中的双方没有了既定的规则，也没有了一方的强势压制，这样的关系得到了最大的自由。处在平等结构中的双方，会互相沟通来表达自己的想法，一旦想法达成一致，就根据双方商定成的方法来互动。双方不需要条文强制规定，非常明确自己及对方的责任和义务，似齿轮一般光滑地运作。朋友、室友、兄弟、姐妹、情侣等之间都存在这样一种"心领神会"般的关系。

凯布是贾德的新室友，贾德与凯布一见面就说："我很在意环境整洁。我希望我们每天能轮流值日打扫卫生。有什么特别情况两人提前沟通清楚总比一声不吭的好。"凯布欣然同意了。

周末凯布征得了贾德的同意，请朋友们来新屋子举办搬家派对。凯布在派对前三令五申："不管今晚怎么闹，你们可都要在贾德回来之前，把它收拾干净，不然以后就休想再来玩！"贾德回来后，看到如常的屋子，赞许地对凯布笑了笑。

一年后凯布荣升为了经理，没有时间和贾德轮流值日。和贾德商量后，两人重新规划了值日时间：工作日由贾德负责打扫，节假休息日则由凯布负责。每逢工作日，只要凯布提早回家，也会主动帮助贾德做家务。

你也许觉得贾德很傻，他怎么就认同了新约定呢？新约定中贾德负责工

# 第一章　拿回主动权，不做操控者的"同谋"

作日的打扫，从时间分配上看明显是不公平的。但请注意，平等关系之所以能建立，不是因为达成一致的想法看上去是公平的，而是在商定时双方都没有保留地陈述了自己的想法，展示了自己的能力范围和底线，采取一种最有效的方法来解决问题。能在对方圈定的范围内活动，因此这种关系呈现出一种动态平衡。贾德同意新约定，是因为他清楚凯布一向的为人，也体谅凯布升职后的难处。凯布也尽可能地帮忙，虽然约定并没有要求他这样做。

**平等关系变为压制关系：当平衡被打破**

但是，一旦平等关系中一方因为对另一方的不信任，忽视了对方的想法，就极易把自己武断的看法带入关系中，那么平等就会被打破。若贾德认为凯布想故意推脱掉值日，作为室友应该和自己平分值日时间，那他们就可能为此争论不休，久久不能做出决定，这时的屋子早已积了一层灰尘。尤其在夫妻关系中，若一方信任感减弱，不安全感增强，偏见就更会强加于对方身上，这样一来，原本的平等关系就变为了压制关系，平衡也就被打破了。

最近，德里克快被妻子的指责压垮了，离婚的念头曾出现于他的脑中，但这让他感到十分内疚，很快就打消了这个想法。"但除了离婚外，还有什么方法能让我逃离这种窘境呢？"德里克久久为之困扰。

这段婚姻的裂痕还需追溯到两年前。

"两年前，我犯了让我悔恨至今的错误，在一次去国外的出差中，我和一名女性发生了关系，回国后我们还在联系。纸包不住火，这件事很快就让凯丽知道了。凯丽向我提出离婚的那一刻，我才意识到自己干了多蠢的一件事！凯丽温柔能干，我们还有一双可爱的儿女。在这件事之前，我们的家庭多么幸福啊。说实在的，我现在依然还爱着凯丽。"

为了弥补自己之前的过失，德里克一直在用行动向凯丽证明自己对她的爱和对这个家的责任。在公司最忙的时候，他也努力挤出时间，陪凯丽去看电影、逛街；即使他不喜欢凯丽的父母对他们的生活指手画脚，但他仍然同意他们圣诞节的时候来与自己同住；凯丽想要什么，他都想尽一切办法去满足她。

一天晚饭后，德里克和凯丽窝在沙发里看电视剧，凯丽望着电视剧中的女主角说："这双鞋真漂亮，如果我能穿着它去参加下周的舞会，那真是太棒了！"德里克原以为这只是她无心的一句话，没想到第二天，凯丽忽然问他有没有帮她买那双鞋。得知德里克没有把她的话放在心上，她的脸色"噌"的一下就变了，开始指责德里克没有把她放在心上，把她的话当作耳旁风，最后她哭哭啼啼地提到了德里克两年前的过失。此后，只要德里克不满足她的愿望，她就会把这样的指责循环无数次，她说："是你当初背叛了我，你这个无情无义的家伙，到见上帝的那天你也弥补不了你的错误！"德里克只好每天小心翼翼又心怀内疚地对待凯丽。

有一次，德里克正在着手处理一件大项目，忙得连喝口水的时间都没有，却接到了妻子的电话："亲爱的，我刚看了旅游频道。欧洲太美妙了，我们下个月去吧！"因为实在抽不开身，德里克让凯丽和自己的好友去，但凯丽死活不肯。德里克只得加班加点地把自己手头的活尽快干完。

"这种生活实在是太累了，我是咎由自取，谁让我当初负了她呢！"德里克这样对自己说。

现在，德里克正被自己的内疚和凯丽的逼迫所压制，他实在不知道怎么办才好了。

丈夫的出轨让凯丽不安，她不知道丈夫会不会旧事重演。她屡次的操控行为都有一个先入为主的观念：如果不这样，德里克就会离开我。只有当他顺从我的意愿，他才是属于我的。自己的想法理所应当是正确的，违背自己就是违背真理，德里克应该受到惩罚，这个惩罚就是让他一遍遍地回顾自己当初的错误，反复激起他的内疚感。而在真正的平等关系中，永远不会出现这种情况：推心置腹地沟通前就把自己的想法强加于他人。

# 第一章　拿回主动权，不做操控者的"同谋"

## 非对等关系的交涉：小心！他在利用你

克丽丝毕业后进入了一家知名的房地产公司做经纪人。两年后，公司的一位资深经理人找到她，并邀请她共进午餐。这位经理人名叫莫克，是公司的高层，他向克丽丝提出了一个邀请：希望克丽丝能够与他合作，共同承担公司的任务。

这个提议令克丽丝受宠若惊，因为两个经纪人联手完成工作在这个行业是非常普遍的事情。一般来说，都是资深经纪人给资历较浅的经纪人提供指导，资历较浅的经纪人则协助资深经纪人完成一些工作，并从中收获经验。克丽丝对这个提议喜出望外，她从没想过公司最优秀的经纪人会主动找她进行合作。而莫克则解释说，主要是因为他的妻子怀孕了，他得减轻自己的工作量，多抽些时间来陪伴妻子，因此，他需要得到克丽丝的协助。他提议，在六个月的试用期后，就正式确立这种合作关系。到时候，克丽丝将会得到她应有的回报——学到许多知识并拥有许多钱。

克丽丝当然不会错过这样的好机会，便欣然同意了这个提议。一方面，她能够从中学到更多的东西；另一方面，她希望满足莫克家庭和事业兼顾的愿望，因为有朝一日，她可能也会遇到这种问题，从这个合作上来看，公司似乎能够满足她的家庭与事业共同发展的理想。于是，他们签订了这个试用协议。

接下来的六个月，克丽丝十分卖力地为莫克工作。莫克总是安排许多任务给她，几乎所有的交易都由她来处理，所以她总是忙得不可开交。她没完没了地加班，有时候甚至要工作到下半夜，而且每个周末都要处理工作，完全没有属于自己的私人时间。可怜的克丽丝身心俱疲，而莫克呢，他每天很早就离开公司，也从不加班。克丽丝想到莫克是为了早点回家陪妻子，也只好笑着忍耐下去。

而没想到的是，六个月之后，当克丽丝提出要签订正式合作的协议时，莫克却勃然大怒，并威胁克丽丝，说要解除这个合作关系。克丽丝为此感到震惊，她还未得到莫克许诺给她利益，现在他却反悔了。克丽丝只好无助地离开了公司。而第二天，莫克为自己昨天的行为道歉，却没有提到结束克丽丝试用期的事情。克丽丝只好告诉自己："再等等，可能他只是在考验我。"然而，从那天起，只要克丽丝提出与她应得的利益有关的事情，莫克都会摆出一副难看的脸孔，并斥责克丽丝对他不信任，甚至威胁克丽丝要撕毁之前的协议。克丽丝迫于无奈，只好继续忍受下去。

几个月后的一个周日下午，当克丽丝独自在办公室处理工作时，莫克的电话响了起来。克丽丝拿起电话，发现来电人是莫克的妻子乔伊。乔伊得知丈夫不在办公室，便向克丽丝询问丈夫是何时离开的。克丽丝犹豫了片刻，为了不使莫克陷入尴尬，不得不向乔伊撒了谎，告诉她，莫克刚离开不久。而事实上，莫克周末从不会在公司加班。

结束通话后，克丽丝渐渐忘了这件事。然而，接下来的一个周末，又遇到了同样的事情，为了替莫克打圆场，克丽丝再一次对他的妻子撒了谎。放下电话后，克丽丝忽然意识到她们可能被莫克利用了：乔伊一直以为丈夫每个周末都在公司加班，而自己却以为莫克每个周末都在家里陪伴乔伊，她们都被莫克蒙在鼓里。克丽丝按捺不住内心的困惑，只好向莫克挑明了这一点，而莫克却矢口否认，并又一次大发雷霆。

克丽丝不知如何是好，无奈之下，只好向一位关系较好的女同事诉说了自己的烦恼。而意想不到的是，这位同事却告诉克丽丝，莫克是一个好色的男人，与许多女员工和女客户有不可告人的关系，并惊讶地向她说道："难道你还不知道吗？这已经不是秘密了。"这个消息让克丽丝感到深受打击，她又询问了另外一些同事，也得出了同样的结论：莫克是一个好色之徒，而

## 第一章　拿回主动权，不做操控者的"同谋"

且他的"风流"行径已经路人皆知了。由此看来，莫克真的是利用与她的合作关系，以便为在外拈花惹草来腾出更多的时间。克丽丝为此感到震惊，更让她愤愤不平的是，由于她和莫克看起来关系太密切了，许多同事都觉得他们有不寻常的关系。克丽丝无奈地解释道，他们之间完全只是同事关系，而那些同事只是意味深长地笑笑。

简直太卑鄙了！克丽丝气氛地想，她本来是为了成全莫克"在家陪伴身怀六甲"的妻子的愿望，同时也以为自己能够得到许多利益，而莫克却欺骗了她，也欺骗了自己的妻子。他居然还装作一副正人君子的样子，义正词严地训斥自己"要忠诚、要信任"！而现在，她不仅什么都没得到，还弄得名誉尽毁。

克丽丝决定结束与莫克的合作关系。在克丽丝的强烈要求下，莫克同意将这段时期内由她所处理的案子酬劳的20%支付给她。她得到了自己应得的利益，并且重获了自由。

从这件事情上，克丽丝学到了重要的一课。她决定改变自己天真幼稚、心地软弱、迎合他人需求的性格弱点。她随时保持警惕，竭力纠正自己的错误想法，学会对每件事情都做出理性的判断。不久之后，她就晋升为公司的经理，顺利进入了公司的高层。而莫克则由于自己的不轨行为遭到起诉，被迫离开了公司。不久，他的妻子便提出了离婚。

从克丽丝的这段故事中，我们不难看出，莫克是一个不折不扣的操纵者。作为一家公司资历深厚的职员，他深谙"非对称式管理"，也就是说，莫克在看透克丽丝心思的前提下，利用她的需求和同情心，将她玩弄于股掌。

莫克很清楚克丽丝的需求：她经验丰富，勤劳肯干，但一直没有机会得到重视；她急于表现自己的能力，也希望能够向合作伙伴表达自己的诚意；作为女人，她有十分感性的一面，她容易调动自己的同情心，会设身处地地理解莫克"陪伴孕期的妻子"这个愿望。这些心理成了莫克最好的利用条件。从一开始,这种不对等的关系就形成了——他们虽然名义上是平等地进行合作,事实上克丽丝却处于十分被动的境地。

同时,莫克很擅长运用双重标准来约束合作伙伴。他要求克丽丝"忠诚"、"信任"、"勤奋",一副大义凛然的样子,自己却逃避责任,隐瞒真相,行苟且之事,这也是他们关系不对等的最好佐证。

生活中,我们经常会遇到类似的事情,尤其是那些未谙世事、心智不成熟、行事优柔寡断的人,最容易在无形之中被他人所操控。我们应该尽力摒除讨人欢心、性格软弱的缺点,因为这些性格特征最容易被图谋不轨之人所利用。

## 揭破隐秘说服手段:你为何稀里糊涂就答应了?

### "闲聊"的艺术

生活中经常会出现这样的事:一开始,你和朋友很愉快地聊着天,拉着家常,谈论着今天的天气,计划着今天晚上的晚餐,交流着带孩子的心得……直到朋友让你帮她接孩子的时候,你才发现你们的闲聊似乎正在往对她有利的方向发展。但这种转变何时开始的?你又为什么没有发现呢?

《战国策》中有一则故事,讲的就是闲聊中的"陷阱"。

当时正值秦国对赵国发起猛烈的攻势,想趁赵太后刚刚掌权拿下赵国。赵国无奈之下向盟国齐国借兵。齐国却摆了姿态说:"要我们出兵?可以啊,但是请先把长安君送到齐国来作为人质。"长安君是赵太后十分疼爱的小儿

## 第一章　拿回主动权，不做操控者的"同谋"

子，而人质一旦被送到他国，很有可能有去无回。赵太后断然拒绝了他们的要求。但这是唯一能救赵国的方法，大臣们天天给赵太后上谏，或苦口婆心或义正词严地要求赵太后答应齐国的要求。赵太后的态度十分坚决，通过左右侍臣对大臣们说："以后再有此谏言的，我啐他一脸！"

眼见国家到了危急存亡之秋，左帅触龙还是鼓起勇气想劝一劝太后。太后知道后，板着脸在大殿中等着他。觐见当天，触龙迈着小步缓缓地走到赵太后面前，先谢罪道："老臣的脚有毛病，不能快跑，很长时间没有来拜见太后了。最近天气变幻无常，怕您的玉体抱恙，所以斗胆拖着这条老腿来拜见您。"

赵太后看着触龙颤巍巍的腿脚，不禁想到了自己，感慨地说："唉，我的脚也有毛病，现在出行都要靠坐车才行啊！"

旋即，触龙又关心道："您每天的进食还和以前一样吗？食欲没有衰退吧？"

赵太后摇了摇头说："每天就只能喝点粥了。"

触龙说："老臣近日也特别没有胃口，于是强迫自己散步。每天走三四里，又让厨房做了点自己喜欢吃的东西，身体才舒服了一些。"

"但我做不到每天这样走啊"。这时太后的脸色稍微缓和了些，不像一开始那样怒气冲冲了。触龙见她面色改善了不少，开始说起了自己的孩子："老臣的犬子舒祺，年龄最小，不成大器。但我自己又十分疼爱他，无奈我自己是年老体弱，不能为他做什么。只求太后能把他安置在侍卫中间，保卫王宫，也算能为国家效点力了。特此番冒着死罪来求您帮帮老臣！"

赵太后也已为人母很多年，想到自己的孩子，爽快地答应了，问："舒祺今年多大了？"

"十五岁了。虽然还小，但想趁着我还在世，还能行动，把他托付给您呀。"

太后听了笑着说："你一个男人原来也这么疼爱自己的儿子啊！"

触龙不好意思地回答:"谁让他是我的小儿子呢。我可比他母亲还要疼他呢!"

太后笑着说:"我可是觉得女人对孩子爱得更深,您呀,没法比。"

一谈到孩子,赵太后就不自觉地笑了起来,话匣子也打开了。于是,触龙紧接着说:"老臣认为您对燕后的爱可超过了长安君。"

"哪的话,你从哪里听来的小道消息?"

触龙放缓了语速慢慢道:"我们疼爱自己的子女呢,就要尽量为他们考虑得长远些,周全些。当年燕后出嫁时,一直等她的车走远了您还在哭泣,舍不得她离家那么远。但她真正到了燕国后,您每次祭祀又都为她祈祷说:'一定别回来啊'。老臣知道,您不是不爱她了,而是从长远考虑,希望她在燕国生下子孙继承王位吧?"

每每提到燕后,赵太后总忘不掉女儿出嫁时挂满泪痕的面庞,不禁有点心酸,觉得触龙说得很有道理。

触龙接着说:"现在让我们往前看,从赵氏建国到现在,他那些被封侯的子孙中,还有继承人在侯位上吗?"

赵太后想了想,沉吟道:"没有了。"

"那其他国家呢?"

"我也没听说过。"

"这些当初被封侯的王孙或早或晚都会引来灾祸,难道只要是国君的子孙为人就一定不好吗?并不是,根本的原因是他们地位虽高,俸禄虽厚,都没有对百姓做有益的事情,时间长了难免让人不信服。现在太后把长安君的地位抬得很高,人人都知道您宠爱着他,把肥沃的土地封给他,贵重的宝物赐予他,却不让他趁早为国立功。一旦您驾崩了,长安君凭什么在赵国安身立命呢?老臣认为比起燕后,您为长安君的以后考虑得太少了,所以我觉得您更喜爱燕后。"

太后如梦初醒,抚掌大叹:"您说得太对了!"于是马上为长安君备车

# 第一章　拿回主动权，不做操控者的"同谋"

一百乘，护送到齐国去作人质了。终于，齐国答应出兵，击退了秦国，保卫了赵国。

触龙的闲聊并不是没有意义的"闲聊"，而是层层递进地在解除太后内心的戒备。他先和太后聊了聊身体状况，很容易就获得了太后的共鸣，这与往常大臣一上来就谈长安君的事情不同，让太后慢慢消解了心防，给了触龙更大的说服空间。然后聊起了身为人父人母最关心的孩子问题，先谈自己的孩子让自己挂心，博得太后同情后开始谈起太后的两个孩子，一点点将话语权掌握在了自己手中。

回顾整篇谈话，触龙一开始以双方因年迈而逐渐衰弱的身体为切入点也并非随意的选择，而是为太后能顺着自己思路想下去设定的一个引子。最后太后一反往日的态度，立即同意了长安君前往齐国，看似是两位父母在聊孩子时的茅塞顿开，其实太后一直在往触龙所指引的方向思考，最终接受了触龙的请求。

**操纵者是怎样引导你的**

现实生活中像触龙这样，出于好意，为了国家利益考虑而掌控他人思维方向的人毕竟是少数，许多人出于自己的利益而操控他人的思维。他们通常以情感为攻城石，一点点地敲开你的心理大门。在你还未来得及详细思考时就已经跟着他越走越深，掉进了他早已准备好的语言陷阱中。

圣诞节前几天，同寝室的玛丽和罗琳原本商议一起布置房间，当玛丽把事先准备好的彩色绸带拿出来时，罗琳说她得到通知，社团临时让她参加一个很重要的会，所以不能帮她一起布置了。如果她们双方都是真诚的，那么她们会这样进行交流：

玛丽："我本打算今晚就布置好的，可惜你有别的事情要做。"

**掌控：** 如何在人际交往中取得主导权

  罗琳："我也很难过，玛丽。布置房间确实很辛苦，应该由我们俩分担。但这个会我必须参加，你看我们是不是可以另外安排时间呢？"

  玛丽："是的，现在看来也只能这样了，我也希望我们一起布置房间，装饰圣诞树。"

  罗琳："我很理解，其实我也是这样想的，我不希望你一个人孤零零地布置，最重要的是，我也想一起出谋划策。在最后一分钟改变计划真是不好，可我真的得走了。我九点钟回来，到时我们再讨论安排一个合适的时间。"

  玛丽："好的，我很高兴你能明白我的感受，你快去开会吧。"

  如果玛丽别有用心，想要摆布对方的决定，那么情况可能是这样的：

  玛丽："你真的要去吗？我是说，我们已经计划好晚上布置房间的。"（语气怯懦）

  罗琳："是的，我一定得去。我们是说过要一起布置，但不去开会不行的，我是社团的骨干，这一点你很清楚。我想，你不会介意的，是吗？"（语气坚定）

  玛丽："噢，是的，罗琳，你只管去吧。算了，我会把活儿都干掉的。"（语气痛苦、犹豫）

  罗琳："好吧，也许我去和社团负责人请个假来帮你……不过，你真的认为我们不能明天再干吗？"（语气十分内疚）

  玛丽："不行，真的不行。我答应明天帮助班主任整理卷子，你知道那很重要。算了，你去吧，我不能把这活儿拖到明天！"（听起来十分无奈又痛苦）

  罗琳："不，玛丽，我留下来帮你吧！"（皱着眉头，但语气坚定）

## 第一章　拿回主动权，不做操控者的"同谋"

第一段对话中，玛丽和罗琳双方进行的是诚恳而有效的交流，双方都对自己的感觉负责，并没有操纵的意味在里面，所以她们对彼此的信任和友好保持得十分完整，感受也十分好。

可是在第二段对话中，我们能够明显看出玛丽的别有用心，她成功地利用罗琳的负疚感使她留下来帮忙。玛丽没有直接对罗琳说想让她留下来帮助她，但她采取的操纵手段使罗琳的内心产生了不满和怨恨。

可以看出，看似简单的对话，也有可能藏着无数的玄机。真正高明的操纵者往往不会硬碰硬地去直接命令或者要求对方，他们善于抓住对方的软肋，层层逼近，步步为营；再结合语气、情感等的协助，对方就会在毫无意识的情况下被他们牵着鼻子走。

## 你是操控者的"同谋"?!

美国社会心理学家弗里德曼等人曾经做过这样一个实验：他们安排两位大学生担任实验的具体实施者，让他们去登门拜访一些家庭主妇。第一次，其中一位大学生向被访者提出一个小要求，即要求她们在自己家窗户上挂一个小招牌，或者在一份请愿书上签字，目的是为了表明自己支持有关"美化环境"或"安全行驶"这一类的倡议。家庭妇女们觉得这是一些无害的小要求，都欣然同意了。

两周以后，另一个大学生再一次来到这些家庭主妇家门口，请求这些主妇们在自家门前的草坪上放一块巨大的，但与周边环境有些格格不入的广告牌，上面写着诸如"安全行驶"、"美化环境"的字样，并请求能够放上两个星期。面对这样的请求，主妇们有些犹豫，但最后还是答应了。与此同时，实验组还安排了一个参照组，也就是让第一个大学生去从来没有拜访过的家庭直接提出第二个要求，结果他被毫不客气地拒绝了。

这个实验的意义在于揭示了某种心理，即很多时候，操纵者都是被我们纵容出来的。有时候，我们被人哄骗引诱，或者为了得到别人的好感而答应了别人的小要求之后，就很难拒绝后面更大、更不客气，同时更有实质性的要求了。这种情况被心理学家形象地比喻为"登门槛"：如果一个人要进你的家门，一旦他先把一只脚踏过了你的门槛，那么你就很难拒绝让他整个人都进入你的家门。可是，如果你一开始就把他毫不留情地拒之门外，那么他也就根本进不来。

操纵者从来都是从小事开始来试探我们，比如你本来计划好要出去玩，而你身边的操纵者却流露出不高兴的神情，他希望你能留下来陪他；周末你下厨，想做一些自己喜欢吃的菜，可是操纵者又生气了……这一件件的小事，最后都因为你为了要讨好操纵者，让他赶快高兴起来而牺牲自己的快乐和渴望。

也许你会说，这些真的只是一些小事情，甚至旁人也会说："这不是再正常不过的事吗？你做点事情让你关心的人高兴不是应该的吗？"好了，这就说到了问题的关键！其实，重点不在于你为操纵者做了什么，而是你究竟是出于何种心态在做这些事情？你是心甘情愿地为他去做，同时自己心里也十分满足呢，还是怕他的要求没有得到满足而发脾气？你是否会觉得他一次次提出新的要求，你会在内心深处感到很委屈，可又不得不去哄他高兴，因为你以前都是这样做的？你已经习惯于为了满足他的要求而牺牲自己的意愿，一旦违反，你就觉得自己反而成了坏人？如果是后面这种心态，那就说明你已经被他的情绪所左右，直到有一天你发现自己不是在为自己活着，而是被这个操纵者的喜怒哀乐所控制，而他的一颦一笑正在左右你的行为。这一切，都是因为你的一再容忍，给了操纵者得寸进尺的勇气和资本。因此，残酷的事实就是：你既是操纵者手里的牺牲品，同时又是造成这个事实的同

## 第一章　拿回主动权，不做操控者的"同谋"

谋，对于那些你遭受到的操纵，你应该负一部分责任。你选择忍气吞声的主要根源就在于：缺乏辨别操纵者的能力，并且希望通过他人对自己的评价来实现自我价值。

那么，你真的没有退路了吗？当然不是，即使对方已经把一只脚伸进了门槛，你仍然有办法可以对付他。首先要做的就是不要被操纵者影响，不要为了照顾他的心情而改变自己的计划。比如说，你今天晚上已经约好要跟朋友出去，他知道了以后怒气冲冲地回来，要求你取消计划。请注意，操控者一般来说不会直接要求你改变计划，而是会对你说"你去玩好了，不要管我"之类的话。实际上，他却会用动作、神情和语调暗示你这时候应该留下来陪他，就像你以前无数次这样做过的那样。这时，你可以选择不要去看他，并对自己说："不要听他的，千万不要留下来，就按照我原定的计划出去玩。"

本质上，这类操纵者的内心也是脆弱的，他们希望通过控制他人得以证明自己的魅力。之前因为我们对他们的纵容，使他们以为跟人相处的时候，可以放肆地运用这种手段给自己带来最大的效益。你要记住，如果他这次的发作再次成功地让你改变了原先的计划，他下次就会更加变本加厉。为了不让他陷入一种"病态的依赖"怪圈，也为了不要让你的心情总是被他影响，你该让他学会为自己的行为负责，让他学会用健康的途径跟你交流他的感情。

## 你才是自己行为的最终决断者

看到标题你也许很不以为然："我的行为当然由自己决断，这还需要重申吗？"事实上，虽然大多数人都知道这个道理，但很少人能抓住决断自己行为的权利——甚至很多时候是由自己把它放走的。

**掌控：** 如何在人际交往中取得主导权

### 为什么你的决定总是违背你的初衷？

是什么原因让这项基本的权利溜走的呢？想一想，小时候你在做数学试卷时，是不是总想以最快的速度找到每道问题的答案？如果把生活视为一张大试卷，其中充斥了亟须解答的问题，面对这些问题，你当然也和数学考试一样，想走最捷径的道路找到答案，这就是我们常说的"最经济策略"——以最小投入获得最大回报。

这些问题小至买哪个品牌的生活用品，大至选择怎样的一份工作。解决小问题往往能依靠经验，以往的经历已自然而然形成一套解决方案，只要按步骤执行，最终定能找到答案：想要决定买哪种纸巾，首先要去商店，然后对比每款纸巾的厚度、大小、张数及价格，最后找出"最优解"即可。

解决更困难的问题虽然也是依照相似的路线——我们习惯于以最经济策略衡量投入和回报是否成正比，但对未来的不确定性会让我们束手束脚。未知的恐惧通常会使我们高估困难的力量。

麦莉为了得到去西班牙公干的机会，报名参加了网络西语学习课程。一开始的入门很简单，她学得兴致盎然。但越往后，小麦越觉得力不从心。每一次学习新课她总忘了前几课的内容，每节课后都要花费极大的精力和时间复习，这让她每天都夹在工作和学习中透不过气。她实在支撑不住了，只好向朋友诉苦，朋友说："只为了出国公干一年，这也太辛苦了！你实在坚持不下去就放弃吧，毕竟身体要紧。"麦莉想了想，没多久就放弃了西班牙语的学习。

最后，同事艾尔获得了这个机会。艾尔只比麦莉早了一个月学习西班牙语，但一直坚持到现在。

有一个概念叫做"无知的未知性"，意为在你无法理解某个问题的时候，

# 第一章 拿回主动权，不做操控者的"同谋"

那么你也不能意识到自己对它的无知。不能正确评估困难程度与自己的能力，就会对前方的难题产生过高的评价。这时候局外人的意见就如黑暗中的一丝亮光，为你引出了一条通往目的地的"捷径"，你当然很乐意地踏上这条无需费力的道路，决断自己行为的权利就这么拱手给了他人。

除此之外，更加重要的原因是掌握了决断权就意味着自己承认了自己对这件事情的责任，无论结果如何，你将一人承担。别人如果替你决断，那么就在无意中分担了本应属于你自己的责任，你身上的担子就不会那么重了。如果结果不尽如人意，那么你就能理所当然地把原因归结于他人，自己则轻松地置身事外，这不是一种成熟的想法。是否采纳他人的建议，最终决定权还在于你，你永远不能让自己与这件事情撇清关系。

**你掌握着自己的决断权**

圆桌骑士高汶在与亚瑟王的一次冒险中误入一座黑暗城堡。城堡主人要求亚瑟王回答自己的一个问题才能保证不伤其性命，问题是：女人最想要的是什么？城堡主只给了亚瑟七天时间寻找答案。

前几日亚瑟和高汶碌碌无所得。到了第七天，亚瑟和高汶在森林中遇到了一名长相不堪入目的妇人——瑞格蕾小姐，她说自己能告诉他们想要的答案，但条件是一名圆桌骑士要娶她为妻。

不管亚瑟如何劝阻，高汶仍毅然地答应了老妇的条件，他们也得到了答案：女人最想要的是对自己命运的自主权。亚瑟安全了，但他们又将迎来让人发愁的事情，高汶和丑妇第二天将举行婚礼。

婚礼结束后，高汶缓缓地来到了新房，瑞格蕾尔小姐背对着门口坐在炉火的前面。瑞格蕾尔小姐感觉到了身后的动静，转过头来露出她丑陋的牙齿说："我亲爱的丈夫，过来吻我！"高汶闭上眼睛，轻轻地吻了她一下。

"谢谢你，我的高汶。"瑞格蕾尔小姐的声音怎么变得如此甜美？高汶不可置信地睁开眼睛，在他眼前的女子美得让他吃惊："你是谁？"

"我是瑞格蕾尔小姐。城堡主在我身上下了诅咒，感谢你的善良和无私，诅咒已开始失效，但未消失殆尽。从今天起，我半天是现在的样子，而另外半天是以前的样貌。"她握住高汶的手深情地望着她，"那么，你希望现在的我出现在什么时候？如果在晚上，你白天就会因我是个怪物模样而被世人指点；如果在白天，你晚上就不会快乐。"

高汶想了想，看着她说："这个难题应当你来解决，你才掌握着决定权。"

"高汶！你让我自己做决定！你把女人最想要的东西给了我。这就是解开诅咒的最后一道钥匙，无论白天还是黑夜，我都能完全保持现在这个面貌了！"

成为自己的行为决断者后，自然而然地，我们也会开始对自身行为进行评判。这种评判不是简单的是非对错的评判——是非对错的评判或多或少仍然受到他人及社会价值的掌控——而是关于"我是不是真的感到愉快"的评判。当然，这种从自身出发的评判，有时也会让人迷茫，好比面对一片空旷的土地，你不知道要对这片土地做什么，没有人告诉你，你只得自己决定。没有外部规则的介入，太过自由反而是一种限制，因为你的每一步都得三思而行。这就会反过来要求我们在进行决断时多考虑各方面的因素，谨慎而为。然而，不管我们的评判如何，我们做出的决断如何，最终都指向一点：我们都要为自己负责。

第二章

# 建立人际界限：
# 失去界限就等于放弃掌控权

> 人与人之间越亲密就越好吗？恐怕未必。过度亲密，容易造成人际界限模糊，这样一来，"亲密"反而成了一种困扰。当一个人缺乏界限感，常常会把自己的事托付给他人，邀请他人跨入自己的界限，也常常把自己的意愿强加于人，强行跨入他人的界限，这是属于自我和他人的界限混乱的表现。明确的界限感是一个人独立的标志，它给予我们自由的思想、独立的意志和清晰的责任感，并能够帮助我们处理好自己的情绪，避免他人对我们心理上的操纵。

**掌控：** 如何在人际交往中取得主导权

# 丢失的主导权：你的生活已经遭到他人的入侵

### 当你扮演了他的角色

"佐伊，你这周三有空吗？"

每当苏菲问佐伊这个问题的时候，佐伊就十分头痛。起初佐伊会不假思索地说："是的，我有空。"紧接着苏菲就会说："帮我一个忙吧？"

自从和苏菲成为室友以来，佐伊已经陪苏菲买了一台笔记本，两双鞋，无数件衣服，帮苏菲取回了修理店的汽车，帮她在肯尼迪机场接送了从利物浦来的叔叔，帮她取消了在茉莉餐厅的预定……佐伊的帮助几乎涉及了苏菲生活的方方面面。"佐伊，你有空吗？"渐渐成了佐伊最害怕的问题。

后来，佐伊不胜其烦，当被问及是否有空时，就开始寻找各种理由来拒绝苏菲，比如："我和麦克约了去看电影""我和牙医约好去检查""我答应去参加珍妮的生日派对"等。但苏菲还是会不依不饶，她似乎根本察觉不到佐伊的不情愿。就像这次，佐伊在说出"对不起，我刚约好健身教练周三去做体能测试"之后，她很快地回应道："哦！不要紧，那你周四有空吗？晚一天也没关系呢。"看啊，苏菲总是这么"机智"，她随时都懂得抓住机会来"榨干"佐伊的私人时间。

佐伊变得越来越烦躁："为什么苏菲永远没有空自己做呢？她为什么不找彼得而非要找我帮她呢？我都这么忙了，为什么她不能体谅我呢？在我需要帮忙的时候，她在干什么呢？"而且借口如此有限，佐伊又不好意思每次都拒绝，不得不去帮苏菲做不属于自己的事；同时，佐伊在绞尽脑汁找借口推脱的时候，往往心里也觉得很内疚："我这样是不是显得很自私呢？"但佐

## 第二章　建立人际界限：失去界限就等于放弃掌控权

伊忙于自己的事情已经筋疲力尽，更别提还要参与到苏菲的生活中了。

佐伊之所以摆脱不了一直给苏菲"跑腿"的局面，主要是因为存在这样的担心和内疚：不去帮助苏菲是一种自私的行为，而自私意味着不友好，这样会失去苏菲的友谊。同时，这种担心又伴着不满：不甘心将自己的时间全部花费在他人身上，更何况苏菲寻找帮助的那些理由往往并不合理。在担心和不满的矛盾中，佐伊不得不做与自己意愿相违背的事情，于是陷入了极其糟糕的情感状态中。当佐伊把越来越多的时间花费在苏菲身上，越来越多的精力花费在内疚及不满的情绪中时，那留给自己的时间与精力势必会越来越少，佐伊的生活中属于自己的一部分慢慢开始被他人所蚕食。

佐伊非常不情愿地参与到了苏菲的生活中去，有时甚至扮演起了苏菲应该扮演的角色（比如帮苏菲去接她的叔叔）。比起浪费的精力时间来，更令人担忧的是，她会渐渐在消极的情绪中迷失自己。

**掌控与反掌控都是潜移默化形成的**

佐伊经历的事情，我们每个人或多或少都会碰到。尤其刚迈入职场时，往往自己手头的工作还没有完成，老板、经理或资历比你深的同事都会不断地找你做一些其他的事情，这些事情不仅琐碎而且工作量巨大，但你又不能说"不"。你担心这样会显得你在工作中不积极，又担心他人会因此排斥你，就这样，任务的不断累积让你的精力和精神不堪重负。

只要我们与外界发生联系，就一定会存在这样的问题。正如卢梭所言："人生而自由，但无往不在枷锁之中。"刚出生的婴儿还未学会压抑自己的欲求，行为表现都完全按自己的意愿，这就是弗洛伊德所说的"本我"。随着人逐渐成长，我们会发现并非所有的意愿都是能够被外界接受的，我们感受到了与外界进行情感交换时所带来的压力。这种压力主要来自心理层面，我们开始体会到违反公认意愿时所陷入的糟糕心理状态。为了避免这种状态，通常的选择是逃避、妥协而非正面争斗，因为你往往会陷入这样一个逻辑中：所有的矛盾都在于你的行为没有符合他人的意愿，而不是他人的意愿过于严苛。

在被掌控的过程中，我们也渐渐耳濡目染地学会了如何去掌控他人。受制于人时，按照以往的经验，我们第一反应是如何"以彼之道，还施彼身"，于是产生了"掌控—反掌控"的交流模式。佐伊在躲避苏菲的请求时用了"我和牙医约好去检查""我和麦克约好去看电影"等借口，这些借口有一个共同的特征：都是事先已经约定好不能改变的事实。这就对苏菲造成了压力：你不可能让我破坏事先的约定。然而苏菲马上又让佐伊陷入难题："你周四有空吧？"佐伊当然可以继续找寻借口，那么他们的对话将久久不能结束，从而进入一种相互敷衍、对抗的消极博弈模式中。

掌控和反掌控的对峙无论持续多久，肯定会有一个人败下阵来，以最后的结果来看，之前一来一回的"打乒乓球"式的应对过程是重复且无用的。如同一个不会游泳的落水之人，不断地拍打着水面，但始终不能脱离困境。败下阵来的人普遍都不会心甘情愿地接受结果，反而会出现比一开始时更为严重的沮丧、生气、无奈等消极情绪。

负面情绪越积越厚，看似与他人交往一切如常，但是一颗炸弹已经深埋在心中，而且开始了爆炸前的倒数，这颗炸弹不是在自己心中爆炸，就是在人与人之间爆炸。因此，我们急需抢回握在他人手中控制着这枚炸弹的遥控器，还自己一个安宁的私人空间。

## 第二章 建立人际界限：失去界限就等于放弃掌控权

# 界限感缺乏：过度的干涉会扰乱亲密关系

### 入侵往往是从最亲近的人开始的

"谢天谢地，慧婷爸爸终于来了！"每周日的家长见面日是慧婷室友最期待的日子。并非慧婷爸爸的人格魅力有多大，而是在这一天，寝室又能变得整洁如常了。

慧婷在学校的成绩非常不错，虽然性格内向但对集体一直很热心，经常费心费力地去帮助他人。然而，老师眼中各方面都优异的慧婷，总是感觉室友不待见她。更让人不可思议的是，总是为别人付出的慧婷，却将自己的生活弄得一团糟。看看慧婷的桌子吧，你完全找不出一个比"修罗场"更贴切的词语来形容它了。桌子上杂乱地放满了笔记本、水杯、木梳、化妆品；竟然还有吃了一半的方便面，汤汁还洒在了桌上；还有啃得只剩下一口的煎饼果子，喝了一半的奶茶，拆开一半没吃完的焦糖饼干；还有许多替换下来的衣服……周日对慧婷室友们来说就是个福音日：慧婷的爸爸很疼爱她，在家里什么都不让她干，并且，他每周都会来到慧婷的宿舍，以旋风般的速度把慧婷的"战场"打扫干净。但这周，慧婷的桌子竟在周五已经被清理干净了，但未免太干净了——她的一切东西好像都被搬走了，怎么回事呢？

这时，慧婷的爸爸正在李老师的办公室递交慧婷的辍学申请。李老师十分震惊，在此之前，慧婷一点辍学的征兆都没有。更让李老师惊讶的是，同是一名教师的慧婷爸爸竟然同意了孩子辍学的想法。

慧婷总觉得自己在被同学利用，同学一直在支使她做这做那。最让她受不了的是，同学们想要她帮忙的时候都彬彬有礼，但一旦她需要帮忙时，同学们总会推三阻四，比如："等一等，我在忙。""我在准备数学竞赛，没法帮你"……她无法理解为什么自己能第一时间放下自己的事情去帮助别人，而同学们却做不到这样。

李老师屡次上门家访，慧婷的父亲至终都在重复一句话："她不想读了有什么办法？你知道，我从来不愿意违背她的意愿。"慧婷一向乖巧听话，这次女儿强烈的意愿让父亲很容易就接受了。辍学后的慧婷一直在家静静地待着，不愿意与外界交往，只能缩在家里看电视。

李老师了解情况后，强烈地要求慧婷的父亲带慧婷去看心理医生。经过专业的诊断，医生判断慧婷患上了社交障碍，而认真分析了她的经历后，医生得出结论——她的社交障碍来自于人际界限长期受到侵犯。

"她们都不喜欢我，尽管我对她们很热心。我总是不遗余力地去满足她们的要求，但她们依然排挤我。我觉得自己跟她们根本不是一个世界的人，我们的想法和行为习惯都是那么的不同。她们都戴着可怕的面具，这让我很痛苦。"慧婷将她心中的疑惑托盘而出。

### 界限感：人际关系间的"防护栏"

人类如今越来越擅长在土地上建造房屋。被人为设立界限的土地能更好地发挥不同的作用：哪片区域应该用来建造工厂，哪个区域应该发展成商业区，哪个地方最适合建成居民区，这一切都有条不紊地进行着。现代城市规划的一大课题就在于如何有效、合理地划分功能区域的界限，一旦界限出现模糊或者扭曲，就会出现矛盾——如果在居民区建了化工厂，肯定会出现混乱。

人的内心就如同一片广袤的土地，界限的建立也将决定我们在人际关系中的状态。而现实生活中，我们却常常感到在交际活动中事倍功半，吃力不讨好。我们习惯于追求"你中有我，我中有你"的亲密关系，以为人与人之间越密切越好，而事实上，我们生活中的许多矛盾正是由于与他人之间太过

## 第二章　建立人际界限：失去界限就等于放弃掌控权

亲密的关系而造成的。大多数人都没有意识到，在心理这片无形的土地上也存在着界限，它们也像有形的城市界限一样，维持着心理世界的正常运作。

我们坚信每个个体都是独特的存在，个体的差异性在母体中就已经开始形成。父母所给的基因，成长过程中的社区环境，受到的教育，接触到的人等所有因素都赋予了我们不同的特质。随着每个人渐渐长大，差异性也开始逐渐增大。而每个个体又在不同的场合扮演着不同的角色，承担着各自的责任和义务。

### 了解互异性和个体在不同情况下的不同角色

我们之所以能觉察到自己与他人的区别，就是从小就形成的界限感。如果一个人有着清晰的界限感，那么他会很敏感地认识与他人的互异性，而且认为与别人不同是理所当然的，没有什么值得奇怪的；此外，他会分清楚自己与他人的不同职能，知道什么是自己应该做的，什么是别人的职责。若一个人的界限感模糊，那么他就很容易以己度人，有时候意识不到和他人的差别，当别人与自己的思想和行为出现不同时，首先会质疑他人："我想不明白你怎么会这样做！"同时，他很难分清个人职能跟他人的责任，会习惯性地跨过界限，去掺和别人的事情，并且不会拒绝别人越过界限来插手自己的事。

在开篇的案例中，慧婷和慧婷的父亲都是缺乏界限感的典型。慧婷的父亲自小对女儿宠爱无限，什么活都不肯让她干，虽然慧婷在人前是学习优异的学生，热心为集体服务的好少女，但作为一名已经拥有独立生活能力的女孩，她却不愿整理自己的东西，需要父亲每周日亲力亲为地帮助她。在她决定退学时，父亲也没有觉得什么不恰当的地方，觉得女儿的举动出自于她自己的意愿，于是马上就遵从了女儿的想法。这样的行为，看似是无私地通过自我牺牲来满足孩子，也的确像是给了孩子足够的自由决策的空间，但事实上，这只是一种荒唐至极的自我满足。很多父母都会出现这样的行为，因为他们认为，这样做才是一名好父亲（好母亲），将自己的一切奉献给子女才无愧于"父母"二字。

父母的界限缺失直接影响到了孩子，孩子缺失了身为后辈应有的责任，缺失了作为一个能够在世上独立生活的人类应有的技能，也缺失了正确估量他人的能力。父母的爱只是看似无私伟大，一次次地委屈自己（他们自己可能还感觉不到委屈），只为满足孩子。孩子在这样的无界限的环境下成长，一开始就没有感受过泾渭分明的人际关系，因此，他们很难清楚地认识到人与人之间不同的社会、家庭角色，他会理所应当地认为父母所做的都是合情合理的。进入学校与同学交流时，以自己心中的尺子丈量他人，无法理解与自己有异的行为，最后只能让自己钻进家庭所织成的"安全壳"中。

人际界限就像一道墙壁，有了这面墙壁，你能明白哪一块地界是属于自己的，哪一块是他人的，不允许别人轻易介入，也能充分尊重他人的领地。当然，想要摆正自己的人际观念并不难，但如何对正确、有效地对自己的地界负责就不是一件容易的事了。

打个比方，如果你是一个农场主，你很清楚你的目的，也知道你的具体职能。然而，经营农场的过程是无比艰辛的——你必须要关照牛群不受疫病感染，不受狼群撕咬；还要决定何时播下种子，何时浇水、施肥，以保证农作物茁壮生长。一个人的人生道路要怎样走，读怎样的学校，找什么样的工作，和什么人结婚，如何与人交往，这些就如同农场中的那些牛、羊、农作物，任何决策都会决定你农场的未来。健康的人际界限是这样的：不让别人越过你的界限，也不随意干涉别人的界限，不让别人对自己的农场指手画脚，也不要干涉隔壁农场主怎么对待他的牛和羊。

# 第二章　建立人际界限：失去界限就等于放弃掌控权

## 人际交往中的移情与反移情：相互融合还是主动剥离？

晚上六点，芭芭拉在餐桌旁享受着自己的通心粉色拉。突然，她放下叉子，惊恐地想到：自己竟然又把来访者简的预约时间忘了！

芭芭拉是一所大学的心理咨询师，一个月前，简前来寻求帮助，并跟芭芭拉预约了就诊时间。而就在上周，芭芭拉把简的预约时间忘了，跟简道歉后并相约下一次见面，简的态度很平常，没有对芭芭拉的爽约而恼怒，对于下一次的见面看起来也并不怎么期待。一向认真负责的芭芭拉无法相信，这样的事情连续在她身上发生了两次——她们约好今天下午3点会面，而现在已经过去3个小时了！

简来到咨询室寻求帮助的原因也很特别：她想让芭芭拉来为她选择一个最好的自杀方式。芭芭拉当即就认为这个女孩的心理状态十分危险，于是和简约好每周见一次面，并且让她保证不能自戕。

前几次的会面都十分顺畅，简谈到了自己的家庭和学校生活。简在七岁前大部分时间都和祖父母一起生活，父母每周把她接回家一到两次，直到上小学，才完全搬回家和父母一起居住，因此她一直觉得父母的家并不是自己的真正的家。简的父母关系如胶似漆，简说："他们好得像一个人，我反而像他们间的第三者。"简又是一个非常自律的人，学习生活上不需要父母任何的督促和操心，她每天的生活几乎都遵循着相同的一条线路：和父母道别—上学—回家—做作业—吃晚饭—和父母道晚安—睡觉。和父母的交流也仅限一天的开始和结束，简觉得自己在这个家中毫无存在感。

后来，她进入了大学，到现在已经三年了。大学三年期间，她的生活和前十几年一样也是直线式的：学校—宿舍—食堂。简和同学也几乎不一起外出,并非同学们有意拒绝和简同行出去,只是经常把她"忘了"。和小时候一样,简在学校里也成了一个"空气人"。

在大二的那年,有个男孩曾追求过简,简一直没有答应,男孩最后只好放弃了。后来,男孩的朋友气势汹汹地找到了简,指责她玩弄自己的朋友,简那时才知道男孩放弃的原因:无论男孩做什么,简都无动于衷。男孩邀请简出去吃饭,即使面对极可口的食物,简的表情也像味同嚼蜡一般;男孩策划了很多浪漫的事情想要带给她惊喜,她仍然如常,没有任何喜悦的表现。男孩受不了简不答应也不拒绝的态度,他觉得自己像小丑一样在自娱自乐。听了男孩朋友的指责,简躲在宿舍里哭了很久,简说:"我当时很高兴,但我不知道怎样传达我的心情,而且我觉得他终将离我远去。"

简从小就得不到重视,一直认为自己是可有可无的存在,因此在与男孩和芭芭拉的交往中,也一直将这种感觉迁移到他们身上。芭芭拉在第一次为自己的爽约而道歉时,简没有任何不满的表现,与其说简是一个非常宽容大度的人,不如说简完全不觉得这是什么,因为她习惯了这样被对待。男孩对简的追求让习惯了被当作空气的简手足无措,只能按照以前的经验,继续无动于衷,但她的无动于衷有两层含义:一是这是自己已有经验中未曾经历过的,并不知道如何处理;二是害怕一旦习惯了与男孩共处,若再回到孤独的状态,反而难以适应。

**移情和反移情无处不在**

那么,又该如何解释芭芭拉的行为,她的"健忘"只是记忆力不佳造成的吗?为此芭芭拉特意去请教了自己的督导老师史密斯教授。

史密斯教授听了芭芭拉极其内疚的叙述,沉吟片刻问道:"告诉我,你对简有什么印象?"芭芭拉努力回忆,犹豫地回答:"她……奇怪,我明明已

## 第二章　建立人际界限：失去界限就等于放弃掌控权

经和她见了几次，但至今都没法完整地描述她的样貌。"史密斯教授引导芭芭拉道："你觉得这和你连续两次忘了和她约见的事情有什么关系吗？"芭芭拉不喜欢将自己的失职推在她人头上，于是摇了摇头表示不知道。史密斯教授继续说道："想想，我们上个月接待了兰德教授一行，宴席上你是不是对特定的几个人还有印象，而对其他的人都模糊了呢？"芭芭拉点了点头，兰德教授一行中有个叫麦莉的女孩让她印象深刻：麦莉穿了一件小巧可爱的粉色裙子，但她却对重金属摇滚乐情有独钟。"说明那个人的性格上有一种程式能让你记住她，而与之相反，有一种人的性格也有一种程式让你忽略她。"

芭芭拉这才意识到，自己在潜移默化中已经受到了简的影响，她空气般的存在让自己也慢慢视她为空气。

在这个案例中我们看到，人们之间只要有互动，必定会相互影响，即使是如"空气人"一般存在的简，依然能给他人带去影响，而且这种影响就如她的存在一样，如空气般悄无声息地改变了他人。

芭芭拉和男孩都受到了来自简的影响，前者"学会"了忽视，后者选择了逃避。反观简的成长经历，"忽视"和"逃避"实际是她生活中最常有的状态。我们把简对芭芭拉和男孩的态度称为"移情"。"移情"指某人将以前对重要事物的情感或经验投射在了眼前的人事物上。简的案例特殊在于：她的成长经历中正缺乏对"重要事物"的情感，被忽视是她的常态，更易将这种"一般经验"投射在芭芭拉和男孩的身上。芭芭拉和男孩的忽视和逃避行为则是受到简的影响产生的，称为"反移情"。

反移情分为正向和负向两种。正向、负向并不意味着反移情产生的效果是积极的或是消极的，无论正负，它们都会对人产生不良的干扰。当出现正向反移情时，会产生过分的共情，甚至心理完全站在对方立场上，与对方充分融合，十分认同对方以至于看不出对方的问题所在；负向反移情则是对对方产生过少的认同，极少发现对方的优点，甚至产生冷淡、漠视、逃避的情感。出现在芭芭拉和男孩身上的反移情显然是后者。芭芭拉今后的治疗策略就是重视简，这样，简也会慢慢重拾对"重要事物"的认知。对男孩来说，如果当时男孩从始至终地与简保持联系，无论简对他有多冷淡，简也会慢慢意识到自己的重要性，或许男孩自信、开朗、阳光的特质也将慢慢地影响到简——虽然这可能是一个漫长而坎坷的过程。

人的社会属性决定了我们必定会不断地与他人交际，在这过程中，无论是融合和剥离，都需始终警惕自己的界限是否已经模糊不清，芭芭拉及时发现了自己的界限已被人打乱，被简的性格、思想、习惯入侵，她在寻求督导的帮助后，重新摆稳了自己的界限，然后才能更好地去辅导简。

## 拯救关系：帮助你是我的责任

"安娜昨天背后在说你小气自私。"有一天你的好友对你说，"我不止一次听见她这么说你了。你和安娜不是好朋友吗？"虽然你可能并不完全相信他说的，但你是否已经暗暗地开始提防起安娜了呢？那么，那位"善意"提醒你的朋友的目的就达到了。他的目的并非想要诋毁安娜，而是想对你说："看，我多么关心你。你肯定很难过吧？但是不要紧，除了安娜之外，你还有我这个朋友可以依靠。"这就是拯救关系中拯救者的典型想法，他们站在一个悲天悯人的位置施与你帮助。如果拯救者别有用心，那么你就会掉入他的"温柔陷阱"。

一个年轻的爆炸案嫌疑犯被警察当场逮捕了，他被带到一个房间里，里面有两名警察在等着审讯他。正如一切刑侦剧里面所描述的一样，他在被逮捕前也被告知了这么一句话："你有权保持沉默，但你所说的一切都将成为

## 第二章　建立人际界限：失去界限就等于放弃掌控权

呈堂证供。"于是，他决定除了"无罪"外什么都不说。

他单调的回答立刻激起了瘦高警察本的愤怒，他站起来拍着桌子骂道："你长了张嘴是干什么用的？啊？不说话是吗？还是你只会说'无罪'两个字呢？"

看着嫌疑人无动于衷的样子，他更生气了，走到他身边，用力踢着他的椅腿："哑巴了？怎么不说自己无罪了？"嫌疑人被他踢烦了，把椅子往旁边挪了挪。这样一来，更加激怒了本警官，他扒着椅子扶手把嫌疑犯转过来面对着自己，在他的耳边大叫："谁允许你挪了？谁允许你挪了？你以为在这里还能随着你为所欲为吗！"本的声音震天响，嫌疑犯被他的高声贝吵得不自觉地皱起了眉头。

这个小动作还是不能逃过本的眼睛："你还皱眉！在引爆炸弹前你的眉头怎么不皱一下？啊？你等着吧，我一定会给你安个最重的罪名。"他用食指不停地指着他说。

然后，本开始围着嫌疑犯走来走去："好啊！你还是不说话。不要紧，我有个朋友是检察官，我会告诉他，这个嫌疑犯相当不配合，他肯定有什么见不得人的事情瞒着！我会让他在法庭上狠狠地咬住你，直到你认罪！"

这时，本的搭档汤姆警官站了起来，缓缓地走到本的身旁，一手拍着他的肩膀，一手推着他回到原来的位子："本，发那么大火干什么。冷静点，冷静。"

"冷静个屁！你看他那副无所谓的样子，再想想那些受害者，你竟然还能冷静得下来！"

但汤姆没有理本的怒火，他说："嗨，本，他还只是个孩子呢。还记得我们遇到过一个8岁的孩子吗？你那时候的耐心去哪儿了！"年轻的嫌疑犯神经稍微缓和了一点，他本以为本警官会和汤姆警官会回顾一下过去，但本似乎并不想这么做，依然很暴躁。

他指着嫌疑犯说："他可不是什么8岁的孩子了，而且不是什么受害者！

他就是个流氓,是个恶魔!哼,我肯定会把这个小杂种送到那阴沉沉的监狱里去!"汤姆看了看本,叹了口气。似乎觉得再劝这位易怒的同事也无济于事,于是开始和嫌疑犯交谈了起来。

"尼尔,你的运气还是不错的。你的炸弹在一片空旷的地方爆炸,虽然有三个人受伤了,但他们的伤情现在都还算稳定。而且你也没准备另一次爆炸案,开庭的时候,这些情况都不会让你陷入太糟的境地。"

"那不是我的炸弹!我什么都不知道!"嫌疑犯尼尔还是矢口否认。这又重新激起了本的怒火。

"什么都不知道?什么都不知道你手里会拿着个遥控器?什么都不知道看到我们来了马上就跑?你个满嘴谎话的小混蛋!我倒要让你看看我的本事!"说着本撩起袖子做出一副准备打他的姿势。

汤姆一把拽住了他,"行了,本。说了这么多我们都有点口渴。你去买点咖啡来如何?"汤姆从口袋里拿出了一些钱塞进了本的手中。本不满地甩开了汤姆的手,摔门出去了。

"好了,尼尔,本帮我们买咖啡去了。现在能和我谈谈了吗?"

然后,尼尔在本回来之前就把他的所作所为都说了出来。

本和汤姆的审问其实是预先就安排好的,你信吗?这就是审问中的红脸白脸技巧。本先给嫌疑犯尼尔这样的威胁:本会给自己冠上很重的罪名,会让自己在监狱里待很长时间,之后,尼尔虽然始终说着"我无罪",但他的内心已经被本搅得开始起波澜了,虽然他表面上依然无动于衷,但内心开始惊慌失措。后来汤姆开始为尼尔说好话,并且用自己的钱给他买了咖啡,这等于给已经在威胁中摇摇欲坠的尼尔递出了一根救命的绳子,这时候尼尔就会想:其实还是有人关心着我的。汤姆对尼尔的态度,让尼尔一直紧绷的心得到了放松,此时的汤姆更像是一个救星而不是派来审问自己的警官。在本走后,尼尔身处于一个相对舒服的环境中,这时汤姆就真正地变成了一名拯

## 第二章　建立人际界限：失去界限就等于放弃掌控权

救者。尼尔会不由自主产生这样的意识——"对他说出实话让他来帮我吧。"很快，他就交代了一切。

　　美国心理学家史蒂芬·卡普曼于 1968 年提出了一个模型，这个模型展示了人在冲突下所呈现出的角色。他发现每个人在人际交往中都会呈现这样的三角关系：迫害者、拯救者和受害者，极像为了戏剧效果而构成的三个角色，因此他把这个模型称之为"戏剧三角形"（现一般称为"卡普曼戏剧三角形"或"卡普曼三角形"）。模型中，迫害者一般以"都是你不好"的思想参与到交际中，他视自己高人一等，经常贬低、指责、易怒，具有攻击性；拯救者以"让我来帮你"的形象参与，拯救者站在一个高位，认为自己有义务去帮助他人从困境中解脱；迫害者自认为自己低人一等，通常会感到无助、无望、受到压迫，对自己没有信心。在上述审讯中，这三个人就是各占据一个角色，尼尔看到汤姆是自己的拯救者，心理上就不自觉地依赖于他，认为自己坦白一切，他就能够更好地帮到自己。同样，开篇的例子中，嚼舌根的朋友也是抱着这样的心理，把安娜塑造成一个迫害者的形象，自己是拯救朋友于水火之中的拯救者，这样，那位朋友就能把"我"和她牢牢地拴在一起。

　　这就是拯救者的普遍心理：帮助你是我义不容辞的责任。把别人的事当成自己事，过分关心，过分涉足他人生活，把本该属于别人的事当成自己的事。拯救者姿态在父母中最为常见，父母经常会陷入拯救者的自我满足中，他们认为孩子还没有长大，即使长大了也还没有自己的生活智慧，于是对孩子的学习、生活、工作、恋爱、朋友关系等横加干涉。通常的结果就是受害者对拯救者产生过分的依赖，把本应自己承担的东西都交给拯救者定夺。拯救者看似是在大发善心地把他人带离苦海，其实是给受害者圈一个永远长不大的牢笼。

掌控：如何在人际交往中取得主导权

## 控制关系：我的话你必须听

麦克终于毕业了！想想大学的这几年真的十分不舍，因为只有在这几年中可以不用再顾及母亲的"听我说"了。之前还和父母住一起的时候，麦克做什么事情都会被母亲念叨，每次麦克想要做什么，他的母亲都会说："听我说，孩子，你这样做是不对的。"然后摆出一大堆言之凿凿的理由来，不留给麦克丝毫反驳的机会。

"嗨！想这么多干什么！好好享受我的舞会吧！"麦克的学院每逢毕业都会举办毕业舞会，麦克虽然不想毕业，但对这场舞会可是期待了很久。

一曲终了，大家开始四散开来三五成群地聊起天来。此时，靠近舞池的一个圆桌旁已经聚集起了七八个人，大家正在热议以后的出路。

"马丁，你去哪里工作啊？"

"我在一家物流公司做销售助理。"

"物流公司的销售助理？主要做什么啊？"

"据我所知……"还没等马丁开口，麦克端着一杯香槟酒挤进了众人之间。

"物流公司的销售助理是做……"一见到麦克参与了谈话，有两个女同学对视了一眼皱了皱眉离开了这张圆桌。"……所以销售助理十分考验一个人的耐心和毅力，马丁你可要当心眼睛。长时间看着报表，你的视力会下降得很快的！"麦克亲昵地拍了拍马丁的肩膀，马丁尴尬地点了点头。但本来热络的气氛一扫而空。

"说到视力，你们知道那个近视度数达800的玛丽要和男朋友结婚了吗？"一名女同学在冷场后找到了一个新话题。"啊！她的男朋友是……"一

## 第二章　建立人际界限：失去界限就等于放弃掌控权

名男同学想说他和玛丽的男朋友认识，麦克又马上抢过了话头："据我所知，玛丽是在食堂里和他男朋友相遇的……"几名同学以取酒为借口，飞也似的逃离了这张圆桌。

"啊！对了，杰瑞，听说教授想借用你的毕业论文成果？你答应了吗？"片刻沉默后，杰瑞找到了一个新话题。"哦，教授正好从事这方面的研究，他说想往国际关系方面再深入下去……"杰瑞正想和提问的同学多聊聊这件事，麦克又一把夺过了话语权："这个方面做不了吧！据我所知，这个方面已经被研究透了，我觉得教授应该……"终于，下一支舞曲响了起来，仍围在圆桌边上的几名同学都松了一口气，这大概是他们听到的最悦耳的一支曲子了，这样他们就可以回到舞池，不用听麦克的"据我所知"了！

奥地利心理学家阿尔弗雷德·阿德勒曾提出过"补偿心理"理论，他认为人在自我发展中总会有一些心理或生理上的不足，为克服这种不足带来的自卑，他会在某一方面特别发展自己以求补偿。比如：小丽小时候家里贫穷，一直吃不饱饭，长大后工作了，即使一个人住，她也会做很多很多的菜放在冰箱里，尽管这些菜她可能一个星期都吃不掉。

麦克小时候因为一直受制于母亲，没有说话的自由，所以他经常把别人说话的机会抢夺过来，滔滔不绝地把自己想说的说个够。除此之外，母亲在麦克小时候对他行为的控制，认为麦克做什么都是错的，使得麦克也潜在地控制着别人，"你们只能听我说"，因为"我什么都知道"。但是麦克不是上帝，他不是全知全能的，他表现得自己什么都知道，其实是为了掩饰自己对无知无能的恐慌，他以为先抢夺他人的话语权就证明自己掌握了主动权。

麦克母亲的控制显而易见，她通过批评和教育的方式限制麦克表达自己想法的自由，这也影响到了麦克的为人处世。与母亲的硬性控制类型不同，麦克的方式属于无形控制，他想在同学们面前建立一种威望以取得他们的信服，但建立的方式过于专制，压迫了他人表达想法的权利，同学们因此纷纷退出谈话圈。除了以上两种控制类型外，还有一种软性控制，它通常表现为以退为进的做法：撒娇、利诱、施苦肉计等。让我们来看看莉莉在同学会上的行为，你是否能辨认出她使用了哪几种控制类型？

知道莉莉会来参加同学聚会，同学们就感到头大。莉莉经常会在推特上发一些自己的自拍照，这些自拍照往往由两张构成，一张是莉丽自己的，还有一张是某个明星的。莉莉照片上的模样都和旁边的明星照一模一样，无论是穿着和动作，就连妆容都十分类似！在没有朋友给她点赞的时候，她会反反复复地发很多次才肯罢休。

这次同学聚会，她又穿得十分夸张地来了，即使坐在室内还戴着棒球帽和太阳镜。有些同学们看了看她偷偷地笑了起来，这让莉莉更加得意了，她把自己的头发往后一撩真以为自己是个明星一样！人来齐后，昔日的同学们按照顺序先谈了谈自己的近况。

第一个同学爱玛，她两个月前刚生完孩子，于是就自己的待产情况说了一会。她刚讲完，莉莉就迫不及待地讲起了自己刚出生的侄子，讲自己如何给他换尿布，怎么哄他入睡，如何抱着他去散步。边说还边推着自己的太阳眼镜，不时挥动着双手，手上的首饰也随着她的抖动叮当作响，好似在舞台上表演一般。等她稍事休息的时候，有同学揶揄她说，不知道的人还以为她已经是一个经验颇丰的母亲了！莉莉非常得意，又推了推鼻梁上的太阳镜。

轮到第二个同学讲话时，同样的情况又发生了，莉莉把他说的话题又移到了自己身上，并且同样说得声情并茂。等她说完，聚会发起人说："既然莉莉有这么多有趣的事情，不如先让她来讲吧。"大家一致同意，但是莉莉没说几句就结束了。同学们以为她把话都讲完了，但轮到其他同学谈论时，刚才的情况又出现了。同学中有心直口快的男同学说："莉莉，你别一直说啊，给别人一点说话的机会。"

## 第二章　建立人际界限：失去界限就等于放弃掌控权

莉莉听了，一把拿下自己从进门后就没摘过的眼镜，生气地说："我怎么连发言权都没了？聚会不就让人畅所欲言吗！"大家只能眼睁睁地看着这场聚会变成了莉莉的个人秀。

案例中，莉莉的控制则是无形控制和硬性控制的结合。首先，她企图通过在外表上建立起自信，即穿着、装扮和动作都极力效仿明星，夸张的语气、大幅度的动作以及从不轻易拿下的墨镜都是明星的特征，其实她是企图建立一种自信，这属于无形控制。然而，混淆了明星和现实生活的莉莉显得十分可笑。在男同学批评她一直掌握着话语权时，莉莉反而指责他不给自己说话的权利，这则是硬性控制。

麦克母亲、麦克和莉莉的控制其实都有共同性，他们都不关注别人的想法，甚至有时采用一些指责、批评、教育的强硬手段让他人必须听自己的话。

麦克想要建立的威信，莉莉企图建立的自信，这些在平时都是人格魅力的一部分，但他们都以让人难以接受的方式把这两种形象强势地"推销"出去，不免让人发笑。但有时候，不让人发笑，让人心悦诚服的无形控制才是最值得忧惧的，因为这些品质很容易建立权威。如果拯救者身上有这种品质，你会更加相信他为自己所带来的帮助，更加依赖于他。同样的情况也适用于控制者身上，只不过，拯救者的目的是把你解救出来，而控制者则是出于满足自己欲望的目的来控制你。一旦被控制者的这些手段所迷惑，失去了自我，忽视了自己的内心感受，那么就很容易沦为成他（她）的工具。

**掌控：** 如何在人际交往中取得主导权

## 依赖关系：我做不到，你来帮我

2011年9月16日，日本年过七旬的老人斋藤实在海上漂泊1080天后，驾驶着自己的爱艇稳稳驶入横滨港，安全返回家乡。这已经不是他的第一次海上环球之旅了，在此之前，他已经航行过7次，并在2005年创造了不间断环球航海的最大年龄世界纪录。

2008年10月，斋藤实从家乡出发，和前七次不同，他选了带有挑战性的航海路线——自东向西。地球自转自西向东，与自转方向相反意味着面对的洋流和季风的影响也更大。这次的航行他是带着野心出发的，他想打破由英国人布莱顿保持的环球逆行293天的世界纪录。之前他环球顺行的最快纪录是203天。本来他准备只用287天来完成这次旅行，但在航行中出现的诸多变故，让这趟航行格外漫长。

尤其是在驶过好望角的时候，他碰到了前所未有的灾难天气。海上刮起了10级狂风，烈风带起的海浪足足有9米，海浪摧毁了斋藤的小艇，所幸附近智利海岸的警卫收到了求救信号，把他救了起来。随后，他为了维修自己的小艇，在蓬塔阿雷纳斯待了很长时间。蓬塔阿雷纳斯因是智利南部的一座城市，由于地处世界最南端而闻名，从这里就能进入南极探险了。寒冷的天气以及对小艇的担忧让他的健康受到了损伤，后来在当地的一家医院里接受了疝气手术。从手术中恢复后，重新上路。但船没有完全修好，一路上因为一些小毛病而走走停停。所幸的是，这些让他停下来的小毛病让他顺利躲过了2010年的智利大地震。

2011年3月他到达了夏威夷，预报说会有一次强地震来袭，他为了躲避地震就把小艇停在了港口。这次地震就是后来震惊世界里氏9.0级的日本

## 第二章 建立人际界限：失去界限就等于放弃掌控权

大地震。地震所引发的海啸使小艇严重损害，把小艇送去维修的路上，他又被摩托车撞伤，做了此次旅行的第二次手术。在旅程的末尾，他足足等了五个台风过去才从东南亚启程回日本。

虽然遇到了这么多波折，但踏上故乡土地的斋藤实精神头很高，一点也看不出是一个已经年过古稀、刚经过了1000多天旅行的老人。他已经在为下一次的航行做起了打算。这次他打算往北跑，去格陵兰岛和阿拉斯加。"只要筹够钱，我就出发"。

日本是世界上平均寿命最长的国家，随之而来的是老年人这个群体越来越庞大。其他国家中的老人们在感叹"老无所依"时，日本老人开始了独立而积极的老年生活，他们中的很多人像斋藤实一样做出了连年轻人都做不到的"壮举"。

日本冲绳县小滨岛上有一支非常特别的歌舞组合，这是由当地一群耄耋之年的奶奶们组成的小滨岛奶奶合唱团。套用日本国内十分流行的一支青春组合的取名方式，她们给自己取名为KBG84（数字84是这支合唱团的平均年龄）。加入该组合的年龄条件是80岁以上，如果有70岁以下的奶奶想进入则成为研究生（研究生就是指未成为正式成员的候选，这种设置也借鉴了那支流行组合），现在包括研究生在内的在籍人数有40人左右。

这支被媒体称为"离天国最近的偶像组合"目前已经制作了第一首原创歌曲，还开始了她们的日本巡回演唱会。第一首原创歌曲叫《Come and Dance 小滨岛》，奶奶们跟着磁带仔细聆听，反复练习后才跟上这首歌的速度，然后在岛上的集会场上录下了第一首歌。这首歌曲还有相应的音乐视频，视频中以小滨岛为背景，奶奶们则拄着拐杖慢慢地跟着音乐扭动起来。合唱团成员们都非常兴奋，因为什么事情对她们来说都是新的，包括佩戴耳机也是一次全新的经历。

在日本，越来越多的老人选择独立生活，不给子女带去麻烦。因此，这就造成了许多老年人在临终时也没有人在身边陪伴，因此出现了"孤独死"这么一个新词。2009年，日本昭和年间最具代表性的女演员大原丽子被发现独自死在家中。当地媒体随后进行了跟踪采访，他们已经构想好了大部分人会觉得大原丽子走得很凄惨，但最后的采访中却有许多老年人觉得，大原丽子死的时候肯定觉得很幸福。问及原因，他们答道："因为生前没有给别人添麻烦。"这是一种人际界限十分明晰的想法，儿女有工作有家庭，他们有自己的苦恼，"虽然我老了，但这是我自己的事情，不需要再给他们增加新的烦恼了"。

日本人做事有这样的一个信条：不给他人造成麻烦，尽量不依赖别人。在这样的信条下，当他们在迈入人生最后一段旅程时，依然活得十分独立和自信。这就是许多人为之钦佩的原因，因为他们往往也无法做到这一点。在生活中遇到难题我们自觉不自觉地就会向他人寻求帮助，可以说我们十分享受这种人与人之间的依赖关系。

依赖往往与拯救联系在一起。之前我们已经提到，拯救者会强化受害者的依赖性，同样依赖者觉得不行、做不到，这同样会激发另一方的拯救欲望，把自己看作依赖者的救世主。拯救者异常热心，有种多管闲事的热情，常常把不属于自己的责任往自己身上揽；而依赖者是觉得什么事情我都做不了主，常常把应该属于自己的责任推给他人来承担。如依赖型的孩子，倾向于让父母摆布自己的人生，自己只需要动动手和嘴，就能万事无忧。

有时候依赖者会故意强调自己的不行，这样就会加倍地激发出拯救者的拯救欲望。同样，如果没有拯救的强化，依赖也会减弱。刚来到世界上的婴儿都是最娇嫩柔弱的，他们对自己的照顾者有一种特殊的情感，这种感情上的联结称之为依恋。一个人在幼儿时期生成的依恋关系，与他今后性格和人格发展有着莫大的联系。在幼年培养起安全型依恋的孩子，更易信任他人，

## 第二章　建立人际界限：失去界限就等于放弃掌控权

也更自尊自爱。新降临的幼儿在面对这个庞大世界时很自然地会感到无措，因为力量的弱小而有种不安全感，因此抚养者会亲力亲为地给他喂食，给他盖被子，不停地和他说话……随着年龄的增长，一个人所能承受的事物也越来越多，这时候抚养者必须开始让他们知道人际界限为何物。明确什么是自己的事，什么是别人的事，从小锻炼孩子自己穿衣，自己刷牙，自己吃饭，就是在一步步地将界限划清。

正如玩游戏一样，一直出现的提示虽然能简化游戏的难度，却会让游戏索然无味，拯救者就像游戏的程序一样，指挥着依赖者如何行事。但任何经历过困难的人都有这样的感觉，真正值得铭记的并不是最后的"恭喜通关"，而是在通关路途上一次又一次"你被怪物打死"的提示。你骂骂咧咧但仍不放弃，最后的通关才是一场值得庆贺的胜利。

正如《国际歌》中所唱："从来都没有什么救世主"，自己的路只有靠着自己走下去才是属于自己的人生。这也是小滨岛奶奶被大家视为偶像的原因，她们虽然在外貌上不符合大家对"偶像"的认识，但她们依靠自己活出了光彩。

## 迎合关系：求求你给我一个肯定

艾尔莎的微笑十分迷人，当她来应聘市场督导一职时，就凭那甜美的微笑征服了五位面试官，从十几名应聘者中脱颖而出。

通过三个月的试用期后，艾尔莎马上被派往了异地出差，她只在那儿待了不到两个星期就回来了，但客户对她的评价很高，甚至特意打电话给公司，点名以后的工作指导都交给艾尔莎。一个新人竟能获得如此高的赞誉，这让公司里的所有人都对她刮目相看。有一次，艾尔莎从异地出差回来，正巧艾尔莎的老板琼斯路过火车站，想顺道接艾尔莎回公司。当她停好车子准备与艾尔莎碰面时，不远处的人群中出现了一声尖利的声音："小偷！把包还我，把包还我！"只见艾尔莎正一边笑着一边追着一个小偷。碰到这么紧急的事情艾尔莎竟还能保持笑容，这不仅把琼斯逗乐了，也让周围准备上前帮忙的群众笑得合不拢嘴。所幸逐渐包围的人群让小偷最后无所遁形，艾尔莎一边笑着一边擦着汗说："太好了！太好了！"

上了车后琼斯打趣艾尔莎道："包被偷了竟然还能笑得像朵花，真有你的。"琼斯正专心倒车并没有留心艾尔莎。但艾尔莎久久未作声，琼斯奇怪地看了她一眼才发现，这时艾尔莎的脸上虽然仍挂着她常见的笑容，但从她惨白的脸颊和微微颤抖的嘴角及肩膀可以看出来：她很紧张。琼斯突然觉得自己似乎多嘴了……

之后的某一天，艾尔莎为了私事请了三天假，她在请假事由中写道："与男朋友和其父母相见。"琼斯因和丈夫一直两地分居而离婚，特别想下属有一个美满的家庭，就准假了。

回来后，琼斯问起艾尔莎是否和男友父母相处顺利，艾尔莎重重地叹了一口气说："他们应该是很喜欢我的，但我觉得我和亨利（艾尔莎男友）最终会分手。"

琼斯感到很奇怪："为什么？""他们家其乐融融，父母也都十分和善，因为太好了，所以我提出了分手。"艾尔莎停下了叙述，琼斯感到自己不能再继续追问了。

正在琼斯准备离开时，艾尔莎默默地说："这个月出差回来后，我想我要提出辞职申请了。"没等她继续追问下去，艾尔莎自顾自地讲了下去。

"知道我为什么总是笑吗？我七岁的时候，父亲因为经济不景气被裁员了，回家后便开始酗酒，挥拳头。清醒时他是世界上最好的父亲，但喝醉后他就是一个恶棍。妈妈受不了他这么反复无常，一直颓废下去，就和爸爸离婚了。当时爸爸向法庭保证一定戒酒，于是姐姐和弟弟跟着妈妈，我就跟

## 第二章　建立人际界限：失去界限就等于放弃掌控权

了爸爸。"让琼斯觉得不可思议的是，说起这段伤痛经历时，艾尔莎仍脸带微笑。

"后来爸爸的确戒酒了，又找了份新工作，也娶了个新妈妈。但继母并不喜欢我，爸爸不在家时就把我赶出去，我只能去找妈妈。妈妈那时也嫁了人，又怀上了宝宝，一家人非常和谐，我在他们中间总觉得像是一粒沙子进了鞋子一样，格格不入。当他们很有默契地哈哈大笑时，我只能在一旁傻笑。后来我发现，在继母发火时，我只要傻笑，她就不会赶我出去了。自此，不管碰见谁，我都努力地笑，不让别人感觉我是多余的，是他们的累赘。"

笑是人与人交往间不可缺少的润滑剂，通过笑，能向他人传递一种积极的情绪和善意的关系，可以说没有人会拒绝笑。在家庭关系中碰壁的艾尔莎发现了笑这剂良方，因此，在往后的生活中她总是笑面示人，这使得她面对危急状况时仍放松不下自己的嘴角，笑已经成为了艾尔莎最自然的表情了。但这个笑并不是艾尔莎心里真实情感的体现，在母亲家，她为了不显得突兀而笑，在继母家她为了不被赶出去而笑。她的笑是为了迎合他人而采取的防御性举动，这在自体心理学看来是一种"反映性移情"（也称镜像移情），艾尔莎的表现称之为"虚假自体"。

自体心理学创始人科胡特认为：自恋是人类的一般本质。这里的"自恋"和我们通常所说带有贬义色彩的自恋并不是一回事。科胡特认为，自恋是一种自我价值感，是指自己感到被珍惜和保护。一般个体的自恋是健康的，当外部环境没办法满足自体自恋时，由于"环境缺陷障碍"就会产生"虚假自体"。为了重获环境对自己的肯定，虚假自体会根据外界的需求来调整自己，通过别人对自己的反映体验到被外界关注的满足感，这就是"镜像移情"。

在两个家庭中，艾尔莎不能感受自己的价值，不能感受到外界的回应，这让她感到不被认可，甚至感觉自己是"多余的，是个累赘"，这时"虚假自体"出现了。这个虚假自体能迎合别人的心理，能让对方开心，以此获得来自对方的认同，似一层盔甲保护着艾尔莎的"真实自体"不受伤害，同时也填补上艾尔莎一直缺失的部分：渴望被肯定。靠着虚假自体的保护，艾尔莎挨过了艰难的童年，久而久之，这成了她的一种习惯，让她以为在今后任何环境中都能靠着"笑"存活下来。

事实上，在迎合过程中，"真实自体"却是自卑的，甚至拒绝相信自己有被肯定的资格。现在，我们似乎能理解艾尔莎辞职的原因了。火车站事件后，艾尔莎认为自己的微笑面具已经被老板看穿，自己在公司中是无法继续工作了。一直以来的经验告诉她，自己被认可是因为自己的笑容，而非自身能力。虚假自体一旦被揭穿，真实自体是无法在外界存活的。

同样，在与男朋友相处中，即使一切都很顺利完美，艾尔莎还是倾向于悲观，因为她觉得自己不值得被那么好地对待。这就是迎合者的悲剧面：渴望被认可，但心底却坚信自己不值得被认可；将自己行为的判定标准全交给了别人，而自己却不能正确地进行自我评价。

## 角色困境 1：拒绝他人是一种自私的行为——顺从者

小易的面前又出现了一个大难题。一刻钟前，小美叫住了小易，说有重要的事相告。在好友们的起哄声中，小易跟着小美来到了学校的河边。其实不用好友们起哄，小易已经大概能猜出来小美想对他说什么了。

小美是小易大一电脑公共课的同桌，小美有什么不懂就会来问小易，一来二去的，两人就熟了，还交换了联系方式，在电话里也交谈甚欢，小易在社交网络中上发布了什么，小美总是第一个回复的人。小易似乎觉察到了

## 第二章　建立人际界限：失去界限就等于放弃掌控权

什么，但他对小美的喜欢只限于同学，并无其他。更何况他已有真正喜欢的人了。

小易的专业男生屈指可数，因此有个不成文的规定，只要举办活动，男生必须要参与到活动的筹备组织中，担任宣传委员的小易就更加义不容辞了。小易和班长小晴也在活动中慢慢相识相知了。小晴有时候会给小易带点自己做的小点心，小易也时不时地会买点小零食给小晴，两人的关系在班级里已是有目共睹的了，但就差最后一步。小易想在活动结束后就对小晴表白，没想到今天就被小美先叫住了。

小美磨搓着自己的手指说道："小易，我想让我们的关系更进一步，可以吗？"

单刀直入式的表白让小易招架不住，他没想到平时腼腆的小美这时却这么有勇气。但想到小晴他就稳住了，他在来的路上已经想好了拒绝的理由："抱歉，我暂时想把精力放在学习和工作上，没有想过要谈恋爱。"

小易的回答让本来信心十足的小美措手不及，马上哭了出来。

小美的哭泣让小易手足无措，看着她哭得如此伤心，小易十分内疚，也有点后悔拒绝了她，他忽然想把时间倒回到几秒前。"但如果是你的话，"还没来得及细想，小易已经开了口，"我愿意。"就这样，他被动地与小美走到了一起。

但与小美开始交往，并未让小易感到舒心。当小美约他出去玩时，他的第一个想法总是逃避，他一直在想：当初怎么就这么心软了呢？

这其实并不是小易第一次这么觉得了。高二时他就和父母为了择校问题发生了冲突，小易想进入美术学院继续深造，画画是他的爱好也是他的理想，但父母却认为画画对未来太没有保障了，反而学一门语言傍身才更好。为此他们僵持了很久，最后以小易母亲心脏不适到医院看急诊为终点——小易最终选择了一所外语学院。

**掌控**：如何在人际交往中取得主导权

小易的前后两次选择皆成为了顺从者，一次是在专业选择上因为母亲身体状况，选择了顺从；第二次是在爱情选择上，因为小美的哭泣选择顺从。探析小易的心理，我们可以看到小易在两次选择中都感到身不由己，其实可以归结为同一个原因：内疚感。

内疚感像一根严厉的道德鞭子，一旦被拒绝方示弱，这根鞭子便会狠狠抽打自己的良心，于是小易不得不屈服于良心的拷问。让女孩子哭泣是残忍的，如果自己顺从于她，是不是就不会那么悲伤了？对专业的坚持竟然让母亲的心脏病犯了，如果自己不坚持，她是不是会健健康康的了？顺从者通常有这种想法：坚持自己的想法而无视他人的感受是一种自私的行为。然而，听从自己的内心真的是一种以自我为中心的表现吗？我们再来看看下面的故事。

某部门为缓解员工压力，于是决定组织大家参观一个减压展览，据说这个展览能让人捧腹大笑，达到减压的效果。大家来到了第一个展品前，有不少人看到它的一瞬间就开怀大笑。但小高并不觉得这很有趣，已经笑得前俯后仰的同事用手肘戳了戳他："你怎么不笑啊？"小高观察了一圈，发现有的同事边笑还边打量着周围的人，看看周围的人是否在笑，当看到旁边的人还在笑时，放松下来的嘴角又重新勾了回去。看到他们，小高才忍不住笑了。

如果把故事里的笑换成哭呢？如果单位组织的是一场感人的照片展呢？人人都在哭，而你不哭是不是说明你没有同情心？以简单的道德标准来评判一个人的行为其实是有偏差的。因为在道德上没有严格意义上的"对"或"错"，每个人心中都有一杆道德评定的秤，我们常以绝对的道德标准来判断一个人的行为好坏。

迈克尔·桑德尔教授在他知名的公正课中讲述了这样一个例子。设想你在操纵着一列火车，突然火车的操控盘失灵了，你看到前方的轨道上有五个

## 第二章　建立人际界限：失去界限就等于放弃掌控权

人，而右边的轨道上则空空如也，你只能通过铁路上的变道器来变道，你是选择笔直行使还是向右变道？当然是向右变道，笔直开就会压死人！那如果右边轨道上不再是空无一人，多了三个人呢？在这个例子中你会发现道德不是一个亘古不变的铁律，只有相对的公正，没有绝对的公正，以道德标准来判断一件事往往会陷入两难的境地。就如小易一样，他在自我意愿和道德标准中左右为难，最终选择了道德标准认可的行为，因为这样做才是"不自私"的。从上述的例子不难推演出，从外界的评判标准来看，"自私"其实也是一个相对的概念。

所以在判定自己行为时，我们不能采用绝对的道德标准，而应该结合自己的意愿，全面地进行分析：你是否按照自己的意愿做了选择？这样的选择是否让你无愧于心？你是否乐于承担这种选择所造成的后果？回答了这三个问题，你就能够独立地对自己的行为有准确的认知，也不会以剥夺他人权利为前提来实现自身价值了。

现在我们似乎能从自身出发，给"自私"下一个定义了：对自己没有充分的了解，以剥夺他人的权利为前提来满足自身利益，或是知道自己有不足之处，也懒于奋进，通过他人来实现自己意愿的一种行为。

小易拒绝小美和拒绝父母的建议并没有剥夺对方的任何权利，他认为小美的不愉快和母亲健康受损都是自己的责任，其实是一种把人际界限模糊了的想法。他把应由对方自己去调节的情绪都一并纳入了自己的界限中，因此，他在顺从他人后都产生了不能疏解的负面情绪。界限建立的开始就是先从自己的角度出发，认清自己的意愿，清楚自己的界限，才能自然而然地认识他人，摆脱从属于他人的地位。

掌控：如何在人际交往中取得主导权

## 角色困境2："我就是不愿接受你的好意"——回避者

"老师，这是今天的作业。小兰和小伟请假没有来，除了他们俩，其他的同学都交了。"小军是班级的数学课代表，他正把今天收齐的作业交给老师。

"谢谢小军。这是张老师刚从瑞士带回来的巧克力，你尝尝？"

"谢谢老师，不用了。我今天早饭吃了很多，现在很饱。"说完小军又应景地打了一个嗝，数学杨老师（同时又是班主任老师）笑着拍了拍他。

小詹是小军的同桌，也是一班之长，第二节下课的时候被杨老师叫去商量明天的班会。回来的时候，他兴奋地对小军说："小军，杨老师的巧克力太好吃啦！你吃过没？"

此时，小詹对巧克力眉飞色舞的形容，让小军不自觉地咽了咽口水，旋即又懊悔自己不假思索就拒绝了老师的好意，这可能会让老师感到难堪。

第二天的数学作业是用一叠又厚又大的练习本写的，如何把全班同学的作业抱到杨老师办公室让小军犯了难。

"哟，小军今天的作业可是'重量级'啊！我帮你一起搬到杨老师办公室呗？"

小军下意识地想要拒绝。小詹马上就接着说："我知道你又要说'不'了啊，你怎么这么见外呢。"小军看到小詹略带愠色的脸，这才迟疑着点了点头，四大叠作业很快从教室转移到了办公室。

在两次事件中，小军始终下意识地回避着他人对他的好意，面对老师递来的巧克力，他说"不"；面对小詹的好心帮忙，他也说"不"。小军的困

## 第二章　建立人际界限：失去界限就等于放弃掌控权

局是人际界限的另一个困扰，虽然看似与他人的界限分明：别人的东西我不要，我的事情不需要别人帮忙。

说到界限一词，就很容易联想到国与国间的国界线，同桌间的"三八线"，你和邻居间的墙壁这类泾渭分明的间隔线。这些界线一定要被遵守，国家之间一方越界，两国之间就会进行严正交涉，甚至会诉诸武力；同桌之一方越线，两人会吵得不可开交；邻居之间把墙壁随意打穿，那么警察马上就会敲响你家的大门，说邻居控告你入室抢劫。

我们所提到的人际界限不是这些铁面无情的界线，更像是墙上的门。你做了佳肴想和邻居分享，于是会按响门铃，邻居知道你没有坏心就会开门欢迎。门能阻挡不善的，也能迎接友好的。在小军的例子中，就是把人际界限当作了一堵密不透风的墙，无论好意坏意，只要来自他人的，统统都拒之千里。

小军不知道怎样的好意是该接受的，也不知道接受好意后应该做什么。接受了老师的巧克力，老师是不是又会让我放学后留下来，帮她誊写上次测验的成绩？接受了小军的帮助，他会不会以此为由让我在班会课上踊跃发言呢？他们的好意是不是另有所图？把所有来自他人的好意都当成坏事后，心墙就少了一扇可以让人进入的门。若照小军的想法，父母对自己孩子的疼爱是不是一定是为了"老有所依"、"养儿防老"呢？生病时，朋友前来悉心照料，是不是抱着想要得到回报的心呢？

接受巧克力和誊写成绩，接受帮助和踊跃发言不是能使天平平衡的两组砝码，现在接受了老师的好意并不意味着老师就能强迫你誊写成绩，正如我们之前所说的：你自己才是一切行为的最终决断者，自己的界限是不能被人轻易抹去的。

当我们真的想要回报对方好意时，我们不是被强迫的，而是出自真心实意的报答。比如：朋友为你带了家乡的土特产，当下你肯定不能马上报答她。但在旅行时，你看到了一枚小饰品特别适合他，那么你就会买下作为伴手礼带给他；或者他正巧在找工作，你看到了一则招聘启事很符合他的期望，那么你就会告诉他；又或者你在买面包时顺手带了一块给他。这才是健康人际界限树立的表现，你之所以对他们的友善之举做出回馈，不是因为他们模糊了你的界限，让你不得不回馈，而是认识到作为一个朋友，应该对对方投以关心，也就是说，认识到作为朋友的责任。

回避者的困境就在于，对方提出好意时忧心忡忡，不相信好意都是没有来由的，担心对方是别有所求。突破困境的方法就是将现在与将来分离开来，也就是说当下这份善意不是今后他人强迫自己的砝码。若别人真以此为要挟，那么你也能借此机会看穿他的真正为人，从而坦然地与对方划清界限。

## 角色困境3:"怎样才能让你关注我"——无反应者

珍妮急急忙忙地跑向蓝鸟咖啡厅，和爱丽丝的约会她已经迟到快半小时了。珍妮一眼就看到了爱丽丝，小步快跑着过去："抱歉，爱丽（爱丽丝的昵称），来的路上发生了车祸。唉，今天天气太糟糕了，雨像是要和我作对一般，我刚出门就开始猛烈地下了起来。公交车司机也开得太快了——他估计急着回家过周末，就这样，"珍妮两只手用力地拍了一下表示两辆车相撞，"撞了！幸好我坐在中间，坐在前面的一位女士手被擦伤了，坐在后面的一位男士正好在打盹，他的头被磕出了一个大包！当时真是太危险了！"

珍妮一坐下就开始不停地向好友爱丽丝描绘今天路上惊心动魄的一幕。"你现在不是好好地坐在这吗？"但爱丽丝只是淡淡地回应了一句，似乎对珍妮路上的经历并不感兴趣。珍妮愣了一下，她本以为爱丽丝会问长问短，但

## 第二章 建立人际界限：失去界限就等于放弃掌控权

她的反应过于冷漠了些。"可能我迟到得太久让她不高兴了。"珍妮想。

待珍妮点完饮料后，爱丽丝说了一下自己的工作和家庭，得到了珍妮很大的共鸣："对！我最近也常常感觉力不从心。老板交代的任务一直觉得会出错，越这样担心越出错。我的两个孩子也说什么都不听，还一直和我唱反调。每天早上总要叫他们三四遍才起床！"说完这些，她看了看珍妮，她想从她这里听到点儿安慰。珍妮慢慢地呷了一口咖啡，说："人生本来就有很多困难，你不喜欢就设法改变啰。"没有得到朋友的抚慰让珍妮很不好受，但她相信爱丽丝不是故意忽视她的情感请求的。

人际交往中一方对另一方情感或实际需求的漠视，在家庭中也极常见：

卡拉的公司最近有一个大项目正在进行，无法分身来照顾家庭，正巧丈夫杰弗瑞此时在休假。妻子对丈夫说："亲爱的，我最近累垮了。公司的项目推进得十分不顺利，每个部门都来找我的麻烦。宝贝们又不听话，你看今天晚上，也不好好吃饭，把食物当玩具了，弄得整个餐桌上都是果酱。到上床的时候又一个劲说饿了，拖拖拉拉到十一点才睡。明天肯定又要错过校车了。"她顿了一顿，想听到丈夫说："哦，亲爱的，辛苦你了。最近，小家伙们就交给我吧！"没想到杰弗瑞说："哦，亲爱的，辛苦你了。但这有什么办法呢，度过这一段时间就好了，我相信你那个项目一定能够顺利的！"于是亲吻了卡拉，盖上被子睡着了。

如果你是卡拉，你是不是有一股火气憋着没地方发泄？丈夫敷衍的态度肯定会让卡拉感到不满："我已经焦头烂额了，他难道不应该对孩子负责吗？"珍妮也认为爱丽丝是因为自己迟到太久而生气，没有注意到自己其实是想在情感上获得抚慰。有些人向朋友倾诉是希望对方能够理解自己，一旦对方没有清楚揣摩出自己的想法，就开始怀疑：他是不是真的把我放在心上？他们把"懂自己"变成了对方"应该"要做的事情。但正如孟子所言："子非鱼焉知鱼之乐？""子非我，安知我不知鱼之乐？"没有一个人能真正了解他人的想法和需求。"你必须懂我"，就是把自我界限强加在他人身上的一种表现，处在这种困境中的你需要尽快走出这种误区。

如果一直在处在上述的思维迷宫中，人际关系会朝着这样的方向发展。通常越得不到想要的情感需求，我们越会变本加厉地希望获得对方的关注，最后自己筋疲力尽，对方却还是无动于衷。这是怎么一回事？

科学家研究发现，这是人体内的一项激素起的反应。1906年，英国生理学家亨利·H.戴耳在牛脑垂体后叶提取物中发现了催产素，这是一种在哺乳动物中常见的激素。杜克大学研究犬类认知专家布莱恩·海尔发现，人与狗对视时，双方的催产素水平都会上升，对视时间越长催产素增长得越高，犬类催产素平均比原来的翻了一番，主人的则是原来的三倍。催产素可以说是一种神奇的荷尔蒙，它不仅能够影响婴儿与母亲的关系，在减少社会压力、促进自闭症儿童团队合作等方面也有一定贡献。经科学家们的研究发现，催产素男女均可分泌，不限性别也不限物种。此外，催产素对于人类自我情绪调节也有极强的作用。当心情愉悦，强烈感受到认同感和归属感时，催产素会由心脏大量分泌，降低体内肾上腺酮水平，肾上腺酮即我们通常所说的压力荷尔蒙。但催产素的分泌不是无限量的，一旦分泌到一定量度，人就容易感到疲劳，压力荷尔蒙开始夺取主导地位。就如卡拉那样，慢慢变得劳累，心里想着："我都这么忙了，你怎么都不来帮我？"最后只能通过抱怨、怒意来疏解。

当然，我们不能单凭简单的生物学理论来解释人际界限。面对他人的"冷漠"，我们不能自以为是地认为是对方不关心自己，事实上，每个人都是独立的个体，人与人之间通常只会出现很少部分的情感交融，千万不要指望他人能够百分之百理解、迎合、满足你的需求。我们只需要把两个人内心相互交叉的一部分经营完善，就是对彼此关系最好的维系。

## 第二章　建立人际界限：失去界限就等于放弃掌控权

## 亲密OR疏远：太近不行，太远也不行

1958年，美国心理学家哈洛和他的同事们做了一个非常著名的实验：恒河猴实验。实验者把8只刚刚出生的小猴子放在互相隔离的笼子中单独观察，每只笼子都互不相影响。每个笼子里事先放置了两只假猴子来替代小猴子的母亲。两只假母亲一只是用铁丝做成的，另一只是外层裹了一圈棉布的木头猴子。8只猴子被分成两组，第一组是铁丝妈妈胸前放置一只奶瓶，只要小猴子吸吮就能获得源源不断的奶水，而木头妈妈胸前没有奶瓶；第二组正好相反，用棉布包裹着的木头妈妈胸前挂着奶瓶，而铁丝妈妈则没有。

实验者已经构想好了实验结果，但没有想到结果拥有那么大的极端性。在第二组，小猴子自始至终都黏在木头妈妈的身上，对于铁丝妈妈不理不睬。在第一组，铁丝妈妈喂养的小猴子同样表现出了对木头妈妈的钟爱，他们一开始会在铁丝妈妈周围转悠，过了几天后大部分时间都趴在了木头妈妈身上，只在感到饥渴时才回到铁丝妈妈身边。

实验者最后统计数据时发现，在两组猴子食量同样大、身体特征基本相同的情况下，由铁丝妈妈喂养的小猴子缺少接触安抚，因而造成心理紧张，导致经常腹泻。

这个实验有力地证实了英国著名的精神病学家约翰·鲍尔比的依恋理论，这一理论因解释了抚养者对幼儿个体发展的影响广为人知。哈洛用恒河猴的例子向我们证明了幼儿需要的不仅是物质上的满足，更需要来自母亲的关爱。所以人在最没有安全感的幼儿时期，父母首先的职责就是与孩子建立

亲密关系，提供一个温馨、被爱包裹着的安全环境，那么孩子也会逐渐形成信任他人、与人亲近的积极反应，父母也更易在这层依恋关系上给孩子建立界限，否则就是无源之水、无本之木。但在实际生活中，一些父母觉得筋疲力尽：明明已经和孩子建立了亲密联系，为何孩子有时候还会有消极的表现呢？

"小宝，收拾收拾东西，我们要洗澡啰。"小宝爸爸已经打开了浴室的热风机，也给小宝的浴缸里放满了热乎乎的洗澡水。万事俱备，只欠小宝了。但小宝坐在游戏垫上正在专心致志地搭积木，没有理爸爸。"小宝！"小宝爸爸走到了小宝身旁，蹲下来对小宝说，"我们去洗澡吧！来。"

"不要。"小宝一把推开了准备抱自己的爸爸，继续搭积木。小宝爸爸对小宝的"不要"已经见怪不怪了，今天吃晚饭前小宝也一直说"不要"。"洗澡水已经准备好了，晚点去洗的话只能洗冷水澡了！"看小宝不做声，爸爸又接着说，"不洗澡，就不会香香，会变臭哦！""我不要香香！我喜欢臭臭！"

小宝爸爸无可奈何地看着小宝，又继续说："小虫子最喜欢臭臭了。今天你和小虫子睡啰？""那我就和小虫子睡！"无论小宝爸爸怎么威逼利诱，小宝已经陷入了"我就是不要洗澡"的死循环中。

其实，这是幼儿的普遍反应，许多孩子在1—3岁时会非常集中地说"不"和"不要"。孩子们的消极反应恰巧反映他们已经和父母间形成了依恋关系，而"不"和"不要"等消极反应的出现，说明他们已经开始觉察到了与他人的不同。

奥地利心理学家、动力心理学派客体关系理论的奠基人玛格丽特·马勒将孩子个体的心理诞生划分为以下几个阶段：0—2个月是自闭期，2—6个月是共生期，6个月—2岁是个体化分离时期；其中个体化分离时期有三个

## 第二章　建立人际界限：失去界限就等于放弃掌控权

亚型，第一亚型是6—10个月的孵化期，第二亚型是10—16个月的实践期，第三亚型是16—24个月的整合期。

在2—6个月的共生期阶段，孩子开始逐渐认识到自己的身体，这个阶段的孩子已经开始慢慢地与父母建立起了非常深的依恋关系，因而他们在这时仍会觉得自己和父母（尤其是妈妈）是一体的，想拿远处的皮球时会推推爸爸妈妈示意他们拿过来，爸爸妈妈走开了又会变得躁动不安。6个月开始，孩子逐渐认识到了自己和父母、父母和陌生人的不同，因此孩子展现出了想变得独立化的愿望，也就是从"非我"中找到"我"。在以后的一段时期里，他会开始不断地说否定词，以示和父母的不同，彰显个体的独立性，有意识地与父母划上界限。

孵化期的孩子开始努力探索周围世界，起初他们探索的对象是和自己最亲近的母亲，一段时间后，他们开始不满足于此，开始学习挣脱母亲的怀抱进入练习期。这时母亲的忍痛割爱就十分重要，因为孩子们以自身的行动开始探索起了地理意义上的界限，开始学会爬行的孩子觉得什么都不怕，什么都能做。最后来到了小宝所在的这个时期：整合期。这个时期的孩子十分矛盾，一方面他们已经发现自己能够独立了；另一方面，他们通过探索，知道世界太大了，这让他们感到孤独和不安，于是会更加依赖于父母，但一旦父母表现出相互融合的行为，他们又马上会以自己的方式（比如拒绝父母的任何要求）建立起和父母的界限。这时的父母就需要仔细聆听孩子的"不"，并让他们体会到说"不"的重要性，树立起孩子的界限感；同时也应帮助他们认识到他人的界限，让孩子体会到别人对他们的拒绝也是合情合理的。

蒙帝·罗伯特在驯马时用的就是类似的招，用或亲密或疏远的态度和野马建立了一种不太近又不太远的距离，最终让马驯服地进入了马群。

蒙帝·罗伯特的父辈采用的是一种折磨式的驯养方式，经过五至八周的折磨，再不羁的野马也会在疼痛下屈服。经罗伯特改进的驯马法，只用了三天就能让野马服服帖帖。英国BBS电视台还特别记录过他的驯马过程，当时，62岁高龄的罗伯特依然能够轻松驯服一匹烈马。

罗伯特的驯马法是这样的：第一天，他先不停地赶着野马，同时创造出机会让它与马群接触，但当野马表示出想进入马群的意愿时，就又猛烈驱赶它离群，游离在马群外的野马感到被排斥的孤独就会变得格外狂躁；第二天，罗伯特开始慢慢接触野马，和它近距离地交流，培养情感；第三天，罗伯特开始走近它并成功地把绳索和马鞍套在它身上。最终，野马被彻底驯服了。

## 围墙OR屏障：设立界限就等于表达敌意吗？

大多数动物都会通过气味等方式设立自己的领地，一旦有其他动物来犯，就会出声警告，严重的可能对入侵者实施攻击。

雄狮子一般在夜晚狩猎活动开始之前设立领地。它们设立领地的方式是通过咆哮和尿液气味标记。偶尔会有一头雄狮从远方气势昂扬地走来，这时候狮群中的雄狮会格外紧张，特别是狮王，会打起十二万分的精神来迎接入侵者，一场激烈的、你死我亡的领地厮杀马上将要上演。

领地行为在鸟类中也十分常见。在一次野外观察中，鸟类学家发现了一只伯劳异乎寻常的叫声，它叫得比往常更频繁，也更加刺耳。就在这时，不远处有一只黄鹂跳了出来，伯劳一感觉到动静，迅速地向黄鹂扑了过去，黄鹂没等伯劳赶上就飞出了一大段距离。让人意想不到的是，黄鹂突然性情大变，回过了身去，以攻击姿态飞向伯劳，伯劳瞬间就失去了刚刚凶猛的气势。原来，在把黄鹂驱逐出自己的领地时，伯劳反而不小心侵犯了黄鹂的领地，这让黄鹂一下子翻身做了主人。

## 第二章　建立人际界限：失去界限就等于放弃掌控权

　　动物在明确自己的领地界限时常会做出攻击性行为，人类想要建立界限或从他人手里夺回界限，有时也会采取强硬的措施。比如处于整合期的孩子会一直表现出消极行为，这会让成人觉得十分受挫和恼怒，孩子们理解不了对自己有益的事物，但是又急于显示独立性，所以表现为一刀切地"不要"，这是孩子最初设立界限时所采取的行为。这时的孩子在大人眼中十分不讲道理，是个十足的小坏蛋。那么，设立界限一定会伴有敌意出现吗？

　　世界顶级催眠大师斯蒂芬·吉利根博士有个知名的敌意感知练习。练习的主要内容为练习者站在两个角度来感受一个人的拳头。第一种角度是，当一个人向你打出一拳时，你站在他的对面感受迎面来的威胁；第二种则是，你站在他的身后来感受他的拳头。两个角度练习者都能感受到来自出拳者的力度，但比起第二种角度，站在第一种角度你能更明显地感到紧张甚至恐惧。放在生活中，我们可以做出这样的解释：站在与他人对立的角度，你会想当然地认为对方对你存有敌意；但若与他人站在同一角度，那么你就很容易理解他的初衷并非带有恶意。

　　小爱的姑妈每次来做客的时候都会给小爱带很多好吃的。
　　"小爱高不高兴？"姑妈笑着问。小爱躲在妈妈的后面，重重地点了点头。
　　"那能不能亲亲姑妈？"姑妈问。小爱又往妈妈的身后躲得更厉害了。
　　姑妈做客临近尾声，又问："小爱，姑妈要走了，能不能亲亲我了？"但小爱仍旧不愿意。
　　姑妈想让小爱的父母命令小爱亲她，却被他们拒绝了。小爱的父母觉得小爱不肯亲姑妈肯定有原因，他们不希望小爱的情感流露是被人控制的。

　　小爱的父母没有责备小爱的"不懂事"，因为他们认为这种行为背后是有一定的理由的。很多家长都会犯这样一个认识上的错误：之所以孩子们出现一些不合常规的行为，是因为他们有心捣乱。因此，父母常常会不分青红皂白地把孩子斥责一通，但大多数情况下，他们曲解了孩子的动机。比如，下雨天的时候，女儿想穿蓬蓬裙出门，你说："不懂事！今天下雨会弄得多脏啊！"而说不定她只是觉得蓬蓬裙像把雨伞，下雨天能把雨伞穿在身上多好玩啊！你误解了她的创造力，只以为她是故意跟你作对。

你所认为的敌意很有可能并不真实，是你大脑想当然或臆想的产物。一个人的想法会影响他的行动，一旦先入为主地认为对方不善，那么你就会表现出敌意。人与人之间的交往很像在照一面镜子，你表现出友善，镜子才会展现出让人愉悦的一面。

因此在建立人际界限时，我们不能抱有"驱赶"的动机，表达敌意不是我们建立人际界限的手段和目的。请别忘了，我们建立人际界限的目标不是为了让你认清"非我族类"的不善，而是用一种怎样更好的方式去与别人沟通；建立人际界限是为了使沟通之道路更平整，而不是让它竖满荆棘。当然，在别人眼中的你也可能是来者不善，若在建立界限时，不巧伤害到了对方，请用语言或行为来告诉对方你的初衷：我并非出于恶意。在双方都心知肚明的情况下，事情就容易迎刃而解了。

## 找到人与人之间的平衡点：设定界限的十大法则

界限从一个人的幼儿期起就在逐渐形成，就像我们的语言一样，我们无法说清我们是从哪一天开始学会自己的母语的，而一旦错失这个语言学习的关键阶段，就要通过学习大量的外部规则再来掌握一门语言了。界限也是如此，错失了自然形成期，我们又该以怎样的规则来设定自己和他人

## 第二章 建立人际界限：失去界限就等于放弃掌控权

的界限呢？

**动力原则**

在设立界限前，你必须有这样的一种动力意识，这个动力来自于你自己而非他人。我们从自然界的现象中看到：只有自己成功破壳的那些卵生生物，才能在日后成长并具有更强大的生命力；植物也是如此，小芽只有自己冲破了泥土，才能真正扎根于土地之中，然后成树成林。

只有不断地保持动力，不断地试验、总结、感受，才能建立自己的界限。真正让人后悔的不是尝试后的失败，而是从未开始尝试，人际界限只有在自己有意识的行动之下，才能逐渐建立起来。所以，你首先应该培养自己的主动性。

**能力原则**

习惯于顺从与被控制的人都会对自己的能力产生质疑：我对我的行为有控制能力吗？我怎么能对自己负责呢？我真的有能力去掌握生命的自主权吗？首先，你要明确：没有什么事情是做不到的，只是你有没有动力去做。你有能力对坏说不，有能力请求他人的帮助，有能力向外界展示你的人际界限……你能够在了解自己能力的同时找到自己的不足之处。知道自己的能力，能够帮助你更好地认识自己，你会知道什么是自己能够做的，什么是自己力所不能及、需要他人帮忙的。

**因果原则**

试着比较一下这样两个场景：

场景一：苹果只受万有引力的影响掉在了牛顿的头上。
场景二：苹果掉落的途中被突然伸出来的一只手拿走了。

把万有引力看成因果规律的话，那么那只手就是因果规律的阻碍者了，也就是说苹果逃脱了地心引力掌握在那只手中。说得玄妙一点：如果这只苹果就是为让牛顿发现万有引力而生，那么在手出现的那一瞬间，它的使命就被干扰了。

如果这只手来自他人（比如你的母亲），那只往下落的苹果就是你，那么在他们的干扰下，你就永远不会到达你的目标点。建立界限就像是在苹果树旁竖了一个栅栏，我们不允许别人随便干涉，不允许他人跨过栅栏来摘夺果实。我们或许会在成熟后掉在地上，也可能会被放进果农的篮子里，这都是我们生来的目的所在，建立栅栏，是为了避开来自外界的干预。

### 责任原则

设立界限就是为自己的生活负责，掌握决断权。为自己的生活负责不能称之为"自私"，因为一个人的责任有对自己的，也有对他人的。对自己负责就是掌握自己生命的自主权，对别人负责则是推己及人的，以自己想要被对待的方式去对待别人。对别人负责也是对他人界限的尊重，不是控制他们，而是在他们无助的时候提供帮助，在他们情绪低落时予以抚慰。

### 嫉妒原则

小左是在匆忙中进入现在的公司的，之所以说匆忙，是因为她那时迫于生计，胡乱地选择了一份工作。她的梦想是当一名教师，而现在却成了一名客服人员。她一直想辞职完成自己的理想，但她始终在说服自己："没错，我是想做一名教师，但是考教师资格的这段时间里我的生活怎么办？""这份工作的确是慌忙之下决定的，但它除了不符合我的理想外，其他方面都不错。""没错，这份工作不是我想做的，但是它至少可以让我温饱。"看到身边的朋友放弃了现在的职业，追逐自己的梦想，她会嫉妒地想："他家里不

## 第二章　建立人际界限：失去界限就等于放弃掌控权

就是有钱吗？要是我有钱，我也辞职不干了啊！"

嫉妒容易将我们的渴望全部都集中于我们的界限范围以外，使我们在他人身上找原因，而不是反观自己。事实上，嫉妒是一种提示，它在提示你缺少的是什么。如果小左这样想：

"我为什么始终下不定决心去做教师？我在害怕什么？其实那个朋友一边追求梦想一边做了很多兼职，我是因为不愿付出这样的辛苦而在故意逃避吗？我是不是真的喜欢教师这个职业？"

仔细地了解你嫉妒的原因和内心的渴望，那么就能更好地了解：我想要什么？我的底线在哪里？然后你的界限就开始慢慢浮现在眼前了，你的嫉妒心也会得到正向引导。

### 尊重原则

想法一：如果我向他提要求，他会生气的。
想法二：我拒绝她的邀请，她不再会把我当朋友了。
想法三：她为了见男朋友竟然没有来参加我的生日派对！
想法四：我曾帮助过你，现在你帮我一点也不过分吧？

上述四种想法的共通点在于，他们都在以己推人。在界限不清的人们中间，很容易见到一种现象：把自己的界限扩展到别人的地域上，即把自己的想法强加在别人身上。但你永远不会了解别人的想法，除非你钻进他的脑中。在这样的情况下，我们能做的就是尊重和努力接受别人的界限，这样才可能让别人来尊重和接受我们的界限。

**掌控**：如何在人际交往中取得主导权

### 动机原则

通讯公司举办了一个线上游戏活动，游戏规则很简单：按照玩家的游戏成绩返还一定的话费，下面是艾伦和埃尔文的内心活动：

艾伦："耶！成功拿到5美元！利威尔知道这个活动吗？反正只要输入手机号就能玩了，我顺便帮他玩了吧。"

埃尔文："耶！成功拿到5美元！啊，利威尔让我顺便帮他也玩一下……唉，他之前借自行车给我用了一次，就算报答他吧。"

怎么样设立自己的界限而不被人侵犯呢？这就要求我们遵循动机原则。审视你的行为是为了什么，艾伦是单纯地关心利威尔，他帮不帮利威尔玩对他都没有损失；埃尔文是为了报答，他虽然不愿意，但为了谢恩就按照利威尔的话做了。清晰的人际界限会产生艾伦这样心态：利威尔虽然是我的朋友，我仍有权决定是否帮他，这样，自由地一来一往能够让友谊更加密切。反观埃尔文，他失去了自由选择的权利，带着不愉快与利威尔进行互动，那么他们的关系很有可能会越来越疏远。

设立界限的要义就是排除恐惧、愧疚、寂寞等因素，保护自己选择的自由——你与对方互动时产生的所有行为都应该是出于你的个人意愿，而不是出于无奈。

### 积极原则

丹尼尔是个很沉静的人，老实、听话是他妻子看中他的一大原因，但丹尼尔太被动了，连求婚这种事儿，都是他妻子来完成的。最近丹尼尔不知怎么了，自从上个月参加社区的互助会后，他开始频繁地对妻子提出反对意见，有时甚至会情绪失控，在一次和妻子的争论中差点打碎一个花瓶！

## 第二章　建立人际界限：失去界限就等于放弃掌控权

在设立界限的过程中，丹尼尔的这种行为并不罕见。当顺从太多年后积郁了太久的情感一下子喷涌而出，这段反应期是正常现象。当然，每个人反应期的激烈程度不同。在这一阶段，你需要表露自己的情感，强调自己的独立性，不断操练以获得自信，认识到什么是自由、爱和享受，这有点像孩子个体独立时的实践期和整合期。然后找到自己的目标，清楚认识自己后开始进入积极的建立界限的阶段。除此之外，像丹尼尔一样处于界限重建中的人还需要来自亲密关系的支持，譬如家人、朋友。他们应该了解重建者激烈行为的原因，积极支持对方重新建立界限。

**评估原则**

界限慢慢建成之际，你还要考虑自己对他人的责任，你必须评估自己设立的界限是否侵犯到他人。评估时容易犯一个错误，就是过于考虑自己的界限，而给他人带来了一些痛苦，但是痛苦不一定是有害的，因此不能从这种视角去评估。举个例子，你去矫正牙齿，口腔里带着矫正器，这让你非常痛苦，但矫正后你的牙齿会变得整齐美观，脸型也会跟着发生改变，因此可以说矫正牙齿"痛而无害"；吃零食是一件让人快乐的事情，但无节制地吃，身材会走样，身体机能也会受损，因此吃零食是一个"无痛而有害"的行为。

那么在评估时需要了解的问题就清晰了：自己的界限设立给别人带去了多少痛苦，这些痛苦是否对他们有害。只要记住：与人划定界限一定会让对方感到痛楚，但不会损伤到对方。

**曝光原则**

好了，现在你的界限已经基本设立了。虽然界限是隐形的心理界限，但你必须让他人清楚地看见，基于相互的界限才能更好地沟通。《圣经》中有一则耳熟能详的故事：人类准备联合起来造一座到达天堂的巴别塔，为了阻止人类，上帝为不同的人群设置了不同的语言，语言不通的人类不能很好地沟通，所以计划就被取消了。我们之前已经提到过多次：我们不可能完全了解对方的想法。那么，如何让对方了解自己的需求，认可自己的界限呢？这需要双方开诚布公地积极恳谈，让对方知道你的界限，知道你在人际交往中的底线，并且争取得到对方的理解。

第三章

# 取悦的代价：
# 迎合他人就等于亏待自己

> 如果你常常为了取悦别人而委屈自己，漠视自己的感受，宁愿牺牲自己的权益而答应别人的请求，甚至明明自己不喜欢一些人，却要强迫自己去迎合他们，就证明陷入了"奴性讨好"的怪圈。奴性讨好是一种消极的讨好行为，这与当事人的情绪错位有关。摆脱"讨好者"的尴尬身份，懂得以理性的方式解决矛盾，由衷地告诉世界：我尊重自己，我不想再讨好你。

**掌控：** 如何在人际交往中取得主导权

## 摆脱"奴性讨好"，坚持自己的意愿

塞西莉亚最近忙得晕头转向，有一群从法国来的贵宾到公司访问，老板决定由她一人来搞定接待工作，由于她负责的部门一直缺人手，老板要求其他部门负责配合她。大部分部门都很愿意积极配合，但有些部门一直敷衍她，她不得不亲力亲为，忙得晕头转向，连续一个礼拜她每晚都只睡四个小时。今天，塞西莉亚终于解放了！但在回家路上，塞西莉亚还得经受一段磨难。

塞西莉亚从小就晕车，特别是冬天的公交车，车厢内车窗紧闭，空调又吹着热风，不流通的空气让她更觉难受。塞西莉亚只能拿出音乐播放器塞上耳机，头斜靠在座位上闭目养神。没过几站，上来了一名女士和一个五六岁的小女孩，刚好站在了塞西莉亚旁边。这时车子上早已没了位子，小女孩站着抱住妈妈的腿说："妈妈我好累啊！"妈妈说："那有什么办法？没人把座位让给你啊。"她看了看面前的塞西莉亚，轻轻拍了一下她："小姐，我的孩子今天走了一天的路，能不能麻烦让她坐一会？"塞西莉亚睁开眼，犹豫了一下说："我晕车特别难受，如果我好受点，一定会给你们让座的。"此时，坐在塞西莉亚前面的一名男士站了起来，对那位女士说："要不您坐这儿吧？"

没一会车靠站了，这时上来了一位老年人。也许是怕老人也要求塞西莉亚让座，男士对老人说："这位小姐晕车。"

塞西莉亚有些感动。她第一次发现拒绝别人带来的不都是坏结果。以前她总是全盘接受别人的请求，这样别人就能对她有更好的评价，但越这样做她越痛苦，有段时间她甚至对与人交际产生了恐惧。这次公交车上的"奇遇"让她第一次体会到了不被他人所左右的轻松。

## 第三章　取悦的代价：迎合他人就等于亏待自己

其实从塞西莉亚的工作中我们就能看出她对"不"的恐惧。接待法国贵宾是一项繁重的任务，让她一个人为此奔走肯定力不从心。虽然能向其他部门寻求帮助，但对于敷衍了事的部门，塞西莉亚也无可奈何，只能把他们没有做好的亲自再做一遍。这项活动是一个公司性的活动，各个部门理当全力支持，塞西莉亚却把它全部揽到自己肩上，虽然看上去好似一个女超人，但却暴露了她在与人交际时的缺陷。各部门的相互协调需要统筹者的自信和勇气，什么部门该干什么，需要统筹者有决断的魄力，若统筹者希望处处做好人，满足每个人求安逸的心态，那么别人就会袖手旁观，自己则有苦说不出。

我们不妨来做一道算术题，每人每天一般大约有10小时在与人接触，算一下在24小时中的比例，大约占了一天中的42%。可以看出，如果一直奉行着来者不拒的行事原则，那么你人生的黄金阶段中，将近一半的时间都要活在别人的眼色中。这是多么可怕的事情！这样的你还怎么能是一个与众不同的个体？所以当塞西莉亚因晕车而拒绝让座后，感到了一种从未有过的轻松和惬意，她终于体会到了尊重自己意愿、忠于内心是一件如此幸福的事情。

我们所讨论的"讨好"是"奴性讨好"，请注意和积极的讨好行为作区分。何谓奴性？奴隶为了自己的生存需要对于主人的话言听计从，完全服从，不然就会被剥夺吃饭甚至生存的权利。未经过自己的思考，对他人想法的完全听从，就是奴性讨好。当然，讨好行为也有积极的。积极的讨好行为有两种，一种是为了达到自己的目的而主动讨好别人；另一种是为了取得宽松舒适的环境，避免被攻击而采取的生存策略。"积极的讨好"和"奴性讨好"间的本质差异就在于两者的出发点，前者首要考虑到的是自己的意愿，后者从始至终都从他人角度出发。

有些奴性讨好者很难拒绝他人，因为他们认为拒绝就代表自私，但请记住，我们首先应该自我尊重，才有可能获得他人的尊重。自我尊重跟自私是完全不同的概念：自私指的是为了达到个人的目的而完全不考虑他人的权利，自我尊重则是以积极的方法维护自己的利益，不被他人的看法所左右。所以，不要再被这种愧疚心理所困，摆脱"奴性讨好"，你会和塞西莉亚一样找到自己的尊严。

## 隐性讨好者："我并没有讨好别人啊！"

有不少被我们视为讨好者的人会这样反驳："我并没有讨好别人啊！"他们认为自己没有表现出讨好行为就不算是一名讨好者。那么，讨好者一定要有具体的取悦他人的行动吗？在下面这个案例中，克丽丝不像之前的塞西莉亚对别人来者不拒，但她仍是一个以讨好他人为目的的讨好者。

"抱歉，打扰了。克丽丝，你来一下。"上英语文法课的时候，克丽丝被自己的指导老师史密斯小姐叫到了办公室。克丽丝一向遵守规范，对于老师为什么在上课途中就把她叫了过去，她摸不着头脑。

"克丽丝，接下来我要告诉你一个不幸的消息。请你做好准备。"克丽丝更加疑惑了。不幸的消息？对于她来说最不幸的消息莫过于微积分课没有及格了！

"嗯……刚刚你的父母来电，你的……你的祖母在刚才过世了。"

"什么？！"这个消息对克丽丝来说过于刺激，她的大脑暂时还无法处理这样的信息。

"我知道这个消息对于你很突然，你可以哭出来，以此发泄情绪，但一定要坚强。下午的课……你要不要请假回家？"

## 第三章　取悦的代价：迎合他人就等于亏待自己

克丽丝的大脑仍没有转过弯来，只看见史密斯小姐的嘴巴一张一合，可就是无法理解她在说什么。最终，克丽丝还是没有选择回去，从学校到家需要坐一个小时的火车再加两个小时的长途汽车。驶向家里的长途汽车肯定没了，估计父母明天一早就会将祖母安葬在公墓，怕是来不及了。更何况，史密斯小姐是出了名的严厉，如果请了假，虽然事出有因，也得到了她的批准，但这肯定会影响自己在她心中的印象。

缓过神来的克丽丝已经在校园里走了好几圈了，想到祖母已经永远地离开了自己，突然抑制不住眼泪，在学校的河边放声大哭。哭累了，克丽丝索性坐在了岸边，眼角淌着眼泪，抬头看着漆黑的天空。她拿出手机在社交网站上发了这么一条消息："天空中又多了一颗星星。"克丽丝本来就是天文学会的成员，她的朋友们看了无外乎点赞或者留言说："今天又观察到新星球啦？"此刻克丽丝多想有一个人能了解她，在下面留言安慰她。但她说不出口，自己的祖母去世了怎么能麻烦别人来听自己诉苦呢？大家的课业那么忙，还拉着他们倒情绪垃圾，会被讨厌吧？她一个人默默地踱步到了寝室，她想与室友安吉莉亚哭诉，因为每次和她探讨人生难题，安吉莉亚总能给自己很多建议，但她这时应该在参加学习小组的讨论吧。

但打开寝室门后，她看到安吉莉亚竟然还在！"你……"克丽丝的问题还没有出口，安吉莉亚就张开双臂把她拥入了怀中。安吉莉亚不会安慰人，她只能抱着克丽丝给她力量。克丽丝多想安吉莉亚说点什么，就像以前一样。但是她似乎已经知道了自己的困境，还特意放弃了今晚的讨论会，怎么还能向她要求更多呢！克丽丝擦了擦眼睛，佯装镇定说："我没事了。你快去讨论会吧！"

回忆一下，我们在分析塞西莉亚的时候说过什么？奴性讨好者的共通性在于：他们思考的出发点是别人而不是自己。克丽丝就是这样的姑娘。在社交网站上，她想让朋友们来安慰自己，但怕打扰别人就没有说出口。在寝室里，她渴望安吉莉亚的语言安慰，但安吉莉亚已经为自己缺席了研讨会，她不好意思再向对方提出更多要求了。一般说来，讨好者除了不愿拒绝来自别人的请求外，也不愿意向别人提出自己合理的要求，前者我们称为"显性讨好者"，后者则是"隐性讨好者"。

在阅读克丽丝的案例时，你是否难以把她归入"讨好者"？你可能最多只是认为她太习惯于站在对方立场，不善表达自己而已。这是因为，从隐性讨好者的外显行为中，我们通常很难觉察出他带有讨好倾向。判断一个人是否是讨好者，不能简单地根据他的行为，而是要看他的心理动机。无论显性还是隐性，只要是讨好者，一般会对自己这样说："绝不可以让别人生气""决不能给别人添麻烦""都是我的错"。这时，他们的深层想法其实是这样的："我感到很无助""我不值得别人费心关爱""我一点价值也没有""没有人会无条件地关心我"。通常，当讨好者自认为是如此时，那么在别人眼中的他也是这样的"无价值"。

辨别自己是不是讨好者，就需要观察自己的外在表现和心理状态是否矛盾，即你是否顺从了内心积极的意愿。讨好者常常在外人面前摆出无所谓、让人觉得愉悦的面目，但这时候心里往往是痛苦而悲伤的。而非讨好者则相反，他们的讨好行为带有明确目的，是从自身利益出发的，因此无论结果如何，他们是心甘情愿这样做的。在此期间，虽然他们也可能会产生消极情绪，但这种消极情绪不是来自外表和内心的不一致，而是来自结果和预想的落差。

当察觉到对外示人和对内感受是两种情绪时，你就要警惕：你在让他人有良好感受时是以牺牲自己的利益、压抑自己的情绪为代价的。虽然你极力想在他人面前显示自己的价值，但是在他人眼里，你传达出的却是：我不重要。

# 第三章　取悦的代价：迎合他人就等于亏待自己

## 用错了的"好意"：你以为自己是好人？

**讨好者的困境："为什么你感受不到我的好意？"**

当你意图摆脱"奴性讨好"时，你的脑子里一直会盘旋着"坚持自己的意愿"、"坚持自己的意愿"，但有时候在用"自我意愿"来思考问题时我们还会看到许多误区。

莱特和萨莫是土木工程专业的同班同学，从入校至今，他们一直相约在图书馆自习。现在，他们都在赶制明天制图课的作业。

"啊！"突然萨莫惊呼一声。"怎么了？"莱特从图纸中抬起头来。"丁字尺摔坏了……"萨莫沮丧地说。

丁字尺是工程制图中必备的工具尺，图纸中的水平线大部分都靠丁字尺与图板操作。但丁字尺都是用有机玻璃做成，容易摔断和变形。萨莫在绘图时过于专注没有注意到手肘边上的尺子，就这样把它蹭了下去，丁字尺断成了两截。

"用我的吧。"莱特说，"正巧我也画完了。"

"谢谢你，莱特。"

"别放在心上。"

莱特绘完图后开始仔细地检查每一处细节，发现有一处需要修改，于是对萨莫说："萨莫，你摔坏的那把尺子借我用一下，这里需要添根短线。"

"你的尺我马上就用好了，你等我一下。"

"不急，你慢慢画，你把你的尺借我一下就好。"

"你等一下,我在收尾了!"

"其实我就画根短线,用那把摔坏的就行……"

"就差两根线了!"

"我……"

莱特不希望萨莫着急,于是想用萨莫的坏尺画根短线,但萨莫坚持自己马上就能完工,这样就能物归原主了。虽然看似两人都站在对方的立场解决问题,但其实他们却都是从自己的立场出发揣度对方的想法,两人都不约而同拒绝了对方的好意,所以同样的对话,一来一回重复了三遍。我们说过,讨好者大都不能坚定自己的立场,那么,为什么案例中的两个人坚持自己的立场,却反而出现了这种窘境呢?我们先来看一对夫妻的对话:

娜塔莎刚下班回到家,还没脱鞋就叫:"渴死我了,快给我倒杯水吧,乔治!"喝了一大口水后她又开始滔滔不绝起来,"今天下午那客户真烦人!我们提出了三个方案,她一个个挑来拣去,我们还要配合她一个个地解释。她提的那些问题哪是问题啊!还是对方公司的经理呢,一点专业性都没有,方案都没看明白就开始挑刺!"

乔治边把水递给她,边说:"别理她,挑刺不就为了证明她是经理吗?你想开一点。"

娜塔莎急了:"想开一点!你真是没看到她那咄咄逼人的样子。唉,我不想再做这个项目了。"

乔治耸了耸肩膀:"那你跟经理申请换负责人嘛!"

娜塔莎瞪了他一眼:"哪有你说的那么容易!经理让我做负责人是看得起我,申请换负责人,我还能继续干下去吗!"

"干不下去就跳槽咯。你那么有能力,哪里都找得到工作。"

"跳槽哪有你说得那么容易,有能力的人多着了。现在虽然干得不顺心,

## 第三章　取悦的代价：迎合他人就等于亏待自己

最起码还很稳定。"说着娜塔莎斜眼看了乔治一眼，"哪像你，自由职业！"

"唉！我在帮你出主意，怎么开始针对起我了？我虽然是自由职业，但一旦完成一单工作，收入多可观啊！我不就是想让我们的生活更好一点吗？"

"你如果真想让我们的生活变好，你就应该像艾米丽的丈夫一样，踏踏实实地找份稳定的工作。现在毕竟干了上家没下家，莉娜马上要上学了，我可不希望她的学费也是有了第一学期没有第二学期的。"

此时乔治的火气达到了最高点："你眼红艾米丽的丈夫，当初怎么嫁给我了？他不就是个公务员吗？"

乔治本来想帮娜塔莎解决工作中的烦恼，但没想到却陷入了一场激烈的争吵。他的好意没有被娜塔莎接受，反而引起了她的怒气。为什么莱特和萨莫坚持自己的立场，反而陷入了僵局？为什么乔治想帮妻子，结果却引发了一场家庭战争？

从两个案例中我们其实可以隐约感觉到，他们三人的答话中都有这样一层意思："我的想法能解决问题，我是为你好，请按照我的想法做。"他们虽然在不同程度上坚持了自己的想法，但他们以己度人，把自己的想法强加于他人身上，想当然地以为他们会顺着自己的思路行事。但每个人的思维方式都有差异，他们所认为的"好意"，其实对方并不能感觉到。

有专家曾分析得出这一个结论：男人女人的思维差异在于，男人关注的是如何解决问题，女人注重的是"请和我一起渡过这个难关"。男人强调问题解决，女人倾向于感情陪伴，两者的着重点不同，所以双方的争吵无休无止。无论两性的思维有怎样的差异，在无数争吵中实质上都有一个共性：一方想让另一方承认自己的想法，但另一方并不想这么做或者并没有意识到这一点，矛盾就产生了。

所以在坚持自己的立场时，不要过于把自己的想法强加于他人身上，并不是你觉得是为对方着想，对方就能够兴高采烈地接受。一旦你只关注自己的"好意"而忽略对方的实际需求,你就立刻从一个建言者变身成了一个控制者。

## 宁愿亏待自己也不愿违背他人——讨好者的心理动机

邻居们都觉得泰勒先生过得很苦。泰勒先生已有75岁高龄,背驼得很厉害。迈入60岁大关时,泰勒先生被检测出胰腺中有恶性肿瘤,幸好发现得早,经过一场大手术,肿瘤被切除了。现在泰勒先生每天需要靠药物控制,才能不让体内的癌细胞扩散。

泰勒先生的太太已经去世了三四年,现在他一个人居住。他的一双儿女都已成家,他们时不时地回来看望泰勒先生,但每次来到父亲家,总是向他倒苦水:孩子要上私立大学了,但是钱总凑不齐;想把房子翻新一下,但因为缺钱迟迟没有动工;想做点小生意,但启动资金还缺很多。泰勒先生听了孩子们的抱怨后,总会颤颤巍巍地拿出自己的积蓄,希望能解决他们的燃眉之急。

泰勒先生本人过着十分清苦的生活,都说节俭是美德,但泰勒先生节俭得让人心疼。他从来不舍得买新衣服,现在身上的衣服已经穿了快七八年了,洗得多了,布料变薄实在不能穿时,他才去二手衣服市场买廉价的二手衣服穿。有时邻居们看他可怜,也会给他送一些旧衣服。

独居后,他几乎没做过一顿好菜,通常都简单地把菜水煮一下就着调料凑合一顿。原本因胰腺癌暴瘦的身体如今更显纤弱。邻居们看他清苦的样子不免劝导他:"不要不舍得花钱。至少也把营养补上,不然病只会严重。"泰勒先生却笑笑说:"少吃一点更健康,我是无所谓了,但孩子们需要钱啊。"

## 第三章　取悦的代价：迎合他人就等于亏待自己

我们一般会这样认为，泰勒先生因为过分宠溺孩子，所以自然而然地过着清苦的生活，作为一名父亲，他心甘情愿这么做。但事实真是如此吗？泰勒先生的太太已经离世数年，孩子们也都独立，泰勒先生只能孤身一人生活，另外还带着伴随了十几年的病痛，无论在心理上还是生理上，他都会希望有所依靠。而每次孩子们来看他就会带给他抚慰，虽然他们一来就提钱。在泰勒先生眼中，似乎也只有钱能让孩子们持续不断地前来。所以与其说泰勒先生把钱节省下来是出于一名父亲无私的爱，不如说泰勒先生想用钱来讨好自己的孩子，以此让自己晚年不寂寞，尽管泰勒先生在行动中可能没有这样清晰的念头。

这其实是大多数讨好者共同的心理动机。极力讨好他人的原因是：讨好者害怕会失去什么或得不到什么。这个原因的力量如此强大，以至于会把对自己的注意力强力扭转为对他人的关注，讨好者需要获得别人的肯定，才会肯定自己。讨好者害怕的是，如果失去了别人的认同、赞扬、爱等来自外部的注意，那么自己的存在将会更加不值一提。

讨好者对自己本身的价值就估量得很低。这可能是因为在过去的经历中，早已存在很多对他的否定，比如："你不能这样做""你这样做是错的""是你这样做才有这样糟糕的结果"……虽然批评者的本意不在于打压他，但他会从这些否定性言语中感觉自己的价值不被肯定。所以当他人只要表现出不悦时，就会惊扰到讨好者。

虽然此刻讨好者的内心十分痛苦，但表面上却表现得如常，甚至以愉悦的表象呈现。这时候，愉悦的表象就是遮蔽自己真正情感的盖子，怕他人一旦发现自己的痛苦，就会更加不悦。但在内心深处，讨好者极其渴望表现自我价值，渴望获得别人的肯定，而以他们的经验来看，只有想办法去取悦对方，才能获得对方的认可——这就是讨好者自认为正确的行为动机。

然而取悦的结果究竟是什么，没有能够把握。唯一会让你感到舒心的，是当你的讨好行为带来好结果时。在取悦过程中，你会恐惧不安，而出现不理想的结果时，你会更加焦虑，你会认为是自己做得还不够，于是会更加努力地为他人"奉献"。

可以进行这样的反思，这些问题可以判断自己的行为是否为取悦行为：我究竟想要什么？为了达到想要的我能采取哪些策略？采取讨好他人的策略时，我的情绪是否积极？（一般来说，讨好他人的过程都不会给你带来好的情绪体验）如果不采用讨好策略，我还有什么方法可以达到自己的目的？这些可能的其他方法你都能一试。这些方法也许需要付出巨大的艰辛，但不要忘了，这时候你的行动是从自己的想法出发，而不由他人所控制。一旦付出的辛劳为自己所控，你会发现自己不再局限于抓耳挠腮地想出取悦他人的方法，你的思维和视野将会在瞬间打开。

## 你是讨好者吗？——"取悦症"的四大症状

我们所说的讨好者的心理动机，其实大部分人都明白，但仍有许多人受困于"讨好者"的身份。为什么？这就像大部分人都知道吸烟有害健康，但仍有络绎不绝的人去抽烟一样。吸烟者只有在不断咳嗽的情况，或者发现自己咽喉或肺部出现了重大疾病的情况下，才会收敛一些。同样，取悦犹如一个病症，只有意识到病症的特征和其严重性，才能对它有足够的认识，开始加以防范。下面将列举"取悦症"的四大典型症状，注意看这些症状中的具体表现，如果这些表现和你的日常行为没有差异，那么你就要特别注意了。

**责任感过强**

责任感是我们生活在社会中都要具备的品质，一个人是否是合格的社会人，就需看他是否勇于担负责任。无论在家庭、公司还是社区组织中，每个

## 第三章 取悦的代价：迎合他人就等于亏待自己

人都需要承担起自己的任务，才能让这些群体顺利运转。相比于那些喜欢逃避责任的不成熟的人来说，讨好者过度理解了责任感，认为事无巨细，都是"我的责任"。但社会中，每个人都有自己的职责，设计高楼的工程师不能替代工人去盖高楼，面点制作师不能替代售货员去卖糕点，老师不能替代家长对孩子的教育作用……正如中国唐代大臣所言，国家大治的标准是君王"垂拱而治"，在这样一个社会中，每个人都明确自己的职责，君王无需费神，社会就能按部就班地运行。各司其职不仅让我们的社会更有序，也让责任的划分更加具体、清晰。

但记住：凡侵犯到自我权利时，就不是在践行责任了。比如，上班时间认真工作是你的责任，但下班后老板让你无条件加班就是义务劳动了。把不属于自己范围内的事揽在自己身上就是责任感过强。有一个寓言很生动地展示了什么是责任感过强：

一个瘦弱的男人拄着拐杖行走在望不到尽头的公路上。他的身上背着大大小小的包袱，腰早已被压弯。"嗨，你要去哪儿？"路过他的司机问。"我也不知道。""那么多行李，你一定要去很远的地方吧？""啊，这些都是别人的行李。""那你的呢？""我的？"男人用眼神骄傲地示意了一下自己胸前的名牌，"这就是我的全部行李。"那张名牌上写着他的名字：好好先生。

一个人的精力和时间毕竟有限，如果每个人都像好好先生一样把不属于自己的行李都背在身上，那么一个国家岂不是只要一个管理者就够了？责任感过强的讨好者有时候并不是自愿把别人的行李都背负身上，而是不知道怎么承认自己能力的限度。你可能会认为承认自己能力有限，会让人看轻自己，但只有你自己明白你的限度究竟在哪里。如果不及时叫停，那么这些外部附加来的重担会逐渐榨干你。

**掌控：** 如何在人际交往中取得主导权

### 抗敏能力弱

我们为什么不敢承认自己的有限性？很大一部分原因是怕别人说："这人不行。"

在很小的时候我们就被别人的评价所包围："好小伙，你做得很棒！""你这次做得很不错，但还能想得更周全。""你自己想想做对了吗？"正是这一次次行为所产生的评价，让我们削弱了对自己的判断，反而依赖于他人的看法。他人的看法对我们如此重要，我们一直渴望从旁人处获得积极的评价，对于消极评价的抵抗力也越来越弱。

比如在学习一样新技能中，我们会格外在意外界的评价。学习打网球时，每打出一个球就会迫不及待地询问教练："怎么样？怎么样？"每当教练说"很好"时，就会给我们灌入极大的动力继续学习。而事实上，最大的动力来源却是教练的"不好"。这时我们反而会更加努力练习，以让教练说出一个"好"，这样一来，你打球的动机就慢慢从最开始的"想学会打网球"变成了"想得到教练肯定的评价"。然而，你应该认识到，别人评价的基准也只是出于他们已有的经验，他们的确经验丰富，但他们也具有局限性，他们能从更高的角度帮助我们理解问题，这不代表他们站在绝对的高度提出了绝对准确的评价。不要过多在意旁人的评价，他们的评价或许有理，但不一定是真理。

### 缺乏决断力

被别人想法所左右，自己的决定也会受到牵制。

多力渐渐注意到自己现有的知识不能很好应对工作上出现的难题，在朋友和家人们的鼓励下，他打算攻读在职硕士研究生进行深造。这天他又打开了课程报名网站，这是他第五次打开这个网站了，和前几次一样，填好了基

## 第三章　取悦的代价：迎合他人就等于亏待自己

本信息却怎么也没有勇气按下"确认报名"的按钮。

　　攻读在职硕士肯定会影响到工作，这个想法必须要告诉领导。但现在公司正处于飞速发展时期，领导必然希望所有员工将精力放在工作上，他一定会否决多力想要深造的想法。但又不能先报完名再向领导汇报，这会让他更加愤怒，多力徘徊在报与不报的难题中无法做出决断。

　　多力迟迟报不了名不是因为他不想报名，他是被想象中领导可能的否定和批评绊住了脚步。在很多时候，我们也会这样，把别人可能的想法作为切实会发生的，往往因此束手束脚。比如，母亲给孩子设置了门禁后会想：这样做是不是太严厉了？妻子和密友有约在先，想要拒绝和丈夫的同事一起活动，但想一想：我这样是不是太不尊重他的朋友了？朋友拜托你为流浪狗捐款，身上没零钱的你想要拒绝却会想：他会不会认为我这个人冷酷？而事实上，这种问题往往都是我们自己臆想出来的，并不代表对方真的会这么想。所以，在下决断时只要你觉得可行就去做吧，但如果像多力一样，你的决定将牵扯到一个庞大系统的运作，那么单刀直入地询问对方的意见比自己空想来得更有效。

**不敢表露真我**

　　无论是卸下不属于自己的担子，还是提高对他人评价的抗敏能力，其实都是在认识自我：我的极限究竟在哪儿？我做这件事的初衷是什么？我为什么害怕当机立断？这都是在对"我"的反思。对自我有所认识后，就应该勇敢地把自己展现在别人面前。事实上，在人际交往中的挫败感大多都来于在他人面前压抑真我。如此一来，别人所看到的就是你戴着面具的样子：你屡次答应别人的请求，别人就会以为你是个乐于助人的人；你屡次屈服于丈夫的大男子主义，丈夫就以为你是个没主见的人。你所认为的交际挫败感都是和你所戴的面具造成的。你可以恰到好处地运用面具来塑造自己的形象，但如果你所戴的面具都是为了迎合他人的需求，它不仅不会使别人更加优待你，将给你带来各种负面情绪。

## 情绪错位1："是我伤害了他！"——愧疚感

讨好者极易被情绪所控制，他们很容易将不适当的情绪带入某些情境之中，或者把某一种情绪放大到不可控，这种情况我们称之为讨好者的情绪错位。以前你可能只以为是自己的敏感和脆弱造成了取悦行为，现在你必须明白，是情绪的错位让你带上了非我的面具。就像基因的不同排列造就了不同的个体，情绪的错位会让不同的人在人际交往中产生不同的行为，展现出诸多区别于真我的面孔。

"杰森，今天我们部门会进来一名新同事，叫安德鲁。我把他安排在了你的旁边，你要好好照顾他哦！"杰森一到公司就被营销部门主管安吉尔小姐叫住了。"把他交给我照顾？""他似乎在总公司有点故事，现在是被下放到我们部门。你肯定能让他顺利融入我们！交给你我可放心不少呢！"

果然，杰森身旁一直空着的座位此时有了主人。他的身边已经被女同事们团团围住。只听一名女同事问："安德鲁，听说你是从总公司来的？之前也做营销的吗？""为什么会想知道呢？"安德鲁静静地看着那名女同事。"我，我没什么恶意啦，你怎么就生气了呢？"

"明明是你们不好吧，如果被人刨根问底的是你们，你们会舒服吗？而且，你们挡着我的座位了！"把叽叽喳喳的女同事们赶走后，杰森说："很高兴认识你，我是杰森。抱歉，刚刚多管闲事了。她们总是这样，你不要生气。""你没必要道歉，况且我也没有生气。""但你……""我只是单纯地想

## 第三章　取悦的代价：迎合他人就等于亏待自己

知道她们为什么那么好奇。""对不起。""你真的无需道歉。"

不久后，公司举办部门间运动会，营销部还缺两个拉拉队队员。"有谁现在没有任务吗？大家也可以相互推荐哦。"安吉尔小姐在会议上主持道。"我推荐杰森！"杰森本来昏昏欲睡，听到有人提名他，一个激灵就清醒了，最主要的是有不少人还认同这个推荐。"那另外一个人我提议安德鲁！安德鲁和杰森关系那么好，一起做拉拉队更有默契！""好，就这么决定了！"不等杰森和安德鲁反应过来，任务就都已经被安排好了。"真是不好意思，把你拉下水了。"杰森小声道歉道。"你为什么又向我道歉？你怎么知道我会不乐意呢？"安德鲁有些奇怪地看着杰森。

在与安德鲁的交往中，杰森的常用语就是"抱歉"。在女同事想探听安德鲁隐私时他及时制止，但他认为自己多管闲事于是道了歉；在讨论会中，杰森认为是他给安德鲁带来了麻烦，于是又向对方道了歉。他的行为无论从安德鲁还是旁观者来看都没有真的做错事，那他为什么会时时抱着这样一种愧疚感呢？

我们先来从愧疚感的产生看起。在成长的过程中，我们每个人或多或少都会犯错：不小心摔碎了玻璃杯，玩泥巴时弄脏了妈妈新买的裙子，和同学争吵推倒了对方……即使长大成人，这些错误也不会离开：发工作邮件时忘了添加附件，重要合同上少了一条内容，忘了给爱人准备生日礼物，等等。我们不是万能的上帝，无论我们处事多么谨慎，难免会有失误的时候。犯错的确会导致很多不好的结果，这就会让你产生愧疚感：如果我注意一点就不会这样了。然而，犯错误本身并不是情绪错位产生的原因，情绪错误出现在我们对待错误的态度上。换言之，每个人都会犯错，但不是所有人都会在犯错后产生情绪错位。

能够将情绪摆正的个体面对犯错时首先也会产生愧疚感，但他们会正视这个错误，不去回避既定的事实——"我的确犯了错"，首先大方地承认自己的错误,然后竭力寻找弥补错误的方法,最后总结经验,力求在下一次活动中不会犯第二次。面对由犯错误产生的愧疚感,他们承认并接受,通过寻找解决途径和提炼教训来消解愧疚感。

而情绪错位的个体在错误处理上就大相径庭了。他们会持久地沉浸于愧疚感中,因此错过调整认知的最佳时机,找不到方法解决,必然也产生不了能够反思的经验。他们会进入这样的死循环:犯错—沮丧—再犯错—再沮丧,区别于情绪摆正者的"犯错—寻找解决途径—总结教训—预防犯错"路径。虽然他们也拥有强烈的渴望想要把问题解决,但内心又不能信任自己能够弥补错误,求得别人的谅解。所以,他们下意识的反应就是把错误都归结于自己,并且想方设法地避免出错。他们很擅长道歉,并会主动地进行自我批评,因为自我批评的确可以很好地避免来自他人的批评。我们可以想象为什么安吉尔小姐和同事们都觉得杰森很容易相处,因为他为了避免犯错,会很大程度上顺从他人的想法,不太愿意坚持主见。同样的道理,他在安德鲁开口之前就把错误都揽在自己身上,是因为自我批评总比他人批评更容易承受。不自信,认为自己很难得到别人的原谅,是这类情绪错位的主要心理根源。

想要纠正情绪错位,就要先认清自己具有不可被磨灭、不可被否认的价值。在遇到问题时,勇敢地去解决而不是逃避;在犯错误后,真诚地道歉,认真地反省,总结经验。更重要的是,那些与你无关的事情,你没有必要将责任归咎于自己,否则别人只会认为你毫无主见,没有立场。

## 情绪错位2:"他该不会生我气吧?"——担忧和恐惧感

明妮加班到半夜才回家,街道上早已空空荡荡,只能时不时地听到几声

# 第三章　取悦的代价：迎合他人就等于亏待自己

犬吠。明妮裹紧了外套低着头加快脚步往家走。但越走她越觉得不对劲，总觉得身后有一个黑影跟在身后。为了证明是否身后真有人尾随，她开始放缓脚步，但没想到身后的那个黑影也减慢了速度，明妮暗暗嘀咕：不好！遇到跟踪狂了！她又加紧了脚步往前小跑了几步，但那跟踪者还是紧跟着明妮。明妮吓坏了，如果现在遭遇不测，周围连求救的人都没有！

于是她开始狂奔起来，无论怎么样，只要赶快到家，把房门一关就安全了。明妮哆嗦着打开了房门，慌乱地摸到了点灯开关，终于松了一口气。

她慢慢走到沙发旁边，脱下外套，但被跟踪的感觉仍没有消失。她猛地一转头，后面除了防盗门什么也没有，只有自己的影子。等一下，自己的影子？明妮放声大笑，刚刚那个被自己视为跟踪狂的，莫不是自己的影子吧？说出去真是一个笑话，今天晚上竟被自己的影子吓出了一身冷汗。

明妮之所以被自己的影子吓到，是因为她不知道跟在自己身后的究竟是什么。她只感觉到身后一直有东西尾随，但没有停下来转个头看个仔细。只是一直往前走，试图摆脱让自己心惊胆战的跟踪者。但她越往前走越是害怕，因为这种怪异的感觉永远没有消失。之所以发生了这个"囧事"，根本原因来自她的恐惧：我的身后究竟是什么！对即将会发生的事情不确定往往会让激起人们的担忧甚至恐惧。

想想发生在原始人身上的事情吧。他们不知道天上打雷是因为冷热气流的剧烈对流，所以他们会认为打雷是上天的发怒，为了让上天消怒于是开始了对天的祭祀；天气大旱食物大减，不知何时会下雨，于是有了求雨祭祀……正是因为他们的无知，才对捉摸不定的自然界产生了担忧恐惧，因此出现了祭祀这种取悦上天、祈求安康的行为。

这在我们的交际生活中不也是一样？讨好者之所以对自己的行为产生愧疚，将本与自己无关的"错误"往自己身上揽，是因为他们不知道自己的行为是否触怒了对方，不知道应该怎样做才能让对方满意，担忧的情绪渐渐为恐惧取代。观看恐怖片时，我们通过遮住双眼或捂住双耳来摆脱恐怖。在人际交往中，我们也更倾向于这种最直接的恐惧应对方法：逃避。此外，心中的恐惧也会让我们产生很多不切实际的想法，恐惧催生下的"想象力"一般都引导我们往坏处想，被臆想震惊到的自己，心胸很难保持开阔。

讨好者习惯把对未知的担忧过度放大，就会对谁都小心翼翼，不敢得罪，只能违心地顺从。有的人被领导批评后也能坦然不变色，有的人被上司说一句话就会耿耿于怀，然后想尽办法去迎合对方；有的人在不小心得罪他人后能够真诚地道歉，然后释然，有的人则会忧心忡忡，害怕对方怀恨在心。

这就是讨好者的世界，他们敏感、多疑、悲观，而又渴望用行动去赢得他人的认可。

在《契科夫小说选》中收录过这样一个故事：

一个小公务员在一个美好的晚上，正在观看轻歌剧打发时间。结果，他一不小心打了一个喷嚏，唾沫星子溅到了前排的一个光头。他发现那个光头是一名将军之后，赶快道了歉，而将军也原谅了他。

可是，小公务员觉得这样还不够，于是在散场的时候，他再次郑重其事地和将军道歉，这个时候，将军已经不耐烦了："我已经忘了，您怎么老提它呢？"

将军不耐烦的语气被小公务员察觉，他开始认为将军一定非常生气，才会用那样的态度讲话。为了表示自己的诚恳，他决定换上新制服，刮了脸，去正式求见将军。

谁知道，将军此时正在办公，一听他开口说到喷嚏的事情，将军便一头雾水瞪着他看："什么废话？天知道怎么回事！"小公务员以为这下将军一定是记仇了，于是在将军忙完之后又赶上前："我不是有意打扰您的，大人……我只是……"这下连将军也只有苦笑了："您简直开玩笑，先生。"说

### 第三章 取悦的代价：迎合他人就等于亏待自己

完将军便忙去了。

这下，小公务员更加惴惴不安。心病一旦结下，总是不容易解开。第二天，他想着找到将军解释清楚所有的事情。可是，他运气不好，他不知道将军正在气头上。在他进门后絮絮叨叨半天之后，将军忽然怒吼："滚出去！"

可怜的小公务员大吃一惊，木木呆呆地回到家，然后，吓死了。

将人际关系中的矛盾扩大化、灾难化，是讨好者的思维方式之一。然而，所有的人际交往都会出现各种各样的问题，这是很正常的，只要你冷静地处理，都会有所缓和。如果你无法确定对方的真实想法，那就大胆地表露自己的心迹，不要事事顺从对方，不要怕别人恼怒。比如，在你制定职业规划时，母亲会进来掺和一脚，她觉得你不应该把时间都花费在工作上，还应该腾出更多的时间来陪她。这时候你可以说："我的职业规划和陪伴您并没有冲突，我已经把工作和空闲时间安排好了，我不会改变自己的规划。另外，我会尽量多抽一些时间陪您。"表露自己的真实想法确实会花费一点口舌，即使对方对你再不认同，也能切实地感受到你的真诚。如果你因为害怕对方生气或者疏远你，一味地顺着他的思想来，只会把问题复杂化，让自己越来越被动。

## 情绪错位 3："他到底是怎么想的？"——焦虑和不安感

情绪错位的第三个阶段是焦虑，你的恐惧让你郁郁寡欢，对他人情绪的担忧最终会映射到自己的情感上来，你会不断揣摩别人的想法：他到底想要什么，要怎么做才能合乎他的所想。在思考这个问题的时候，讨好者会感到焦急易怒。这就像面对试卷中的一道难题，你很想知道出题人的出题思路，但是你却不能直接询问老师。你不知道怎样的解法是正确的，也不知道现在自己的解法是不是能引向最终的答案。

杰迪和葛拉要结婚了，一切都已经准备就绪：登记的时间已经安排好，婚宴的地点已经预订好，请柬已经发出，婚礼当天的摄影师已经联系好，房子也正在重新整修，万事俱备，似乎就差好日子来临了。这时，葛拉却开始害怕了，婚礼时间越临近，她越不确定是否应该和杰迪结婚。

葛拉自认为自己不够爱他，她也感觉不到杰迪的爱。葛拉在和好友倾吐的时候说："我选择和他结婚是因为我已经快33岁了，已经到了该安定的年纪。他的一切外部条件都很好，但我始终不知道他的内心怎样想，我常常觉得很没安全感。我们在一起似乎顺理成章，但又缺了点什么。"葛拉的担忧还有一部分来自他们频繁的吵架。她的父母离婚前就一直吵架，她不知道她和杰迪会不会最后也将面临离婚。

说起杰迪和葛拉的吵架，原因无外乎只有一个：葛拉想到的问题，杰迪从不重视它，但一旦问题发生了，杰迪又开始唠唠叨叨地数落个没完。就比如购置吊灯这件事。购买前葛拉曾询问过杰迪的想法，但杰迪总是说："怎么样都行啊，我无所谓，你看着办吧！"但吊灯安装好后，杰迪却挑三拣四，说它太浮夸，不适合屋子的整体风格。现在，新房子的墙壁需要重新粉刷一遍。葛拉想：原来的墙皮要不要铲除呢？如果铲除，要耗费极大的时间和精力；如果不铲除，旧墙皮容易粉化，新涂上去的油漆很容易与旧墙皮脱离。但想想新墙皮脱落的时候又到了该翻新的时候了，不知道怎样做才合适，怎样做才能让杰迪满意。葛拉也懒得问杰迪的意见了，她已经可以预见他的回答："我无所谓，你看着办。"葛拉实在疲于应付杰迪了，她从来搞不懂杰迪真正的需求，最后只能引发双方的大战。

葛拉捉摸不透杰迪的想法，她不知道杰迪是否爱她，也不知道杰迪是否

## 第三章　取悦的代价：迎合他人就等于亏待自己

想和她结婚，她只能靠猜测去洞察杰迪的想法，但猜测不正确又会引起争吵。焦虑和不安让葛拉开始质疑起自己结婚的决定，也不能快刀斩乱麻地做出决断，在这犹豫的过程中屡次动摇，陷入进退两难的境地。

举棋不定的人看似是在反复思考，但往往不是在和自己而是在和他人的想法"斗法"。你希望自己的做法能够得到对方的认可，而他人却总是以各种理由表达不满。他们的说法如此有力，让你不禁屡屡质疑自己。久而久之，在处理一些决策性的事情时，最终的选择既不是出于你自己的意愿，也不是他人明确的建议，而是你自以为他人"应该会赞同"的想法。然而结果往往与你期望的相反——你既没有尊重自己的想法，也没有迎合他人的需求。

想要摆脱焦虑和不安就是要拥有当机立断的强硬内心。当机的"机"我们很容易认为是最合适的时机，你要踩准的是"你最想要"的那个时机。"没有最好，只有更好"，以旁观的视角来看，想要拥有完美的选择，这是一个永无止境的视角，你想得出"最好"的决策，结果可能是你将永远拿不定主意。

葛拉对婚姻的犹豫来源于不知道自己想要什么，杰迪的条件的确不错，而自己也到了晚婚年龄，这一切都让她只能选择结婚，然而，许多恼人的因素又让她无法下定决心，只能摇摆不定。以阻碍她结婚的最大障碍——杰迪的想法为例，设想一下，如果她知道杰迪的确想同她结婚，那么是不是再不情愿也要硬着头皮结婚呢？相反，杰迪不想结婚的话，她就只能放弃这场婚姻？如果一切只以他人的意志为标准，那么她就彻底丧失了自我抉择的能力。在置办吊灯这件上，葛拉用自己的标准挑了一款灯，杰迪再不喜欢她也已经买了，这款灯就是她最想要的，那么她就应该坦然地接受和认可自己的做法。事后他们可能会争吵，葛拉这时候应该做的就是向杰迪表明自己的想法，征求他的理解，这种情况比由于总是琢磨对方的心思而陷入焦虑之中要好处理得多。

## 不会生气,就是在给自己挖掘"陷阱"

在前面的几个例子中我们都看到:讨好者的外表都看上去很愉悦,但内心都不约而同地带着愧疚、恐惧、焦虑、愤怒等负面情绪。无论面对对方的什么行为,他们都会把自己的情绪掩藏起来。面对负面情绪,我们总会找一个发泄口,有人选择哭,有人选择发怒,无论什么方式,只有把不健康的情绪发泄出去,才能达成正负情绪的平衡;如果一味掩盖,它并不会消失,反而会在阴暗处滋长得更旺盛。葛拉害怕结婚,因为她摸不清杰迪的想法,杰迪不是没有想法,只是不想表明自己的态度,所以每次杰迪变成"事后诸葛"时,葛拉就格外恼火。但她却不与杰迪说清楚,也从来不表达出自己的愤怒情绪,只是默默承受,于是陷入苦苦的煎熬之中。

有时候不是我们不愿意生气,而是怕生气会将对方逼到我们的对立面,认为最后的结果非黑即白,非死即伤。但愤怒的目的并非是一定要争个输赢,而是让对方知道我们内心的不满,逼着对方积极地面对、解决矛盾。另外,长期掩盖负面情绪并不会让局面好转,这些负面情绪终究会形成一把利剑戳向自己和他人。不如想想,你发现袖子上有一个小洞,现在你觉得没什么,因为这个小洞在别人很难注意的地方。但久而久之,这个小洞越变越大,你觉得它有碍观瞻的时候,这个洞已经大得无法弥补了。负面情绪的累加就像一个越变越大的洞,不会生气的你就像在给不停地给自己刨土挖洞,最终会让自己掉进情绪的陷阱中。

我们为什么有时候宁愿把怒火往肚子里吞,宁可灼伤自己也不愿生气呢?想想自己小时候做错了事情,妈妈会怎么说——"你再不把玩具整理好我就生气了!"很少有孩子敢随意表达自己的愤怒,因为在大人的权威词典

## 第三章　取悦的代价：迎合他人就等于亏待自己

里，诸如"顶嘴""哭闹""大喊大叫"都是孩子情绪的"负面清单"。小时候，如果我们不小心把花瓶摔坏，可能会受到大人的斥责和惩罚，这时我们多半只会生着闷气，不敢爆发。如果我们表露出了愤怒的情绪，就会听到大人说："真不懂事！"所以，在我们感到不满的时候，只能把气憋在心里，不可以表现出来。

从童年时期起，我们就被灌输这样一种观点：愤怒等同于暴力，是不应该的。直至成人以后，我们还相信，一个真正的好人不应该有愤怒的想法，更不应该表现出来。我们更偏向于用迎合、取悦他人的方式来处理人际问题，认为这种方式能够缓和矛盾。

比如我们之前提到的案例中，泰勒先生对儿女们的不断索求没有选择表达不满，反而节衣缩食地满足他们，因为他知道一旦自己生气，儿女们很有可能会不再来看他。但实际上，这种靠金钱维系的感情，哪怕是亲情，也是不牢靠的。泰勒先生的钱总有花完的一天，到那个时候，他用什么去留住儿女呢？他没有坦然地表达自己的愤怒，而是委屈地承受了下来，儿女无法知道他的真实感受，矛盾永远无法得以解决。

该拒绝的时候就拒绝，该生气的时候就应生气，这才是对你和他人最好的选择。当我们的利益得不到保障，诉求得不到满足，或者受到不公平对待时，愤怒是我们最好的武器，它事实上是一种积极的攻击反应，它事实上是帮助我们向外界呐喊和控诉：我现在很不高兴，因为我被冒犯了！

当然，我们说的愤怒不是无理智地发一通脾气来泄火，这没有什么用处。（有一些人认为愤怒无用，正是因为他们把愤怒和无理智地发火等同起来了。）这里所说的愤怒指明确你的情感，向他人展示你的需求并且坚定你的想法：

"不要对我大吼大叫，我觉得不舒服。"（明确情感）

"你是孩子的父亲，晚上请给孩子讲故事。"（展示需求）

"我手头很忙,我也有自己必须做完的事。请你自己做。"(坚定想法)

面对杰迪,葛拉可以这样表示自己的需求:

"这也会成为你的家,你想要墙壁怎样粉刷?如果让我决定,事后你可不要说三道四。"(展示要求+坚定想法)

面对来要钱的儿女,泰勒先生首先要了解到愤怒的必要性,然后必须清楚地向他们表达自己的意愿,他可以这样说:

"你们都已经成家了,应该自己负担起家庭责任,如果钱不够上学就贷款。我希望你们每次来看我的时候,不是为了要钱,而是为了我们之间的父子(父女)情义!"(明确情感+展示需求)

有时候,你想做情绪上的调节时,会遭到对方的阻碍,但只要你想突破讨好者形象,想和别人建立互相尊重、互相信任的关系,就一定不要因为对方的不满情绪而改变自己的计划。不如在准备改变前,对对方可能出现的不满情绪做出设想,并提前设定应对方案。记住,学会愤怒,更能有效地保护自己。

## 了解你的愤怒方式:内在化 or 外在化

现在你是不是还对合理的愤怒和不理智地发火的区别有疑问?接下来我们将更细致地来讨论一个人的愤怒方式及具体表现。先让我们看劳拉和

## 第三章 取悦的代价：迎合他人就等于亏待自己

凯伊生气的案例，在阅读时请注意凯伊和劳拉两人表达愤怒的方式有何区别。

"凯伊，借我点钱吧。"劳拉在吸烟室"逮着"了凯伊。劳拉是凯伊的同事，一年前劳拉为婚礼做准备，曾向凯伊借了两万美元，借期为一个月。后来，劳拉提前十天就把钱还回来了，那次的借钱经历很顺利也很愉快。凯伊做足了人情，劳拉也按照借条规程行事。因此这次劳拉又向凯伊提出借钱，凯伊没有什么反感，刚想同意，突然想到自己的新房马上要开始置办家具了，于是他问："你要多少？""一万，借半年左右。""噢……你看，我不是买了套新房吗？马上就要开始装修了，装修资金都要交给我太太。一万块钱我能借给你，但不能借那么久，你看三个月行吗？"劳拉没说话，凯伊就当她默认了。当天晚上凯伊和太太商量了一下，就把钱给劳拉打了过去。

没想到，第二天借出去的一万元很快又出现在了自己的账户上。"劳拉，你不需要钱了吗？这么着急就还了？""不用了。你多忙啊，你又要装修房子，只给这么点时间，这些钱都周转不过来，我还是问别人借吧。我也不是不守信用的人……看你现在成家了，心思也比以前细了啊！"劳拉带着尖刻的语气说。凯伊虽然觉得有点不舒服，但没多想，觉得劳拉工作上可能遇到了什么不顺心的事。

第二天，同事邀请凯伊假期里一起去旅游。劳拉听了又冷嘲热讽道："哎哟，可别叫他啊，他要装修房子了，手头可紧张呢，哪有钱去旅游！"提出邀请的同事有点尴尬，凯伊只好说："抱歉，最近家里是急着用钱。等房子装修好了，你们来玩啊！"凯伊这时才知道，劳拉的几次刻薄话的确就是冲着自己来的。碍于情面，他没有当场发怒，回家后把这件事说给了妻子听。妻子和他一起狠狠地数落了劳拉一番，他心头的气才算消了，并且发誓，劳拉以后就是想借一美元他也不会答应了。

**掌控：** 如何在人际交往中取得主导权

你注意到两人表达愤怒时的差别了吗？劳拉之前向凯伊借过钱，并且按期归还，所以再次借钱的时候，凯伊相信劳拉，并愿意再次借钱给她，只不过由于不得已的原因想要缩短借期。劳拉却认为凯伊不相信自己，况且这次借的金额也并不多，在劳拉看来，凯伊是故作姿态。凯伊对自己的不信任感让劳拉感到愤怒，所以在第二天就把钱原路归还，并且大肆嘲讽。听了劳拉的冷言冷语，凯伊十分委屈，但他在当时保持了沉默，回到家后就和妻子一起开始抱怨。从这些行为中可以看出，劳拉的愤怒是以直接的、外显的方式表现出来，凯伊则不同，他在劳拉在场时是以内敛的方式遏制怒气，回到家中才一泻千里。

劳拉和凯伊生气的表现形式就是我们表达愤怒时最常用的两种方式：外在化愤怒和内在化愤怒。外在化愤怒除了像劳拉说一些讽刺挖苦的话语外，更常见的是通过吼叫、肢体攻击等来表现；内在化愤怒一般都以沉默的方式来体现，除像凯伊在离开对方后才发火的"滞后型"愤怒形式外，还有一直郁积于心中的"秋后算账"型——在对方无防备状态下发火。我们还可以将愤怒的表达方式更细致地划分为以下几种：

**进攻型：** 这种愤怒的表达方式是我们最常见的，采用这种方式表达愤怒的人往往以激烈的态度和措辞来进行发泄。这种方式的优点在于：你马上就能让对方知道你的想法，强烈的态度让对方留下深刻印象。缺点在于，这时候的你很容易进入非理智状态，忘了自己为什么愤怒，只注重于表达自己的情感而变得蛮不讲理，你会认为自己的情感是最重要的，因此忽视了对方的立场，让对方觉得难堪。

**回避型：** 这种表达方式和进攻型愤怒正好相反，在产生愤怒时，你会回避自己的情感，甚至对自己拥有愤怒情绪感到愧疚。久而久之，你无法觉察到自己的愤怒，认为自己没有权利和理由发怒。这种方式的优点在于能够规避正面冲突，缓和矛盾，缺点在于容易被控制，时时在察言观色，通过取悦他人的手段来规避可能发生的风险。讨好者面对愤怒情绪时一般都采用这种

## 第三章 取悦的代价：迎合他人就等于亏待自己

方式。

**抑制型**：这种方式表面上和回避型愤怒很像，愤怒情绪产生时将其遏制在心里。与回避型愤怒不同的是：回避型是一味地回避愤怒、否定自己，抑制型愤怒只是暂时地将愤怒压在心底，找准某个时间再给予对方攻击，比如：不配合对方的工作，破坏对方的劳动成果等。抑制型愤怒者仍同进攻型一样拥有攻击性，只不过这种攻击是暗箭而不是明枪。

**投影型**：投影型的愤怒是通过把愤怒投影到他物和他人身上来缓解愤怒。投影方法有两种，一种为"迁怒"，也称为"转嫁型愤怒"，如：丈夫把谈判失败的怒意投射于妻子，认为她没有把自己的西装熨整齐是今天失败的原因；另一种为"感染"，在这种方法是让他人感染到你的愤怒，由别人来抒发你的情绪，比如很多人在生气时，希望有人能够与自己同仇敌忾。这种投影是无意识的行为，其实是为了将自己的负面情绪平摊给他人，以此来舒缓自己的焦虑、痛苦等负面情绪。这种处理方式有点像我们熟知的一句箴言："两个人分享痛苦，痛苦一人一半；两个人分享快乐，快乐一人双倍。"运用这种方式疏解愤怒也有后遗症，愤怒发泄完毕后，自己会觉得很轻松，但却会给他人造成很大的困扰和情绪上的波动。

**理智型**：这是我们所谈到的真正意义上的"合理愤怒"，我们认同自己的愤怒，也知道它是我们维护自己利益的一种手段，但不能随时随地乱发火。不如暂且把愤怒保存于心中，快速地处理这样几个问题：自己为何发怒？怎样应对发怒？当下用看似强硬的语句予以回应，注意回应时不要使用任何攻击性的语言，而是有理有据地进行"申诉"。事后再来回顾愤怒情绪，思考这种情景发生的原因以及此后的应对策略，这样会使你以后在发怒时更有效而无害。

现在我们就能很容易给劳拉和凯伊的愤怒方式归类了，前者是进攻型愤怒，后者是投影型愤怒。我们不得不注意到一点，攻击型、抑制型、投影型和理智型的愤怒表达方式，最终都会将自己的情绪外化地表现出来，只有回避型是将愤怒收敛于心，取悦他人而委屈自己。

## 压抑还是爆发，伤人还是伤己——发火也是一种艺术

除了理智型发火外，其他类型的愤怒表达方式都有各自明显的缺点，在人际交往中这些应对方法的缺点很可能是别人攻破你的缺口，因此在处理怒气时，我们都需尽量向理智型发火方式靠拢。我们将逐一对这些情绪处理方式进行梳理。

### 攻击型和投影型——理智的反击往往更有用

凡采用这两种类型发火的人，在你印象中的第一反应是不是咄咄逼人、瞪着眼睛、唾沫乱飞的形象？这是最本真的一种发火方式，这两类人出于自我防卫（防卫自己的自尊、需求等）进行反应激烈的反击。比如孩子想要一个玩具，但父母不给他买，于是就哇哇大哭，用力摔东西，这是我们从小就学会的一种应激反应。也正是自小习得，这种愤怒的表达有一种原始的、粗犷的特质，这两种类型的发火就像小孩子一样不讲道理，很多时候会对他人产生伤害，又或者对他人根本不起作用（比如，大人依然不会给孩子买玩具）。

丝塔芙是刚进公司的新人，开部门例会时上司说："为了让丝塔芙在工作上尽早上手，大家可以适当地把手头的一些工作交给丝塔芙处理。"有了上司的命令，大家开始纷纷把手头上不愿做的、工作量庞大又琐碎的工作一股脑地交给了这个新人，丝塔芙每天都会收到来自不同人的工作请求。虽然每个工作都没有什么难度，却需要花很多的时间去收集、整理。往往一个工

## 第三章 取悦的代价：迎合他人就等于亏待自己

作还没进行到一半，第二个又来了，并且都是"急着要"。在茶水间时，又有一名同事丢给她一项庞杂的工作。等丝塔芙回到座位上时，看到那名同事竟在无所事事地玩网页游戏！

经过一天疲惫不堪的工作后，丝塔芙回到家，看到门口男友的鞋子放得横七竖八，她的火气立刻就上来了，跑到客厅指着他的鼻子就骂："你究竟怎么回事，是不是看到我累死你就满意？难道我生来就要任你差遣吗？你看你的鞋子怎么摆的，连这点事情也要我来做吗？"男友吃惊地看着她，他想不通：不就鞋子没整齐吗，怎么惹得女友发那么大的火？

丝塔芙选用了投影型发火，她将工作中承受的怒气投影在了男友身上。丝塔芙能够把自己的意愿表达出来是值得肯定的，她意识到自己也是有正当权利的，但她采用了"炸弹式"的方法夺回对生活的掌控权。其实，她可以用一种更沉静但又不失强硬的方式来表达。在面对工作时明确自己的精力和时间："你一定要急着要吗？部门经理波比也是，波比交给我的工作我一时半会完不成。完成你的这份恐怕要等很久了。"对于男友，可以明确共同生活所要承担的责任："既然一起生活，那么有些责任需要共同承担，包括家里环境的整洁。"这样，男友就不会觉得丝塔芙的发火行为是无理取闹了。

**回避型——首要之事就是坚定**

回避型是讨好者最常用的愤怒情绪表达方式，他们力图让自己的表面上看上去光鲜，苦果都往肚子里吞，不敢正面应对他人投来的"情感炮弹"。单从一次冲突应对来看，采用回避型情绪处理者的确是获得了平静，但这种平静是短暂且表面的，看似无风浪的大海下面却暗潮汹涌，时间一长，这种积郁最终会伤害到自己。

想要这种类型的讨好者改变行为是件相当困难的事情。上述两种类型对自己的权益都有很清晰的认识，为了急于取得掌控权，采用了激烈的愤怒外显方式。而对于回避型的取悦者来说，认识到自己都需要很长的过程，他们已经习惯了用他人的看法和评价来制约自己。所以，在改变行为方式前就要认识到这样一件事实，"回避自己的愤怒，是为了从他人口中得到认同"这种想法是不可靠且有限制的。这世界上的每个人都基于自己的经验形成了一套专属于自己的评判体系，公说公有理，婆说婆有理，你是永远无法使全部人满意的。与上述类型的改变不同之处在于，回避型需要改变的是自己的观念，坚定自己的需求，而非单从行为上着手。

## 摆脱消极攻击方式——"我要让你知道，你冒犯了我！"

我们已经了解到自己面对负面情绪时的几个应对方式，理智型是最理想的怒意处理方式。攻击型愤怒者和投影型愤怒者的情绪过于激烈，前者需要牢牢把握住自己的理智，不能为了发火而发火，需要弄明白自己为什么发火；后者同样要注意生气的主体是自己，弄清生气的原因，这样就不会波及无辜的人和物。回避型最先要改变自己的观念，而非行为。那么"抑制型"怒意处理方式又怎么改变呢？特别要注意的是，一旦他人以这样的方式来发泄怒意，那么你就要格外小心，因为明枪易躲，暗箭难防。

珠儿就读于一所精英中学，她学习非常刻苦，平时的随堂练习、研究性课题她都表现得很出色，但每到重大的考试，如学业水平测试、期末考试等，她都不能发挥出自己理想的水平。她的母亲是一名大学教授，经常在家里发牢骚："我同事们的孩子可一直是全A生，怎么你就不行？以你现在的成绩怎么能考入排名靠前的大学呢！"珠儿一直也为进入一流大学努力，同学们组织的派队、舞会她都不参加，每天早早起床就开始学习，在班里大家

## 第三章　取悦的代价：迎合他人就等于亏待自己

都给了她一个绰号："书呆子"。

虽然平时很优秀，但一到大考试总会发挥失常，为此，老师特意找珠儿谈了一次，珠儿说："我也一直很沮丧，不知道为什么自己每到大考试就发挥失常。老实说，成绩刚公布的时候我有种窃喜——这只有一瞬间——然后我会觉得很丢脸，很失败，又让妈妈失望了。"

"抑制型"情绪处理方式在心理学中又称为"被动攻击"，习惯被动攻击的人生气时通常表现为软弱无能，行为消极，但出现消极行为的原因并非是他们能力不足，而是为了逃避责任，从而采取的一种报复性行为。比如，你请求同事帮你做计划，他爽快地答应了。然而，快到截止日期同事还没有完成，他带着歉意说："抱歉，近日工作太忙耽搁了，我马上就做！"可是，仍迟迟没有回音。不是他工作没效率，实际上他只是不想做而故意拖延，当初爽快地答应下来，可能只是不好意思拒绝罢了。

在珠儿的案例中，我们不能忽略她一闪而过的窃喜，这就是她的被动攻击。这种攻击不是珠儿有意为之，因为成绩出来的那一刻，她自己也沮丧。这种攻击可能只是出于自我保护的潜意识。她的窃喜其实在传递这样一个信息："你看，我明明很努力了，但是还是考不好，看来拼命学习根本没什么用！"这样就能让母亲反思，是不是自己的教育方式出了问题，珠儿也能成功规避母亲让自己喘不过气来的高期望。

如果你会自觉不自觉地通过语言、表情、动作等行为让别人陷入难堪，但往往这时候自己却一派云淡风轻的模样，心中格外舒畅，那么你就该进行自我评估，看看为什么自己会采用这样的方法，是否因为在与别人的交际中产生了不满，同时又暗藏着恐惧，才选择如此对策。这不是一种健康的展现怒意的方式，而是一种被归为"下下策"的报复行为。

面对一名被动攻击型者，你很多时候会表现出一种无力感。他们态度谦和，做事看上去很认真，不能完成你的目标时，他们也很为难，这时你会感到内疚：是不是给他们设定的目标太高了？这样，他们的被动攻击就有成效了，被激起了内疚感的你将把事情无法完成的责任转向自己。

面对这种隐藏的敌情，你需要让对方知道这并不是一件能随意勾销的事情。注意他们的一些推诿责任的标志性用语："随便"（其实心中并非坦然接受，只是规避矛盾的战略型回答）、"你不知道吗"（言下之意你应该知道，激起你的罪疚感）、"没问题，交给我吧"（消极攻击者会不断找借口推脱，使没问题的事情变成有问题）。面对这样的话语，你可以这样回应："你的想法对我很重要，请告诉我，请不要用'随便'两个字敷衍我""我确实不知道，你没有跟我提过我怎么会知道""你不接受也可以，一旦接受了请不要找借口来搪塞我"……让他们意识到他们的攻击对你无效，即使他们一脸无辜，也不能把责任推得一干二净。

## 第四章

# 潜伏的控制者：
# 小心身边的"亲密敌人"

> 最危险、最不易察觉、最难于防范的控制者往往就潜伏在我们周围！他们对我们的弱点十分了解，并且深知我们内心深处的需求，这为他们长驱直入我们的界限提供了良好的条件。并且，出于对他们的信任，我们会降低警惕性，从而让他们轻易地达到目的。现在，让我们从现实的角度出发，对各种各样的有问题的"交情"进行剖析，深入分析他人的社交动机。

掌控：如何在人际交往中取得主导权

## "烫手"的利益：看他是如何引你入局的

陈磊毕业于一所重点大学，毕业后换了好几个工作，一直都没有找到满意的。要么薪水低得可怜，要么工作强度太大。在工作的三年里，他不停地跳槽，而和他一起毕业的同学都找到了不错的工作。对于心高气傲的陈磊来说，这简直让人无法接受。"他们只是运气比我好罢了。"他总是这样安慰自己。

这一次，陈磊应聘到了一家IT公司，可是刚进公司却被安排做公司电脑房的库房管理员，每天还要负责打扫库房卫生，清洁库房里的办公电脑，简直就是一个清洁工。很快，陈磊就坚持不下去了。

同事小王平时经常和陈磊打交道，他听到陈磊诉说自己的遭遇，知道他准备辞职，于是自告奋勇地给他出了主意，说："你傻啊！就你这样的工作履历，换一家公司也不见得会更好。"他快速地扫了一眼周围，只见左右无人，压低了声音说："我跟你说，公司最近在搞一个项目，你看大家每天忙得不亦乐乎，都是在做这份计划书。如果计划书出来，这个项目成功了，公司就能一下赚好几百万。我还听说公司有一个竞争对手，也在竞争这个项目。你学历不低，而且精通IT行业，只是一直没有遇到好的机会而已。现在你刚好又是库房管理员，很容易就能够接触到这些资料，你何不等他们把计划书做好之后，把它拷贝出来，然后去投另一家公司？我想他们一定会因为你送上的这份大礼，而给你一份不错的工作，你又何必在这屈才呢！"

下班回家后，陈磊躺在床上，想着小王对他说的话，又想到这几年的遭遇，于是决定铤而走险，凭借自己的计算机专业技能盗取公司的商业计划书。

## 第四章 潜伏的控制者:小心身边的"亲密敌人"

果然,当陈磊拿着自己的公司的计划书来投奔竞争对手的公司时,对方给了陈磊部门策划主管的职务,而且薪水丰厚。这家公司以陈磊盗用的计划书为母本,又针对自己公司的特色做了一下"升级"处理,制作了一套更加优越、全面的方案,结果在竞标过程中,轻而易举地击败了陈磊原来的公司,将那份垂涎已久的项目收入了囊中。

在这场商业竞争中,陈磊可谓是一等功臣,受到了公司的重用。陈磊也觉得自己终于可以扬眉吐气一回了。就当公司决定为陈磊举办一场庆功宴的时候,陈磊因为盗取商业机密被警方逮捕了。

原来陈磊以前的公司在寻找落败的原因时,公司的专业技术人员发现公司电脑里的资料被人窃取了。经过调查发现,最有可能窃取公司商业机密的就是刚刚离职不久的陈磊,因为他能够接触到公司的核心机房,又具有这个能力。

东窗事发后,陈磊主动坦白了一切,锒铛入狱。在监狱里,陈磊追悔莫及,后悔当初不该一时头脑发热,采纳了小王的建议,想一步登天,从而酿成了大错。

……

酒店的包房中,小王和竞争公司的项目总监正在偷偷庆祝,他们的计划天衣无缝。"陈磊那个傻帽,估计都不知道是怎么被坑的,活该他当咱们的替罪羊。"小王趁着酒劲儿得意地说道。

案例中,小王显然才是幕后的那只黑手。他是个操纵高手,深谙利用人心之道。他明知陈磊心怀抱负却无处施展,他的诱惑会正中陈磊下怀,陈磊也就成了他最合适的棋子。

在与人交际过程中,如何才能防备别人利用你去满足他自己的意愿呢?你必须注意,所有极具诱惑力的事物,都暗藏着陷阱——没有人会把大好的机会让给你。如果你毫不犹豫地钻进他设计好的圈套,就会如同一个木偶一样，任人摆布。

**小心你身边的"计划型讨好者"**

作为提出诱惑的人，往往是一位高明的"讨好者"，表面上，这一切都在你的掌握之中，你是行动的执行者，事件的主导者，而"讨好者"只是在给你提一种建议。这样看来，主导权仿佛在你的手上。事实上，在你接受建议的那一刻起，你们的关系已经发生了实质性的改变，他所推崇的"不费吹灰之力就能取得成功"的方案已经被你接受了，你成为了他主导行为的受体。更可怕的是，这一点完全没有被你所意识到，这种诱惑心理往往会令人犯下不可挽回的错误。这种主导权的掌控十分可怕，就好比钓鱼一样，当鱼饵被抛进水里，看起来主导权在鱼儿的身上——没有人能够左右它是否吃鱼饵，然而，一旦它接受了鱼饵的诱惑，那么它的自由将会被完全限制，它已经上钩了。

有计划的"讨好者"总是会把你牵进他的计划中，他们是通过你的心理需求把你套牢的。他们通常会利用两个条件诱惑你：

1. 这件事情的结果是你梦寐以求的。比如上面的案例中的陈磊，坎坷的求职经历和怀才不遇的想法让他对小王提出的计划没有任何抵抗力。

2. 这件事情很容易达成。小王在诱惑陈磊时，处处强调"只需付出一点，就能得到巨大的收获"，成功地将陈磊"洗脑"了。此时，陈磊不再考虑这件事情的风险，而只注重于它的"易操作"和"高回报"。这样，小王的计划也就成功了。

所以，事情的决定权其实还是在当事人自己的手里，当你不被他人主导时，也就等于你掌握了主导权。如何避免被别人主导，下面有几种场景值得参考：

1. 没有人会把天上掉下来的馅饼无条件地送到你嘴边。当有人给你提出某个诱人的建议，或者制定什么一劳永逸的方案时，你首先要想的不是你

## 第四章　潜伏的控制者：小心身边的"亲密敌人"

能够从中获得什么好处，而要思考对方从中能够得到什么利益。如果从表面上看，他毫无利益可言（比如小王跟盗取商业机密的事情看似毫无关联），那么你就要警惕了：他是真的为你好，还是别有企图。

2. 充分评估你们之间的交情。在一切"诱人"的计划面前，你都要认真地进行衡量：他与你的交情是否能够战胜利益对他的诱惑。显然，陈磊对一个相处不久的同事产生了过度的信任，这才导致他被"摆了一道"。

3. 全面地考虑整件事情将会带来的后果。欲望总会让人冲昏头脑，形成思维盲点。在巨大的诱惑面前，人们很难保持理性的思维，总是一心想着获取对自己有利的信息，而忽略这件事情潜在的风险。如果陈磊对小王的提议加以深刻的分析，他很容易就能发现，盗取商业机密与犯罪是紧密相连的，这样，他或许就能进一步思考自己行为的可行性。

4. 切勿轻易对关系还未确定的人袒露真心。假如你遇到一个向你追根问底的人，也许他是正在探究你内心深处最迫切的需求，当他对你的一切都了解后，就会给你提出一个诱惑方案，而此刻你往往很难抵挡。

5. 在你处在矛盾之中的时候，别人的答案也许并不能解决你真正的问题，反而有可能被误导，解铃还须系铃人，别人的建议只能用来参考，而不能全盘接受。

## 情感绑架：人际关系中的软暴力

康妮和杰米结婚5年了，这5年的岁月里，杰米一直扮演着一位完美先生的角色。杰米对自己的高要求曾经是吸引康妮的魅力所在，但是一旦步入婚姻殿堂后，康妮就发现，事情变得没有那么美妙了。

"就算你和他约会迟到5分钟，他都不会等你。他要让你知道，你应该准时，他就是这样一种人。"康妮对她的好友黛比说，"当他把我的杂志摆在咖啡桌上并抱怨说我放得不整齐时，我就应该知道他是哪种人。从我们开始在一起生活，他的规矩——每一件小事他都有规矩——就是关系紧张的源泉。"

结婚2年后，两人有了孩子，但是杰米还是一再要求康妮保持家中一尘不染，他丝毫不在乎家中有正在蹒跚学步的孩子。

"天啦，他也太不切实际了吧！康妮，你不能事事都顺着他，你得让他知道你的辛苦。"

"哈，如果他能体谅我，他就不是杰米了。我记得有一天，我把几个碟子放在水池中，没有放到洗碗机里去洗。当我回来后，发现杰米竟然把碟子堆在地板上，太令人难以置信了！"

"那你怎么做了？别告诉我你只是捡了起来而已。"

"是的，黛比，我什么也没说，因为我不想为这种小事和他吵架。"

康妮觉得，杰米似乎总能找到办法来纠正她的"过失"。有一次康妮出去忘了关车库的门，她回来时，他把自动开门装置的钩子松开了，使得康妮不得不下车自己把门打开。杰米做的这一切，就如同父母给孩子的惩罚，希望孩子永远也不要忘记他们的教训。

"他让我相信自己是一个懒惰、不负责任的坏妻子、坏母亲。我自觉内疚难当，最后以道歉收场。"康妮痛苦地对黛比倾诉道。

后来，康妮觉得两人的关系变得十分诡异，杰米似乎忘了自己是一个丈夫而非一个父亲，而康妮也无法在这段感情中体会到快乐，她经过反复挣扎后向杰米提出了分手。杰米对此怒不可遏，威胁她说如果她要带走孩子，他有的是办法让康妮没法好好生活，或许切断她的经济来源是一个不错的主意。康妮觉得万分恐惧，她感到自己面对的男人是如此的陌生和可怕。

在杰米和康妮的婚姻关系中，杰米对康妮采取"婴儿化"的方式来掩藏

## 第四章　潜伏的控制者：小心身边的"亲密敌人"

自己对她的无情操纵，而康妮也根本没有想过向杰米表达自己的愤怒，然而这种对情感的掩藏，却强化了他的惩罚行为。情感勒索者往往会通过观察我们对待他们的态度，来确定勒索我们的程度。杰米的惩罚性行为不断重复升级，最终在她要离开他时，达到了令人痛苦、恐惧的顶点。

上面这个案例所反映出的问题时时刻刻都发生在我们身边，而我们却往往把它当作很平常的事情。很多人觉得，夫妻之间、父母子女之间、好朋友之间，难免会有矛盾和口角，都不是什么大事情，因此很少有人会注意到这其实是变相的心理虐待。这种"虐待"与我们所知道的"家暴"——身体上的暴力不同，精神上的操控和侮辱其实更加恐怖。因为我们意识不到，所以不会加以防护，结果不但自己会受到伤害，而且我们本人也有可能变成无意识的施暴者。

"情感操控"也是心理虐待的一种，译自英文"emotional mainpulation"，指"以感情为武器操控别人的行为而达到自己的目的"这样一种行为。

我们见过很多老夫老妻，相濡以沫了几十年，有时候一个眼神、一个手势，就已经清楚对方的意思。可是，当一对情侣刚刚开始交往，其中一方就经常要求另一方了解他/她的需求；当对方没有意会，或者猜错之后，就责怪他/她不体贴，根本不爱他/她，那么我们就可以判断出，这个人就是一个情感勒索者。

雪莉就是这样一个女孩，她总是对旁人诉说男朋友罗宾对她不关心。她很喜欢一对耳环，希望罗宾送给她做礼物。于是，她拉着不喜欢逛街的罗宾去商场里面，对他说："你看那个耳环好可爱。"罗宾本来就对逛街这种事情心不在焉，而且他知道雪莉对看到的每件衣服或者包包都会说，"你看那个×××好可爱"，所以，他也只是点点头，没有说什么。雪莉生气了，甩了他的手，自顾自地朝前走，而罗宾只是摸摸鼻子，猜不透雪莉又哪里不高兴了。

其实，罗宾一开始还是提出要给她买东西的，只是雪莉什么都没有说，他也只能随便她逛。后来雪莉对朋友说："我分明就是想要那个耳环嘛！我说其他的东西可爱只是随便说说啊！他连我的这点心思都猜不到，一点都不爱我！"两人交往到后来，罗宾越来越无法忍受雪莉这种什么都不肯明说，总是让他猜的交往模式，果断提出了分手。

无论是雪莉还是杰米，他们都从来不会直接用武力威胁对方做什么，而是希望通过让别人产生内疚、惭愧的心理，从而达成自己的目的。他们渴望永远有人能够体会他们的意图，把他们需要的东西在他们还没有开口时就自动献给他们，否则，就会受到他们的惩罚。

我们的生活中，其实充斥着形形色色的情感勒索者，有时候暴力程度强一些，我们能够很快意识到；有时候，这种软暴力并不强烈，以至于我们会习以为常。但是，我们要牢记的是：良好的交流习惯是要努力培养的，无论是对陌生人，还是身边亲近的人，都要表明这一点。如果对方无法接受，那么我们也实在没必要把精力浪费在反复揣摩对方的心思上。

## 设计一道"防火墙"：给自己划定一个安全距离

戴利和迪力普同时应聘到一家公司共事，两人由于性格上有些相似，没多久，就成了密不可分的好朋友。两个人在一起简直是无话不谈，尤其是戴利，认为迪力普是自己最知心的朋友，将自己心里的话全盘托出。但是迪力普却圆滑一些，他知道什么话该说，什么话不该说，无论什么时候，他总能给自己留有一定的余地。

这天，戴利下班以后，发现自己的上司在和一个年轻美貌的女子偷偷约

## 第四章 潜伏的控制者：小心身边的"亲密敌人"

会，很明显，那女子是上司的情人。戴利像发现了新大陆似的吃惊不已，因为平时在下属眼里，上司是个不苟言笑、比较正派的人，并且听公司的同事们说，上司夫妻之间的关系也不错。没想到上司却……

第二天，戴利就把这一大发现告诉了迪力普，迪力普只是笑着摇了摇头什么话也没说，并且给戴利使了个眼色，因为他们公司爱打小报告的艾利森就站在离他们不远的地方。谁知，这话正好被他听到，过了没多久，就由艾利森口中传到上司耳中。

从此以后，戴利在公司的情况可想而知，上司经常"关注"他，并且无缘无故地找他毛病，戴利在公司内实在待不下去了，不得不递上了辞职报告，重新加入了寻找工作的行列。

案例中，戴利由于不懂得用戒备心理，为自己增加一道"防火墙"，被身边的同事算计，吃了大亏。在我们日常交际的周围，会存在一种"有意识的信息操控"。意思是说，在交际中，也许你会无意地透露出某些信息，没有防备任何人，结果却被操控者听了进去，加以利用。比如，你和朋友聊天，会无意中说到某一个投机方法，而这个信息正是朋友所需要的；你和公司的客户聊天，无意中说出公司一个机密，而被客户记在了心里；在午休时间，你和同事一起吃午饭，或是在咖啡厅内与同事聊天，不小心说了些关于上司和公司的坏话，结果隔墙有耳，被某些爱打小报告的人听了进去，传到上司那里，遭到和戴利一样的"待遇"。

有意识的信息操控大多发生在平常的交际中，一些不起眼的、再正常不过的交际，往往会隐藏着巨大的危机，因为在一些正规场合、特定场合的交际，每个人都会对自己的言谈举止有所约束和保留，比如在会议上，在签合同时，在谈判时等。有意识的信息操控多发生在职场交际中，往往会由于自己放松防备，一时失言，被别人抓住你的小辫子。

在交际中，即使你和同事关系不错，相互说一些有关上司和公司的坏话，也不是什么好的行为。同事之间应该是共同进步、共同发展的合作关系，关系好的同事坐在一起聊天、喝酒时，如果总拿对公司的不满来作为话题，也是毫无裨益的。大家你一言我一语地畅怀时，可能感到十分轻松，但这样下去，你的口无遮拦可能会被别有用心的人利用，从而给自己埋下祸根。

**设一道防火墙，在他人面前做到滴水不漏**

有意识的信息操控手段，其实是控制者对我们意识中容易出现疏忽的一种利用。在很多情况下，我们和人交流时，心理状态是完全松弛的，但是一旦被有意者获取，你将会陷入被动或者不利的局面。这就需要人们在交际中，不论和什么样的人交谈，都不能把自己的隐私和想法和盘托出，应该给自己留一点余地。职场心理学里有这样一个法则：没有永远的朋友，只有永恒的利益。我们很容易在与他人交往时完全放下戒备之心，就是因为我们忽略了这样一条法则。所以，在不知道自己周围的人存在什么样的心态时，不能随意发表肺腑之言。在谈论的过程中，即使聊得十分火热，也应该尽量屏蔽与自身利益相关的有效信息。

运用"防火墙法"可以很好地应对这种类型的信息操控。所谓防火墙，顾名思义，就是过滤掉那些具有一定价值、与你个人密切相关、有可能被他人利用的信息。这样一来，从你嘴里表达出来的信息，无关乎两者间的利益，就不会让对方抓住把柄。

如何为自己设置一道防火墙，减少自己无意泄露易被他人利用的信息呢？下面给出几点建议：

1. 只谈论无关紧要的事情。很多容易被他人操控的信息都是在工作时间之外泄露出去的，比如在酒吧、饭桌上、咖啡厅。所以，在工作之外，要对与工作有关的事情缄口不言，只谈论一些无关紧要的话题，这样就不会泄露与之相关的有效信息。

第四章 潜伏的控制者：小心身边的"亲密敌人"

2. 模糊信息。对于一些有效信息，你有时不得不说的时候，可以采取模糊信息的方法，没有必要说得那么透彻。你可以含糊其辞地表达，让别人无法真切地领会。

3. 亡羊补牢。再严密的嘴也会有百密一疏的时候，如果你不小心泄露了不该泄露的信息，你可以对信息加以否定，或者再故意"泄露"一个迷惑人的信息，让对方分不清真假，看不准虚实，达到亡羊补牢的效果。

## 风险评估法：如果没把握，就不要轻易答应别人

张教授是某名牌大学的知名教授，学识渊博、气质儒雅。退休后，他壮志未酬，想下海经商。

一天，一家名气不大的杂志社的主编通过张教授的一个学生介绍，来拜访张教授，想请求帮忙。原来他们这个杂志社有心搞一项文化活动，以扩大杂志社的知名度和募集一些资金，想请他出面相助，因为张教授桃李满天下，颇负盛名，这件事情肯定能水到渠成。

张教授仔细询问了一些情况后，心想，虽然以前自己没有搞过这样类似的活动，但是自己的学生请求帮忙，无论如何也不能推辞。何况，他有很多学生已经开了自己的公司，他们和他一直有来往，而且关系不错，如果他开口向他们要点赞助费，应该是十拿九稳的。于是，他满口应承了下来，说："这件事情肯定没问题，我会利用我这些年的人脉资源，不遗余力地协助你们举办这次活动。"

主编听了张教授的话，觉得这次活动一定会取得圆满成功，所以承诺，如果杂志社的名声打响了，以后会请张教授做杂志社的名誉文化顾问。张教授听了也非常高兴，使出了浑身解数来拉拢与学生们的关系，还隔三差五地

**掌控：** 如何在人际交往中取得主导权

给主编打电话，报道最新的好消息："又有几家公司打算赞助了！""有几家机关单位也准备赞助我们。""我一个朋友的公司也想参与这次活动。"

教授一次次地蛮有把握的回话，使小杂志社主编高兴极了，立即动用各种关系，邀请了一些文化名人，同时为活动积极准备，租场地，搞宣传。

主编等着教授许诺赞助款到位，立即举行活动。但就在这时，张教授忽然销声匿迹了，打电话也没人接。然而，活动又不能取消，不然白白浪费场地费用和其他一些为活动的开销；更重要的是，如果取消活动，杂志社将会失信于人，从此名声扫地。

直到活动举办的前一天，主编才在张教授的家里找到了他。张教授吞吞吐吐地说："实在对不起，我的那些朋友和学生明明承诺好了会参与活动的，但因为他们嫌你的杂志影响力太小，赞助你们的钱并不能帮助他们的企业提高社会知名度，无疑相当于打水漂，我也很为难……"

张教授还在解释，主编早已气得脸色发青："你少跟我来这套，你不是说你不会失手吗？"

这项活动最终让这家小杂志社赔了夫人又折兵。为此，杂志社愤恨难平，专门写了一篇报道说张教授是个十足的伪君子，把杂志社坑得不浅！这件事情还被传到大学里去了，让张教授名誉扫地。然而张教授只是一个文化人，对经商一窍不通，他叹着气说："唉，为了这次活动赞助，我东奔西跑，费尽了口舌，就连自己的面子也不顾了。可谁知开始说得好好的，一定来捧场，到最后让他们出钱，一个个都变成了缩头乌龟，要么说在开会，要么说在出差，全反悔了！这下我成了哑巴吃黄连，有苦说不出，里外都不是人！"

案例中，张教授是好心办坏事，不仅害了杂志社，同样也坏了自己的好名声。这个结果除了与他没有商业头脑、不懂商场规则有关，更与他不懂人际交往中的潜规则密切相关。他不懂得现在企业都是以利益为目的的，让他们白白从腰包里往外掏钱，又没有任何的好处，谁会干呢？而他的那些学

## 第四章 潜伏的控制者：小心身边的"亲密敌人"

生、朋友，刚开始能够答应，可能纯粹是为了给张教授几分面子，不好直接拒绝而说的客套话！

深入分析发现，张教授犯错的原因是因为他处事不够慎重，轻易答应别人的请求，没有对事件进行风险评估，从而无形中被别人所利用。

**慎重一点，别给自己找不必要的麻烦**

在日常交际中，当你身边亲近或者熟悉的人来请你帮忙时，往往会让自己失去思考的能力。这时，你很容易产生盲目的选择，不会认真地对所求之人和所求之事进行分析，做一次风险评估，在自己没有十足的把握下，答应别人的要求，结果给自己带来很大的麻烦。

所以，无论对方跟你关系如何，你都不能因为"情分"而仓促地答应他的请求，而是要在内心暗暗地做一次风险评估，衡量自己到底有多大的把握完成这件事情。在权衡利弊之后，你才能决定是否答应对方的要求。如果评估出的风险值很大，那就不应该盲目乐观地答应别人。

尤其对于亲近之人的请求，你必须更加谨慎地做决定。亲近的人很容易利用你的盲目心理，让你做一些一般人难以做到的事情，而这时你受限于两人的感情，不愿拒绝，只好满口应承下来，最后发现事情并没有想象中那么简单，你自己给自己下了一个"套"。而迫使自己钻进这个"套"的，正是你自己不设防的心理，这种现象在心理学上被称为"亲近性不设防"。

人们在交际中会出现这样的现象：血缘关系越近的，不设防的心理也就越明显，风险值也就越高；血缘关系疏远的，不设防的心理相对比较薄弱，风险值反而低一些。这就好比一个亲戚前来敲你家的门，你会毫不犹豫地打开家门，让他进来；但是当一个陌生的面孔站在你家门外，按门铃时，你会仔细地斟酌，选择性地开门。

那么，如何进行风险评估，不至于让自己陷入困境之中呢，下面介绍几种办法：

掌控：如何在人际交往中取得主导权

  1. 对所求之事的难易度进行评估。有的事情本身难度就很大，对方也许自己没办法完成，希望找一个人来作为依靠，这时你要评估事情的难易程度。难度大，可以直接拒绝。

  2. 对所求之人的可靠度进行评估。有些人会为了获取私人利益来求你做事，如果求你办事的人本身人品就不可靠，那么他所请求的事也很可能不可靠，所以不要盲目答应替他办事。

  3. 对事态发展趋势进行评估。有些事情暂时可能非常简单，但是一段时间后，某些条件发生了变化，就会非常麻烦，在答应前，应该首先审时度势，以发展式的思维来进行评估。

## 时间验证法：谨慎对待他的过分"热情"

  国庆节放假后，财务科的老科长就要退休了。公司决定在老科长离开前，在一批年轻的骨干分子中，挑选一位来接替老科长的位置。消息很快在公司里传开了，科室里的每个人都在为这个事情蠢蠢欲动，尤其是小刘，他已经在公司干了六年了，对于这次千载难逢的机会，他势在必得。

  下班后回到家，小刘的妻子看到丈夫眉头紧锁，坐在沙发上闷不吭声，就问他是不是工作上遇到难事了。于是，小刘把想要接替科长职务的事情跟妻子言明了。妻子听完后，说道："这还不简单，我听说你们老科长爱喝酒，你趁着周末把他邀请到家里来，请他喝一顿酒，然后再给他送点礼。"

  小刘看着妻子比划着，明白妻子的用意，是要给老科长送钱。他犹豫着说："万一这事情最后没有办成，不是偷鸡不成反蚀一把米？"

  妻子听完哈哈大笑说："亏你还是搞财务的，现在公司的账目不都是你在做吗？做个假账不就行了嘛！再说，又不是要你从家里拿钱，你就趁老科

## 第四章　潜伏的控制者：小心身边的"亲密敌人"

长酒醉之时，让他签个字，就算以后被查出来，还是你们老科长担着。"

听了妻子的话，小刘茅塞顿开。

两天后，小刘让妻子准备了一桌好菜和几瓶好酒，把老科长请到家里做客。小刘夫妻一边吹捧老科长在公司的丰功伟绩，一面不停地敬酒。等到老科长醉得差不多的时候，小刘拿出了一个账单，说是公司的一笔财务往来，而且比较紧急，需要老科长签字。老科长喝得高兴，看都没看账单就签上了自己的大名。

晚上，小刘又把喝醉的老科长亲自送回了家，并且在老科长家里放了几盒好酒。

一个月后，老科长退休，小刘顺利地坐上了科长的位置。然而，好景不长，小刘的财务科长的屁股还没坐稳，就出事了。公司的审计组在核对账目的时候，发现了一笔10万元的假账，经过调查发现，做这笔假账的正是现在的财务科长小刘，而获取这笔资金的正是前任科长。

公安机关立即拘捕了老科长，老科长拒不承认自己私吞了公司的钱，但是看着账单上自己的签名，白纸黑字，又无法否认。后来，老科长终于想起了在离职前，去小刘家里喝酒的事情，才恍然明白过来，这笔钱是小刘私吞的。小刘看到纸包不住火了，于是反咬一口，说老科长离职前，想捞一笔养老钱，让自己做了假账，并且说明了资金的去向。

果然，按照小刘的招供，公安机关在老科长的家里发现了几盒名酒，而其中一个盒子里满当当地塞着钱。老科长百口莫辩，但苦于自己没有任何证据，只好白白地背了这口黑锅。

可以看出，老科长就是因为小刘的过分热情，从而犯了原则性错误，在离退休的时候，把自己送进了监狱。对于那些对你过分热情的"朋友"，也许你一时难以辨认，但并不代表他们永远不会露出马脚。

这就需要采用时间验证法。所谓时间验证法，就是指对一个人要长期观察，不要对那些对你过分"热情"的人过早地下结论，因为结论下得太快，会因你个人的好恶而发生偏差，从而影响你对事情的判断。

**让时间来揭开他的伪装**

哈佛大学心理研究学者哈德指出：人的心理因素分为10类，而这10类心理因素就像阿拉伯数字一样，可以形成数学上的排列组合，形成更为复杂的心理因素。所以，当一个人接近你的时候，你很难分辨出他接近你到底是出于什么样的心理。

哈德认为，不管人的心理处在何种状态下，在一定时期内，人们的心理会有一定的趋势曲线，这样可以通过趋势曲线的波动性，判断出这个人究竟是善意的、友好的，还是恶意的、有所企图的。如果一个人接近你是出于善意，那么他的心理曲线会一直保持在波动很小的范围内。如果一个人接近你是恶意的，那么他不可能一直对你友善和热情，这样，他的心理趋势曲线会呈现巨大的波动性，波峰便是他善恶的拐点。

在人际交往中，我们往往不是输给了对手，也不是被明面上的敌人所打败，而是被身边那些"热情"的人所控制。俗话说，路遥知马力，日久见人心，切勿盲目地信任那些热情过头的人。你应该沉下心来，通过时间的验证，就能判断他的过分热情是发自内心，还是另有所图。如果是另有所图，那说明他心中有鬼。他会对你先亲密后疏远，先热后冷，这种人一般没有耐心，时间一长，狐狸尾巴就会露出来。

此外，对于那些过度殷勤之人，你可以礼貌地回应，但千万不能被冲昏了头脑。当不明白对方意图时，你不妨刻意摆出一副冷漠的态度，来打击他"热情"的心理，对他进行一定的心理暗示："我知道你要干什么！"

## 第四章　潜伏的控制者：小心身边的"亲密敌人"

## 拆穿"老油条"的把戏：资历深就有掌控权吗？

刘萍这个周末本来打算和男朋友去欢乐谷游玩，票都订好了，没想到刚走出公司大门就接到了办公室一个"老油条"的电话。"小刘啊，我周末要去医院检查身体，明天的活动就换你了啊，这可是领导的命令哦。"刘萍恨得咬牙切齿，明明是去玩牌还说去医院，可怜自己的欢乐谷计划又没希望了，自己想拒绝都没有办法，谁让人家是老员工呢？

第二天，到了活动地点一看，晕啊，怎么这么倒霉，刘萍发现和自己搭档的竟然是另一个"老油条"。这个老员工仗着比她有资历，总是对她的工作指手画脚，"明明自己做得很好，为什么她总是挑三拣四呢，简直就是鸡蛋里挑骨头嘛"。为了表示抗议，活动的第二天，刘萍借病推脱就没去，她说："哼，既然你那么有本事，那活动你自己一个人负责好了！"

很显然，刘萍的这种做法是极不可取的，"报复"不能解决任何问题，只会上这些"老油条"的当，最终受伤害的还是自己。

几乎每个公司都有这样一批老员工，他们可能是公司的"开国元老"，也可能是企业的中坚力量，反正都是一些让人头痛的"老油条"。他们都为公司立下了汗马功劳，推动了企业的发展，但是这些人凭着自己的资历和经验，总喜欢为难新人，对他们指手画脚，甚至会想方设法把自己不喜欢的新人赶出公司。

据一些调查研究表示，很多老员工对新员工，尤其是接受过高等教育、有一定能力的新员工有抵触心理，总是认为新人们"眼高手低"，不能担当大任，需要自己的调教。不可否认，"眼高手低"是新人们普遍存在的一种现象，但是面对这些"老油条"，新人还要学会保护自己，不能栽倒在他们的城府之下！

不过，话说回来，面对着这样一群年纪比自己大、经验比自己丰富的老员工，职场新人心里的忐忑不安是可想而知的。那么对于职场新人们来说，如何增添在老员工心中的分量？怎样才能博得这些老员工的"青睐"？怎样才能少走弯路，在风起云涌的职场中获得宝贵的经验呢？现在我们就来看看心理专家为职场新人开出的心理方子吧！

**对阵严谨治学型"老油条"**

也许你的办公室就有这样的人，他上班从不迟到，办公桌永远都是整整齐齐，看到哪个同事迟到一分钟也会马上记下来；看到谁的办公桌不整洁，他也会立刻上前说一通；假如你写的材料出现了哪怕是标点符号的错误，他也会唠叨个没完，"你看看标点符号用错了多少？这样的东西怎么能拿给总经理看？还硕士毕业呢，连从小到大都在学的东西都用不好……"对于这样的"老油条"，我们不妨转化一下心理观念，"既然自己是新人就要不断学习，既然别人都能忍受他这么多年的唠叨，我为什么不能呢？"

不要这样想："怎么这么烦人，多大点事儿啊！"而要这样想："这个老家伙还不错，干活一丝不苟，肯定能让我的工作能力快速提升，这样的好事让我遇上了，我很幸运！"

**对阵牙尖嘴利型"老油条"**

和一丝不苟的人相仿，还有一种人属于牙尖嘴利型，不仅是唠叨，说话还带刺，还会不时说你的坏话，这样的人往往极难相处，在一起工作的时候你还要跟他们赔着笑脸。也许你会觉得他们真没素质，完全是小人得志，明明是本职工作，为什么还一副趾高气扬的样子？

遇到这种情况，可以这样想：他们之所以能得到领导的重任，自然有他

# 第四章 潜伏的控制者：小心身边的"亲密敌人"

的高明之处，素质"低"但有能力。如果他不影响你的工作那就能忍则忍，做好自己的本职工作要紧。如果他影响你的话，你可以通过同事或其他渠道摸清他的底细和弱点。然后找准机会旁敲侧击，趁势出击，当然不能以争吵这样的极端方式来解决，否则会严重影响你在公司的一切事务。

### 对阵才华横溢型"老油条"

几乎所有的职场新人都会犯一个错误——高估自己的能力，却又在发现自己和他人的差距后妄自菲薄。毕业时觉得自己才华横溢，踌躇满志，准备在工作岗位上大展宏图，可是最后却发现自己一无是处，只能老老实实当一个小兵。而且那些才华横溢的老员工对新人总是一副不屑一顾的表情，说话颐指气使，脸上也整天不见笑容。出于这种情况，新人千万不能自卑，而要把腰板挺直了，相信自己！这时一定要虚心向他们学习，然后做好职场规划。比如：1年内成为熟练的业务能手，3年内成为业务人才，5年内成为行业专家。有了这样的目标，我们就不会急于求成，也不会因为老油条们的蔑视而自卑了。

### 对阵倚老卖老型"老油条"

"老板，我认为这个方案可以这样调整一下……""我看这样就不错，原来也是这么做的，有什么问题吗？我们公司这样的案子做得多了，你才来没多久，可能还不太了解吧！"这就是职场新人和"老油条"之间很经典的两句对白。很多老员工喜欢"倚老卖老"，不接受新人提出来的任何意见。

对于这样的老油条，只要不涉及原则问题，就不要逆着他，必须跟他处好关系。如果他总是为难你，那你就要采取主动战略，试着去扭转这种局面。具体来说，可以采取这些方法：投其所好，多向他请教问题，满足他的虚荣心；多找机会去赞美他，拍他的马屁；遇事主动点，多帮他干活；脸皮厚点，多跟他聊天等等。没有人天生是铁石心肠，没有多少人能够长期抵抗

掌控：如何在人际交往中取得主导权

糖衣炮弹的袭击，最终他就会接纳你。

新员工除了以"新妇"的心理来对待"姑婆"外，还应该拿出真材实料来证明自己，这样才能不受"姑婆"欺负。人性都是有弱点的，再强势的人也有可乘之机。我们一方面要警惕这些人性弱点的侵害，采取各种方法去化解；另一方面也要拿出自己的真本事，让这些老油条们服服帖帖，从内心佩服你！

## 情义和利益的博弈：交情是否能战胜欲望

战国时期，魏、楚两国都是秦国的邻国，商鞅向秦孝公建议：如今魏国刚被齐国打败，大将军庞涓已死，如果此时，举兵伐魏，魏不能敌，就会迁都到河西。那么，魏国的大片土地就被秦国所占有，帝王之业可成也！孝公于是派商鞅为大将军，领兵伐魏。

商鞅率兵出发不久，消息就传到魏国，守将向魏都告急。魏惠王派公子印为大将，前来抵御秦军。

在此之前，商鞅曾到魏国求仕，那时住在公子印家里。在这期间，商鞅同公子印建立了深厚的交情，公子印也向惠王多次推荐商鞅，惠王仍然不肯重用。

商鞅率兵伐魏，名则是为了秦国开疆拓土，实则也是报复魏王当年冷落自己。他听说前来抵御自己的是公子印，已经率领大军进屯吴城，吴城是魏国一座门户坚城，易守难攻，但是商鞅有了自己的主意。

商鞅给公子印送了一封信，谈起以前的交情，在魏国时受到的种种照顾，就如同亲兄弟骨肉一般，未曾报答。如今，魏国派他来守西河，商鞅绝不敢骨肉相残，情愿缔盟结约罢兵回去，并且约定在城外玉泉山布衣相会，

## 第四章　潜伏的控制者：小心身边的"亲密敌人"

一来商定盟约条款，二来十余年未见，相叙昔日旧情。公子卬看了商鞅的信，言真意切，深为感动。他知道商鞅是个稀世之才，在秦国得到了重用。现在两方面各为其主，带兵对垒，能够和平解决争端，不厮杀当然最好。

于是，公子卬答应赴会，见见昔日好友，还送给商鞅很多礼物让使者带回，一如商鞅离开魏国时赠送盘缠用物那样丰厚。商鞅也回赠了珍贵的白璧，借以表明友谊像白玉一般无瑕。

两人约定，三日后在玉泉山会面。

吴城守将提醒公子卬应提防商鞅，恐怕是一个陷阱，并请求自己带兵接应。公子卬却一口回绝："你把我的朋友看成什么人了？我们知己之交，人间难得，他怎么可能欺骗我呢。"

公子卬毫不戒备，脱去戎装，只带着几个随从和一支乐工到玉泉山赴会。此时，商鞅早已经备酒等候，故友重逢，忆起当年在一起的时光，都非常感慨，纷纷坠泪。

公子卬见商鞅一身布衣，随从都不带兵刃，足见商鞅态度真诚，于是把还存有的一点戒心都抛掉，深为有这样一位朋友而欣喜。

两方很快摆下了酒宴，觥筹交错，乐工起舞歌唱，场面一片祥和。酒酣耳热之时，公子卬提出签订停战协议，商鞅却叫魁梧粗壮的捧盘侍役再一次敬酒，公子卬觉得商鞅太客气了，不以为意，突然见到商鞅的神色一变，两个捧盘的力士牢牢压住公子卬，原来这两个扮作捧盘侍役的都是秦国绝顶的力士，可以力举千钧，生擒虎豹，公子卬一下就被制服了，动弹不得。

公子卬这才猛然醒悟，向商鞅怒道："你怎么能够欺骗我？"商鞅答道："暂欺一次，尚容告罪。以前承蒙公子款待，难以为报，所以我准备请公子到我家做客，以报答昔日的恩情！"由于毫无防备，公子卬手下亲随、侍役等人全被拿住。这时，商鞅命军士脱去公子卬等人的衣服，穿到秦兵身上，带人赶往吴城。城上的人见公子卬车队回来，以为和约缔成，一时也没在意，立即打开了城门。城门一开，秦兵一拥而进，逢人便杀，商鞅亲率大军紧跟其后，一举抢占了吴城。

守城将士纷纷弃城逃遁，秦军迅速扫荡了西河全境，魏惠王在两年中接连败给了齐国和秦国，元气大伤，不得已和商鞅订了城下之盟，把河西之地全部割让给秦国，呈上河西版图，并迁都大梁。

商鞅班师回国，被秦孝公封为列侯，封地十五邑。

亚当·斯密在《国富论》中说过："人，天生并将永远都是自私利己的。"上面这个故事就是对这句话最好的诠释。

公子卬没有想到商鞅是如此不重情义之人，为求一战之胜不惜以情义作钓饵，把诺言当钓钩，对人性没有清醒的认识，只能被其所害，自认倒霉。

**人对利益的追逐是永恒的**

最值得信任的人，往往是最具危险性的人，心理学家波拉克把交际中出现的这种现象称为"不对称性效应"。所谓的不对称性，就是当你非常信任某个人时，你对他的警惕性会降低，而他的可信度跟你对他的信任程度并不匹配，这种信任心理的不对称性，会阻碍我们对客观事实的分析，让我们盲目地相信对方的一切行为。

背信弃义的前提是人对利益产生了极强的欲望，让欲望凌驾于道德和情义之上。欲望的介入，使得人与人之间的平衡关系被打破，造成了信任关系的破裂，从而产生了我们所说的信任不对称性效应。

一旦你与他人之间出现了信任不对称性，往往会带来不可估量的伤害和损失。所以，不管我们与身边的人关系怎样，都要长一个心眼，即使你认为对方是一个可信度很高的人，也不能完全信赖他，因为你不知道他在面对利益时，是会选择与你的友情，还是选择跟随内心的欲望。如果你们的关系真的涉及了利益，不妨寻找一个你们都认识的人作为中间人，他可以在你不方便出面时，充当你们之间交际的媒介。这样有两个好处，一是中间人可以站

## 第四章　潜伏的控制者：小心身边的"亲密敌人"

在局外人的角度对整件事情进行判断，帮助你做出理性的抉择；二是当你不便直接拒绝对方时，由中间人出面则不会太尴尬。

最后，一定要注意，在不明情况下，你必须做好防范的准备，即便没有背信弃义的事情发生，做好防患于未来的应急预案，也是对自己的一种保护。

## 提防身边的"暗箭"：为什么身边的人无缘无故远离你

艾米·史密斯医生端着一杯茶，看到她的同事杰姬医生从大楼外面款款走来。杰姬很优秀，优秀得让艾米觉得，自己不得不痛恨她。艾米和杰姬7年前一起在这家医院作博士后研究，那时她们就结为好友了，至少在杰姬看来是这样。但现在，艾米听说杰姬或许会得到一个投资巨额的新项目负责人的职位，这让艾米无法接受。

杰姬走到草坪上，她抬头往上看，注意到艾米就站在办公室的窗边。她朝艾米挥了挥手，艾米羞涩地对她笑了笑，也朝她挥挥手。

就在这时候，艾米的手机响了，助手通知她今天第一个病人到了。这个病人名叫威廉，是个挺拔、英俊的男子，如果他看起来不是那么怯懦就完美了。

其实，威廉是杰姬的病人，而艾米只是他行政意义上的负责人。他们会一周见面两次，了解他目前治疗的情况，从而评估他是否可以出院。艾米已经从杰姬那里得知，威廉的病情已有了极大的改善，她计划安排他出院。

现在，威廉就坐在艾米·史密斯的面前，努力让自己表现得好一点，不再是一个妄想症患者。

"威廉，我听说你觉得自己已经好多了。"

"是的，史密斯医生。我整个人都感觉轻松了很多，也没有那么多的杂念了。"

"为什么你会认为这些念头再也不会来烦你了呢？"

"你知道吗？这是因为我很认真地练习杰姬医生教我的自我治疗的技巧，我觉得她的办法很有效……嗯……我想杰姬医生也是这样鼓励我的。"

"你的意思是，杰姬医生认为你可以出院了？"

"对，她是这么建议的，就在昨天……哦不，前天说的。"

"真的吗？"艾米显得很困惑地看着丹尼斯，"她可不是这么告诉我的。"

威廉浑身一颤，他的双手开始无意识地相互绞缠着："你这么说是什么意思？"

艾米故意发出一声充满同情的叹息，她怜悯地看着威廉，并从办公桌后面起身走到威廉旁边。威廉害怕地瑟缩了一下，仿佛艾米会伤害到他。

艾米很清楚妄想症是怎么回事，她知道威廉已经开始怀疑杰姬背叛了他，即使他前一刻还认为杰姬是他在这个世界上唯一的朋友。

"杰姬医生告诉我，她判断你现在比刚进来时严重多了，她从来没有同意让你出院。她说，你可能会借她的名义让你出院，这说明你已经很危险了。"

威廉脸涨得通红，但他保持着沉默，他没想到，这次竟然是他最崇拜、最信任的杰姬医生背叛了他。

艾米看他没有说话的打算，就打电话让助手进来，他们把威廉带了回去，重新用药治疗。艾米很有把握，威廉不会跟任何人说刚刚他们交流的内容。艾米感到心情舒畅，因为杰姬刚刚失去了一个很不错的患者——威廉是一个大有来头的老板的侄子，同时也是她即将接手的项目的投资方。艾米不会被任何人怀疑，她会把这个病人交给其他的医生，然后杰姬的医术就会成为大家讨论的焦点。

## 第四章 潜伏的控制者：小心身边的"亲密敌人"

在杰姬毫不知情的情况下，艾米就这样借着可怜的威廉，在医院中散播对杰姬的怀疑、猜忌、不和。艾米是一个技巧高明的操纵者，她利用十分隐蔽的手法，随心所欲地玩弄她的病人，而周围人根本没有察觉！

尤其当团体的负责人是一个操纵者时，他就有能力让团体成员的关系失衡。艾米利用自己的职位之便，让自己嫉妒的杰姬失去了作为一个医生的名誉。有时候，操纵者要想制造不和，只需要一句话，就能达到目的，但最可怕的是，他明明伤害了对方的感情，却又表现得是为他人着想。操纵者经常利用一种迷惑人的逻辑：如果对方通过另外的方式来知晓这个坏消息的话，结果会更加严重，而他这么做的目的就是为了让对方免于伤悲。

当你作为一个新人加入某个团体，比如进入新的单位，组建新的家庭，加入新的社团，你发现你与周围的人渐渐产生裂痕，那么就应该提高警惕了。往往是那些你认为值得信任的人在捣鬼，如果总有人对你说"以前我们大家相处得可好了"，或者"我真搞不懂最近究竟怎么了"这类的话语，那就说明你身边有人是挑拨离间者。

**周围的人太较劲，你该怎么闪躲**

心理学家研究指出，当别人喜欢嫉妒你时，往往是因为他们的嫉妒心理作祟，嫉妒你工作、生活都比他过得好，于是他也想拥有和你一样，甚至超过你的生活状态。

可是，事实上，他的预期往往并不能快速实现，这种嫉妒心理会造成一定程度上的心理扭曲：既然没有办法达到你所处于的幸福度，那么可以采取某种手段，降低你的幸福度。这种嫉妒被叫做非理性嫉妒心理。一旦和你交际的人，出现了这种心理，你必须采取防备措施，因为他将采取的行动都是不利于你的。

对你来说，和你交际的人，他们的嫉妒心理往往具有很强的隐蔽性，那么，如何识别出在交际中，对方是否产生嫉妒心了呢？一般来说，他们会有如下几种表现：

1. 经常对你的观点横加批评。有的人虽然各个方面都没有你优秀，但在交际中，他会因为嫉妒心，故意批评你，即使他在心里认同你的观点。

2. 处处针对你，总希望给你找点麻烦，甚至在公共场合"不小心"揭露你最忌惮的隐私。

3. 假装对你讨论的话题不感兴趣，但是暗地里却对你的一举一动很留意。

4. 总是一副羡慕的眼神，却喜欢说一些讽刺的话。

如果在你身边出现了这类人，你就必须得提高警惕性了。

## "捧杀"的陷阱：他为什么会无条件地赞美你

世界上杀伤力最强的武器是什么？导弹、氢弹还是原子弹？

错！是糖衣炮弹。而最擅长使用这种武器的，就是我们所说的马屁精。

提起马屁精，你肯定会嗤之以鼻，不屑地"哼"一声。这些人总是在领导面前溜须拍马，他们的嘴上像抹了蜜，睁着眼也能把臭的说成香的。他们往往从别人的一个眼神就能知道对方在想什么，而且每句话、每件事都能投其所好。所以，这些善于给人戴高帽子的马屁高手往往在职场的各个角落都会有成长的土壤，让人防不胜防！

心理学研究发现，"拍马屁"其实是一种病态行为，这种行为的形成是有一定心理原因的。这些人大多在成长过程中，特别是婴幼儿时期和童年时期严重缺乏父爱和母爱，所以缺乏心理安全感。成年以后，有些人就会形成过度的替代性补偿。他们往往会把代表着权力的领导当成早年父母的化身，用讨好领导的方法去寻求早年缺失的父爱和母爱。溜须拍马，会让他们感觉

## 第四章　潜伏的控制者：小心身边的"亲密敌人"

到一种被关注、被重视、被肯定的情绪，获得心理上的安全感和满足感。

明白了"马屁精"的心理成因，我们就要冷静地看待他们的行为，不能偏激地认为他们一无是处，也不可对他们敬而远之。对这类小人，我们应该主动表示理解和宽容，如果你足够有能力，不妨和他们斗智，在斗争中还可以抬高自己的职场应变能力。

K所在的部门就有这样一个马屁精，我们姑且称之为L。L在工作上几乎一无是处，他唯一的优点就是会拍领导的马屁，而且还喜欢挑别人工作上的纰漏，他常常打着领导的旗号查K的岗，挑K的毛病。

对这个马屁精来说，阿谀奉承就像本能一样。他年纪也不小了，但和领导坐车的时候，总会抢在司机下车前给领导开车门。这样一来，连领导都有点不好意思了："你看，你这么大年纪了，哪能让你开车门啊？"L却说："这有什么啊，您看古代的小皇帝，大臣们还得下跪呢。"还有，他很会替领导说话，领导挪用了公款去看病，大家都心知肚明，可他却当着领导的面在外人面前大赞领导，还说："我们的领导一直都是廉洁的楷模，你们看，这么热的天，他连空调都不开。"其实，领导是在发高烧！

还有一次，K和部门的几个同事在一张桌子上吃午餐，L则单独在另外的桌子上。人们不喜欢他，他也不喜欢和大家在一起。大家正在吃饭的时候，公司的董事长也来餐厅吃饭，L看到领导来了，急忙拿着餐具挤到了K的身边。董事长过来问话的时候，L急忙答话，抢着表现自己。领导走后，他又拿着餐具回到了原来的桌子上，真是个地地道道的阴险小人！

更可恶的是，L还喜欢挤兑同事，一次领导给大家开会，说让大家想想办法拓展一下业务。K正要说话的时候，却被L抢先了，他说："是啊，咱们部门确实有些懒散。"他一边说，还一边看着K，K一时也不知如何是好，感觉自己像只木偶。

这种马屁精，除了在领导面前装好人，还喜欢在同事背后打小报告。他们的心眼很狭窄，无论是公事还是私事，他们一有机会就会在领导面前狠狠地告你一状。可以说，几乎所有的职场中人都遇到过L这类马屁精，他们开会的时候永远坐在第一排；集体会餐的时候就算自己已经喝得酩酊大醉，也要跟领导推杯换盏；任何时候都保持警惕，伺机捕捉能巴结领导的机会。

那么如何对待这种马屁精式的同事呢？我们前面已经分析过他们的心理特点了，下面我们就针对他们的心理来采取相应的对策。

这种人一般都缺乏良好的家庭教育，所以素质可能比较低，假如他们做得不是太过火，平日里最好不要去招惹，要尽量避开他们；就算是他们千方百计地来笼络你，你也坚决不要加入他们的圈子。如果你不幸与这样的小人相遇了，就要看准时机，在他们开始居心叵测的时候，"先下手为强"，向更高层的上级揭发他的阴险目的。

如果他已经向领导打了小报告，你也预料到领导会对你产生成见，那你唯一的办法就是主动去找领导，在领导面前把事情讲清楚，尽量用事实说话，这样小人的流言蜚语自然就会不攻自破。假如小人当着领导的面让你下不来台，这时，千万不能立即反驳，更不能发怒，这样做就会中了他们的奸计。领导问话的时候，我们也不要刻意回避，还是要有理有据，用事实说话。如果小人穷追不舍，问一些很尖锐的难题，我们不妨用幽默的方法去化解。

对待这类马屁小人，我们还可以采用怀柔政策。既然躲不开，不妨就去主动结交一下，比如他家里有事，我们也可以适时问候一下；他工作上有了困难，我们也可以适当帮上一把，这样做的目的是不让他在领导面前搬弄我们的是非。当然，我们这样做的同时还要注意和其他同事保持好关系，无论谁求你帮忙，也无论是公事还是私事，即使不能帮，也要表示一下自己愿意帮忙的态度。如果他对你也用上溜须拍马这一招，那你就更要小心了，给你戴的高帽子也许暗藏着杀机。

# PART TWO

建立强大的思维和行为模式，
由内而外训练掌控力

第五章

# 掌握赢家思维模式，
# 走出人际博弈中的困局

> 我们之所以常常被困于一隅，在社交中进退维谷，是因为我们存在思维盲点和逻辑漏洞。而"动态预备""拨反为正"等社交模式，让我们既能够维护自己的界限，又不会触犯他人的利益，这才是聪明人应该具备的社交技能。只有站在博弈层的最高点，培养一种缜密的思维方式，客观看待、全面分析，才能运用最有效的策略走出困境。

## 突破思维局限：跳出思维框架，走出人际困局

心理学专家西蒙斯和查布里斯曾做过一个有趣的实验：

实验内容是观看一段视频，在视频正式播放前有一段提示文字：数一数，身穿白色运动服的人一共传了几次球？注意哦，是穿白色运动服的人！

然后，视频开始播放，视频中有六个人在互相传球，其中三个人穿着白色运动服，另外三个穿着黑色运动服。他们传了大概三十秒左右的球，实验者问被试人员：穿白色运动服的人一共传了几次球？答案并不统一，有的回答 15 次，有的回答 13 次，有的回答 16 次，基本次数在 15 次左右。你觉得哪个答案是正确的？你可能会产生疑问：我都没有看过视频，我怎么知道他们传了几次呢！但是，这个实验的目的并不是想考察被试人员的注意力和数学能力。

实验者紧接着又问了被试人员一个问题：刚才有一只大猩猩穿过传球的人群，你发现了吗？多于一半的人都觉得这个问题在故弄玄虚：什么猩猩？只有穿黑白运动服的传球者！于是实验者在被试者面前快速倒带，在倒带的过程中，被试者们都纷纷惊呼：太不可思议了！大猩猩不仅堂而皇之地从传球者中间走过，期间竟然还停顿了一会，对着镜头捶胸顿足。

研究者后来把眼动仪带入了实验，发现人们的视线轨迹有一段时间确实落在了大猩猩身上。被试者并非没有"看"到这只庞然大物，只是没有"注意"到它而已。

为什么我们的注意力和视线会不同步呢？科学家们解释道，我们的大脑

## 第五章 掌握赢家思维模式，走出人际博弈中的困局

在处理注意力时有两种方式，一种是"自上而下处理法"，另一种为"自下而上处理法"。前者是一般感觉信息的处理方式，通常无需特别的思考，比如看到一朵红色的花，我们无需进行复杂的处理就能感知到它的颜色；后者需要大脑作为指挥官，经过各感官的协调运动，然后再进行精细的加工才能得出结论，比如案例中所提的问题，"穿白色运动服的人传了几次球"，我们不能马上得出答案，需要观察和计数。

虽然后一种方式的处理过程非常细致，但也有不可忽视的漏洞：当我们专注于处理当前问题时，大脑会减弱对周边其他事物的注意，进入无需思考的"自下而上"模式，把他们都视为理所当然。因此，当专注于传球次数时，大猩猩就会被当作是合理的出现，为被试人员忽视。

这是我们生理上天生的规律，无法被打破，但也让我们认识到，漏洞有一必会有二，大脑所产生的局限是必然的。我们不能改变大脑的构造，却能改变我们的认知。当我们了解到思维的局限时，我们就能有意识地去改变。困在围墙中的人们不是不想出去，而是他们没有意识到自己被困住了。我们来看一个关于著名教育家孔子的故事，想想这里面出现了怎样的思维困境：

有一次，孔子和他的弟子们被困于陈、蔡边境，连续七天都没有吃一粒米。孔子的弟子子贡看到大家个个饿得脚步虚浮，眼冒金星，于是突出包围，用自己身上有价值的物品换来了一石米，回来后交给颜回和子路烹煮。

颜回和子路找了一间破屋子为大家煮粥。期间子路离开了一会。在他离开的时候，子贡想来看看粥煮得如何了，却见到颜回用勺子舀了一口粥自顾自地喝了起来。子贡以为颜回趁人不注意在偷吃，他心里很不高兴，把这件事报告给了孔子听。

孔子听后，说："我相信颜回的品性，虽然你说亲眼看到了他偷吃粥，但我不能凭你的描述就怀疑他。可能里面有什么隐情呢？我去叫他来，你别出声。"于是，孔子喊颜回说有事要问他。

"前阵子，我梦到了祖先，怕是想赐福于我们吧？你煮好了粥拿进来，我们先祭祀，再大家一起食用。"

颜回回答说："这粥是不能用来祭祀祖先了。"

"为什么？"

"刚刚那间老屋子的房顶上掉下来一些黑色尘土，恰巧落入了粥里。我提起锅子想把它倒了。又觉得那么一大锅粥倒了很可惜，而且是子贡好不容易带回来的，就把带有尘土的那块给吃了。我已经动过了这锅粥，恐怕不能再用于祭祀了。"

孔子点了点头，看向站在一旁的子贡说："原来是这样，换了我，我也会这样做。"

子贡看到颜回往嘴里送粥，想当然地以为他在偷吃，但颜回只是不想让大家吃到这块脏东西。在日常生活中，我们总是很容易相信自己的所见，但所见并非一定为实。许多有趣的视觉图片已经向我们证实了这一点：一张黑色的画布上画着几条横竖都均匀的灰色的直线，直线的交叉点是白色的圆圈，但当我们观察时却能看到许多小黑点在这些白圈中跳来跳去；我们面前是一张风景画，但若从稍远处看过来，风景画实际是一张人脸。

在人际关系中也是这样，想要走出困局，第一步你就得认识到自己处于怎样的困局之中，不被以往的思维捆绑住，站得稍微远一些，跳出思维框架，突破思维界限，才能更好地认识自己，认识他人，掌握主动权。

## 摆脱情绪干扰：理智思考，做自己的主人

豪伊在一家500强企业中工作，他的各方面能力都十分出色，学习速度

## 第五章　掌握赢家思维模式，走出人际博弈中的困局

快，办事效率高，考虑周到细致，老板的要求他都熟稔于心，每次都能出色地完成项目，深得老板肯定。同时同事们也都喜欢和他合作，虽然豪伊脾气火爆，但性格率真，有一说一，总能一针见血、就事论事地指出漏洞并及时补救。如此优秀的豪伊却一直只是小组组长，很久了也没有得到提拔。和豪伊同期进来的凯尔已经是隔壁部门的总监了！公司里每个人的业绩都会张贴在门口，凯尔无论能力还是业绩都不如豪伊，为什么老板一边对豪伊赞赏有加，一边迟迟不给他加薪呢？

豪伊心里十分不平，就升职一事也和上司理论过很多次，但每次风风火火地走进上司的办公室，上司总是准备好很多理由来搪塞自己。"豪伊，你在基层已经有着坚实的基础，让你领导新人我才放心啊！"每次听到这样冠冕堂皇的理由，豪伊总是憋着一股气，但又不能对着领导咆哮。久而久之，他就将这股情绪转移到了工作中。同事们虽然喜欢和他合作，但都对他有些忌惮，不敢轻易与他搭话。豪伊就像一件易燃品，一点就着。

豪伊真的不知道是哪里出了问题，自己劳心劳累却永远得不到提拔，而同期的甚至比他资历还潜的同事每天优哉游哉的，倒是节节高升。

豪伊的问题出在哪儿？情绪。他迟迟等不到升职，就冲到领导办公室向他抱怨，而且将这种情绪带到了工作上，即使他工作能力再强，领导也只是赞扬他的能干而不会提拔他。

控制不好自己的情绪真的那么严重？

我们不如来想想，人的一生中哪个时期最不能控制自己的情绪。那个时候你可能已经记不得了，但你的父母一定记忆犹新——那是在你小时候。小时候的我们刚树立起自我意识，对世界的认识也只局限于家庭，再大也不过是社区、学校。我们对外界的认识如此有限，因此会有种站在世界中心井底之蛙般的优越感。随着年龄的增长，我们见识得越多，就越清楚社会的各种规则，这些有形和无形的规则让我们不能再随心所欲。任意发泄情绪，在童

年、少年时期发生都是理所应当的，但一旦成年，进入工作岗位，这种状态就会被视为不成熟、不理智了。

升职不只意味着职位的升迁，升职所带来的，除了更加丰厚的薪资，还有更加复杂的人际关系和更加巨大的压力。越往上层走，管理上的问题也会越多。豪伊面对的将不再只是各种项目的业务问题，更重要的是人事上的管理。老板的确认可豪伊的能力，但豪伊在情绪控制上的缺陷他不可能不注意到，同事们也不敢与豪伊进行日常交流。正是这个缺点让豪伊一直待在一线，只单纯地解决工作中的问题，而不必处理社交上的矛盾。老板给豪伊的不能升迁的理由并不是随意找来的借口，而是在对豪伊作了全面考察后的判断：豪伊更适合留在基层而不是管理层。

人有着社会属性，所受到的压力不仅来自于工作，还来自父母、亲戚、朋友等人际关系中的各个方面。每个人都会有心烦意乱的时候，这是正常的现象，但发泄心中苦闷的方式不应该是任意妄为。这就是现在不少公司中都会设立一间"情绪发泄室"的原因，在这间屋子中你可以尽情地宣泄自己的情绪，但走出发泄室，你将回到社会中，你不能再把自己的情绪带给同事、上司，他们无需为你的情绪买单。如果你还不能意识到自己的情绪，那么不妨尝试以下几个步骤：

告诉自己平静下来。这是第一步，也是最难做到的一步。当一个人处于极端情绪时，很难做到让自己平静下来，这时候你就需要努力再分化出一个区别于极端情绪的声音来控制住它。停下手中的一切事情，平视远方，深呼吸。你甚至可以说出声："平静下来，平静下来。"

理清情绪来源。平静下来不代表情绪已经消失，它仍然存在，并在无形之中左右着你的行动。这时候可以尝试着描述现在的情绪，比如："我很愤怒，凭什么凯尔先升职了？他的能力不如我，他的业绩也不如我！"在描述情绪的时候，往往你就能意识到自己的情绪为什么会产生。豪伊的情绪产生于与凯尔的比较，这时候就要抽离出以往的视角，看看是否对凯尔的了解过

## 第五章　掌握赢家思维模式，走出人际博弈中的困局

于片面，老板提拔他一定有他的过人之处，而自己不被提拔，也一定有某种原因。一味地否定和压抑情绪并不是一种好方法，你应该先正视它，找到负面情绪的根源。

寻找解决之道。现在你能更全面地了解自己和他人了，你清楚了它的来源。情绪在这一阶段不再是虚无缥缈的感觉，而是可以由自己掌控的实物。你可以选择一个方式摆脱它。每个人都有摆脱情绪的方式，有人喜欢大哭一场，有人喜欢疯狂地购物，有人喜欢在运动中释放，有人喜欢在旅行中慢慢抹平，还有的人喜欢埋头奋进精进自己……就看哪种方法最适合你了。

**别让情绪成为他人摆布你的突破口**

我们之所以情绪爆发，一般都是因为某部分没有被满足，而这部分，可能才是最真实的自己，它揭露了你内心深处的需求和愿望。因此，情绪的失控实际上是把自己最脆弱的一部分暴露在外，这时候就很容易受到别人的摆布。在调控自己的情绪时，也要记住不要被他人的情绪所影响，不然很有可能被他人控制。

一年前，墨菲和茜茜同时竞争一个升职机会，最后墨菲赢了，成了茜茜的上司。墨菲本以为自己的胜利会让茜茜出现逆反情绪，但茜茜好像并没有表现出对墨菲的不满，反而表现得很热络。只要需要茜茜配合的地方，她都能完成得很好。墨菲升职后，一直对茜茜感到很抱歉，对于茜茜的通情达理很感动。在墨菲心里，茜茜和自己仍然处于一样的位置，她对茜茜越来越信任，一些宏观的计划也会事无巨细地告诉给茜茜。

然而，茜茜毕竟竞选失败了，时不时仍会表现出沮丧和落寞，却在表面上努力地保持平常。只有和墨菲一起加班时，她会时不时地抱怨："真是太辛苦了！我一点也不想在这儿干了。"这就更激起了墨菲的同情，她抱着茜茜的肩膀说："别这样想，亲爱的，我相信你的能力，你以后一定会更好的。"

更何况，我们公司最近又有一项大的举措，会提供给你更多机会……"

不久后茜茜越过墨菲，给大老板递交了辞呈。大老板认为墨菲这个上司没有尽到责，于是叫墨菲到办公室来解释。墨菲说："她从来没跟我说过啊，只是在加班的时候抱怨几句……"大老板却说自己听到了另一个版本："茜茜说已经口头跟你说明很多次了，但你完全没有注意到。她没有一点前兆地离职，这让我们多措手不及！你知道她现在在哪儿吗？在和我们竞争的公司啊！"大老板看了墨菲一眼，"关于公司的情况和一些既定的计划，你没有跟她说太多吧？"墨菲不知道该如何回答了。

墨菲过于关注茜茜的情绪，把安抚她的情绪视作自己的责任，茜茜就是利用了墨菲的内疚感控制了她，让墨菲不自觉地将一切都全盘托出。如果墨菲更理智地处理与茜茜的关系和情感，清楚认识到茜茜的竞争失败和她没有一点关系，那么她就不会被茜茜牵着鼻子走了。

## 动态预备：不畏炮火，做个骄傲的"靶子"

苹果公司现以它时髦的产品和卓越的用户体验获得了全球成千上万人的追捧。但在20世纪80年代时，它曾一度陷入危机，它的市场份额从本来的两位数跌到了一位数。后来乔布斯回归，对苹果公司进行了大刀阔斧的改革，停止了走上歧途的研发和生产模式，转而开始研发新产品iMac和Mac OSX操作系统。

1997年，iMac面市，它透明多彩的外壳吸引了许多人的目光，苹果公司开始慢慢走出低谷。刚进入21世纪，乔布斯预感到今后的电子商品都将围绕计算机展开，于是开始着手研发iTunes和iPod，iPod的设计突破了传统

## 第五章　掌握赢家思维模式，走出人际博弈中的困局

MP3 的设计和唱片行业规则，现在通过 iTunes 能把音乐播放器和电脑连接起来了。

2007 年，乔布斯又瞄准了手机行业，推出了搭载 iOS 系统的手机。2010 年是苹果公司的手机巅峰之年，这一年它们推出了新一代手机，漂亮的设计和流畅的用户体验激起了全世界的购买热情。之后推出的便携平板电脑也开拓了电子行业的新领域。

苹果公司并非个例，任何取得成功的企业背后总有一个拥有前瞻思维的领导者。世界的运动是绝对的，他们正是把握住了这份运动法则，才能不拘泥于现在的生活现实，预测出未来的人们需要什么，未来的世界需要什么。中国的企业家马云也是非常典型的案例，他在仅仅几年内就改变了中国民众的消费习惯。这种发展性的思维方式看上去离我们很远——我们没有掌控着一家公司，也不必思考它的发展前途——我们却掌握着自己，这种发展性思维方式适用于我们生活的各个方面，尤其在日常的交际活动中，拥有前瞻性思维的人往往能够先取得主动权。

西蒙刚进入资源拓展部没多久，但他现在每天都头疼不已，和他谈判的客户个个都十分难缠。带他入门的经理总是鼓励他说："进入我们这个部门就要有长期战斗的准备。"西蒙只好硬撑下去。

和第一个客户谈判的过程中，前期进展得十分顺利，双方意向完美契合，合同框架也早早地建构好了。西蒙洋洋自得：难道是因为自己的能力出众所以进行得特别快？但是西蒙并没有能得意多久，在最后的价格问题上，双方互不妥协，僵持了很久。

一来一回了半个月后，西蒙实在招架不住了，客户的报价已经快接近底线。他呆坐在电脑前面出神，实在无力去回复新邮件了。突然他想到：培训期时，经理在提出底线价前还说了两个价，一个是提供给长期合作伙伴，另

一个是提供给战略合作伙伴的，而现在的底线价是提供给一般合作生意伙伴的。在邮件谈判中，他不再纠结于价钱问题，而是寻求与对方的合作定位。对方客户显然想成为西蒙公司的长期合作伙伴，在接下来的谈判中也不再好意思继续砍价了。

有了这次经验，西蒙在以后的谈判中就学会了先发制人，他先广泛地搜集客户资料，明确合作定位，在谈判中无论对方提出什么苛刻的条件都能在服从预先定位基础上予以反击了。

西蒙一开始与客户在价格谈判上遇到瓶颈，是因为他只关注了价钱，数字的大小只是现在的一场交易，而真正成功的合作并非只考虑当下。基于明确定位的谈判就不再局限于现在写在合同上的几个数字，它牵涉到了今后双方合作关系的继续发展。西蒙意识到了由合作定位切入的谈判将更加有效，也正是这种发展的思维让西蒙摆脱了谈判的局限。

并不是人人都天生具有这种思维，但这种思维是可以通过后天培养的。培养这种思维的关键点就在于：广泛搜集信息，根据整合的信息思考事物发展中的可能性，尽可能多地想到会影响发展的变量，注意可能性的多样性。比如，你的朋友对你的男朋友（女朋友）表现出了不同寻常的关注，那么你就要提防并想象各种可能性：她（他）只是单纯地欣赏TA？还是另有所图？

有了这层思考，你就能根据未来的形势做出相应的准备了，有时可以先发制人（西蒙在之后的谈判中就是这样做的）。当然，先发制人固然能趁其不备得到意想不到的收获，但有时候在错误的预判指导下的行为会适得其反。布什政府发动的伊拉克战争就是一例，他们认为伊拉克藏有大规模杀伤性武器，以此为由对伊拉克开展了"防御性战争"。然而，即使在布什总统宣布伊拉克战争结束的那一刻，这种带来巨大威胁的武器都没有出现。这让美国民众对布什政府失去了信心，也让世界对布什失望。做预判时必须有根

## 第五章 掌握赢家思维模式，走出人际博弈中的困局

有据，不能只凭自己的主观臆想而出击，不然反而成了别人攻击的对象。

战争中有一句名言："不打无准备的仗。"只要有人的地方肯定会有炮火，即使你不想参与其中，也可能被卷入其中。综合我们前面所说的，你所需要的是：一、全面了解事态发展，做好信息收集，知己知彼百战不殆；二、根据你所了解到的情况，以发展的思维思考以后的可能性，进行合理地、发散式的思考；三、根据不同的可能性制定应对策略；四、必要时不断施压进行反击。制定策略时，外部环境仍在时时刻刻发生着变化，我们也需要根据实际情况时刻改变，这就是我们称这种应对方法为"动态预备"的原因。

## 跳出人云亦云的陷阱：当"炮灰"的人不再是我

万妮·哈里是一知名网站的创始人，该网站以揭发食品业黑幕而闻名，最近网站上发布了这样一则骇人听闻的消息：

### S商店！停止在面包里使用偶氮二甲酰胺！

什么是偶氮二甲酰胺？这是一种化学原料，通常用于瑜伽垫和鞋垫的制作。因为这种原料会造成呼吸系统上的疾病、感染、哮喘等问题，因此大部分国家都禁用了。在我国，S商店在它的面包中仍然添加偶氮二甲酰胺，尤其在全麦面包、意大利起司味面包、蒜香面包中使用量格外多。但在其他国家中，S商店并不使用该添加剂。

我们需要安全的食品添加剂，我们需要被一视同仁！

如果你也想加入我们的抵制队伍，请点击以下链接签上你的名字。

随后这则消息在网络上被疯狂转载，当被杰克看到时，已经有5万人联名请愿了。杰克大学时候攻读的恰巧是食品专业，以往的知识告诉他事实可能并不是这样。他特意去查阅了相关资料，发现这条消息确实混淆了大众视听，在自己的主页上，他这样辟谣道：

偶氮二甲酰胺确实被用于面包制品，目的是为了提高面包的韧性。联合国农业与粮食组织在1966年时已经对这项添加剂做出了评定，结论是"很安全"，安全剂量为0—45毫克/千克。各国对食品添加剂的要求都各不相同，每个国家可能都有自己的考虑，但事实上没有消息中说得如此严重。

我们暂且相信万妮散播这则消息是出于好意，只是她没有对这项化学用品做过详细的考证，才制造了这样一个谣言。但如果有别有用心之人想趁此机会打压S商店呢？并不是人人都拥有像杰克一样的敏感度，他们或许看到转发人数众多，消息言辞看上去很科学严谨，因而相信这条消息的正确性，这就是我们常说的从众心理。从众心理很有可能让他们在请愿书上签字，联名的5万人以及在转载链接的网友们都成了打压活动的间接煽动者，若S商店以损害名誉权提起诉讼，这些人都会成为商业竞争的"炮灰"，而真正的罪魁祸首却能依靠他们的遮掩逃之夭夭。

让我们再看一个真实事件：

A地区最近频发枪击案件，据警方在新闻发布会上的消息，通过观看录像，他们已将犯罪嫌疑人的国籍锁定，这则消息一出，A地区顿时人心惶惶。由于犯罪嫌疑人非本国国籍，和本国人种外貌差异很大，警方在新闻上发出公告：请公众留意该国籍人士，遇到可疑分子尽早和警方联系。

A地区的中心有一片商业广场，广场旁还有一座小型公园。每到节假日，人们都喜欢来附近逛逛。一个周末，有两名与嫌疑人外貌相似的高大男

## 第五章　掌握赢家思维模式，走出人际博弈中的困局

子快步穿过了商业广场，一名妇女向他们迎面走来，看到他们的面孔，想到最近的新闻吓得跑了起来，随后又有一名穿着西装的矮胖绅士跟着跑了起来……十分钟过后广场和公园里乱成一团，这附近的所有人都跑了起来。商业楼里的保安看到这番景象马上报了警，警察火速赶来封锁了现场，询问一名参与奔跑的群众为何奔跑，他答："啊……看到大家跑，我就跟着跑了。"

　　这个事件并非个例。在图书馆中我们更容易沉浸于阅读中，因为周围的人都在专心读书；我们容易加入马路边大排长龙的队伍，以为在售卖好东西；看到同事们买旅游纪念品也一起跟着买，但这些东西并不是自己所需要的……这就是典型的从众心理，又称"乐队花车效应"。吸引我们的其实不是绚丽的花车和美妙的音乐，而是不断聚集在花车周围的人群。化学添加剂事件中，消息获得了5万人的转发，他们被征服的力量恐怕不是万妮强有力的语言，而是庞大的转发人数。现在许多品牌的公关活动都很善于利用大众的从众思维弱点，通过类似化学添加剂这样的事件来为自己的品牌造势。

　　从众心理当然有积极的一面，如果众人的行为是积极向上的，你就能跟着他们一起前进。但"从众"所带来的结果常常是消极的：跟随大众的思维，而失去了自己的独立性。人的思维很容易被人牵着走，跟着别人的思维，我们会觉得很轻松，因为这比自己绞尽脑汁地想问题要省力多了！我们不妨细想一下，从前在田间耕地的老牛，它们一直被人牵着走，你想要成为一头只会干活的老牛吗？现在让我们看看著名指挥家小泽征尔的故事，或许能让你有所启发，也许你还会联想到我们已经讲过的"权威型"控制者：

　　日本知名指挥家小泽征尔在青年时期参加过一次指挥比赛，最后一轮比赛中，每位参赛者都拿到了一张相同的比赛乐谱。轮到小征泽尔的时候，他觉得大提琴演奏的部分异常别扭，他停下来指挥乐队再演奏了一次，但不和谐的感觉仍还存在。他有点紧张，前几名选手都很顺利、连贯地完成了演

奏，他们个个神态自若似乎没有碰到和他一样的问题。

于是，他又让大提琴单独演奏了一遍，演奏者和刚刚演奏无异，他推断：问题只可能出在乐谱里了。他举手示意台下的评委，提出了自己的疑问。但在场的评委再三表明组委会提供的乐谱肯定没有问题。于是小泽征尔继续他的指挥。乐曲结束后，小泽征尔面向评委说："先生们请原谅我，虽然你们非常肯定乐谱没有出错，但我相信自己的判断。为了比赛的完整性，我完成了乐曲的指挥，可我不认为这是一首完整的曲子。"小泽征尔向评委们鞠了个躬便下场了。他在后台和其他选手们交流心得，没有人和他有一样的感觉，小泽征尔有点诧异，决定比赛结束后再把谱子拿来研究一番。

但看来他似乎没有研究的必要了，宣布比赛结果的时候，评委们说，错误的乐谱才是这场比赛的真正考题，而只有小泽征尔通过了考验。

权威型的评委和众参赛者都一口咬定乐谱是正确的，但是小泽征尔对自我想法的坚持让他成功地在这场比赛中过关。在你不满于"为什么炮灰总是我"的时候，不妨回过头来想想小泽征尔的事例，也许你就能得到答案了。

## 抓住思维漏洞：他的盲点，你的机会

尼尔·菲利普加入了学校的足球社团，经常训练到傍晚才回家，假期里，尼尔也经常和朋友们一起相约到街区公园踢球。他的妈妈常想，如果他把踢球的劲头都放在学习上就好了。她并不是想让尼尔有多么拔尖的成绩，但是……总归需要及格吧？

为此，尼尔的班主任老师班内特小姐没有少找菲利普太太谈话，班主任老师认为尼尔有自己的爱好很好，但是学校毕竟是以学习为重的地方，又不

## 第五章　掌握赢家思维模式，走出人际博弈中的困局

是足球俱乐部。但尼尔已经自由惯了，强硬的话他根本听不进去。菲利普先生经常严厉地说："尼尔，今天你不准出去。"尼尔总会想方设法地找空当出去，有一次竟然还赌气不回来了！这让菲利普先生气得说再也管不了这个小混蛋了。

一个周日，尼尔又想和同学们出去踢球。菲利普太太及时叫住了他："尼尔！"尼尔已经准备好面对母亲的批评了，但菲利普太太却说："今天和朋友们约了几点踢球？"

"八点半。"菲利普太太抬头看了看钟，还有二十分钟，家到公园只需要十分钟的路程。

"嗯，你能遵守时间，这很好。班内特小姐说你下一次考试还不及格的话，假期里就要参加补习，你和朋友们假期里约好了吗？"

"约好了。"

"那看来你这次要失约了。"

"不会的妈妈！"

"但愿你不要让你的朋友们失望。哦，对了，我看了一下灵顿高中的简介……"

"哦，灵顿高中，那是一所以足球为特长的高中！"

"对，就是那所。他们对报名者的成绩似乎也有要求。总评成绩不能低于B。"

尼尔听后陷入了沉思。

"嘿，尼尔，现在只有一刻钟了，快去吧。不然要迟到了！"

"我今天会早点回来的！"

菲利普太太满意地笑了，她知道尼尔已经把自己的话听进去了。

面对听不进劝的尼尔，菲利普太太并没有效仿自己的丈夫，严厉地阻止儿子去踢球，而是为尼尔提供了一个独立思考的空间，引导他以发展式的眼

光看问题。以尼尔目前的阅历,还不能看到当下的行为与以后人生发展的利害关系,菲利普太太抓住了尼尔喜欢踢球这一点,帮助他从更长远的角度反思自身行为,这正是他之前思考中欠缺的。听到悠长的假期将被补习破坏时,尼尔心中肯定十分恐慌,几个小时的不努力很有可能造成几个星期的不自由。而现在把踢球的小部分时间用来学习,这能够让自己有机会获得更好的平台追逐自己的兴趣,何乐而不为呢?由此可见,有时候正面控制与说服的效果并不如意,这时候找到对方的思维局限和漏洞,用更广阔的思维去征服他可能会更奏效。

**用迂回的说服方式,引导对方听你的**

利用他人的思维漏洞去引导、说服对方时有这样几个技巧:

首先,充分了解对方及谈话环境。你需要尽可能详细地了解对方的兴趣、近况和想法。作为尼尔的母亲,菲利普太太十分了解尼尔的喜好。尼尔对踢球痴迷无比,对强制性说教免疫。从她的说话内容中可见,她谈话的内容都紧紧扣住尼尔的喜恶。什么该谈,谈什么最有效,都有赖于对对方的充分了解。同时也不能忽视谈话环境的影响。菲利普太太为什么不选择晚饭时间和尼尔聊,反而选择尼尔急着去踢球这段时间呢?这个时段因为存在时间限制,能够更加"短平快"地把问题集中呈现。另外,急着去踢球的尼尔也更能切身地体会到不能踢球的苦楚。菲利普太太选择的这个时机能够让对方直观地感受到效果。若选择在晚饭时间,不在特定心境下的尼尔极有可能一只耳朵进一只耳朵出。

其次,发现对方思维漏洞,曲线征服。要想战胜他人就要瞄准他的"阿基里斯之踵"(阿基里斯全身都坚无可破,只有他的踵部没有保护,引申为一个人最弱的地方),对方的思维漏洞就是你的绝佳机会。尼尔也从未设想过放任自己的兴趣有什么后果,这种"安于现状,只顾眼前"的特点就是他的思维漏洞。菲利普太太找到了这个弱点,随即用发展式的思维来帮他认识

## 第五章　掌握赢家思维模式，走出人际博弈中的困局

到自己行为的后果。

请注意菲利普太太的谈话技巧。无论是谈到期中考试还是高中升学问题，菲利普太太的目的只有一个：让尼尔好好学习。但她从未正面地提出"尼尔，你得好好学习"，而是以"声东击西"的方式，围绕尼尔的爱好来进行谈论，并处处迎合他，在迎合的过程中自然地融入自己的谈话意图，逐渐趋近于真正的目标。曲线进攻除了能让对方卸下防备，还能够弱化直接进攻带来的伤害（如：伤及自尊、破坏感情等），不但能让对方更易接受，也能更轻松地达到目的。

第三，谈话时注意先扬后抑，求同存异。尼尔出门时听到妈妈的呼唤，本以为会迎来严厉批评，没想到菲利普太太先肯定了他"很遵守时间"，尼尔的心理防备一下子就减弱了。在后来的说服过程中，菲利普太太也再次用了尼尔的这个优点，"你和朋友们假期里约好了吗"这句话不是简单的询问，而更像是一个提醒。尼尔在"遵守约定"方面受到表扬后，肯定不会让这个优点被抹黑，这也激发了他想早些回来学习的动力。

## 减法反增量：不单只有加法能丰富人脉

**付出与回报真的成正比吗？**

"阿嚏！"本杰明打着喷嚏回到了家里。"买到了？"他的太太麦莉问。"买到了。阿嚏！我贴了一点钱买到了二等座。"麦莉听了顿时发起了火："什么？你又贴钱了！"本杰明脱衣服的手停了下来，哆嗦着看着麦莉。"是……是啊。"麦莉气愤地跑进卧室"嘭"的一声把门关了，"今天你睡客厅！"

**掌控：** 如何在人际交往中取得主导权

怎么回事呢？一天，本杰明的老板对他说："本杰明，听说你的朋友在票务公司工作？""呃……对。""我女儿想去看明星的圣诞演唱会，但门票太紧俏了，很难弄到，不知道你能不能让你的朋友帮忙？三等座的门票就行了！""没问题！"本杰明一口应了下来。但事实是，本杰明根本没有什么朋友在票务公司工作。现在他只能自己排队去买票了。演唱会的门票在三天后开始发售，以往的经验告诉他，这样的门票通宵排队也不一定能买到。于是在发售的前一天晚，他就准备好了厚铺盖，预备彻夜奋战。但歌迷们的热情实在太厉害，他到达售票窗口的时候三等座的门票早卖完了！他咬咬牙，自己掏钱买了二等座的票。

这种事情也不是第一次发生了。还有一次，本杰明的邻居要搬家，本杰明听了拍着胸脯说：交给我吧！邻居以为他认识实惠的搬家公司，于是很放心地交给了他。但本杰明哪里认识什么搬家公司，他把城里搬家公司的电话打了个遍，发现他们的开价都贵得离谱。后来麦莉只能让自己的弟弟们装作搬家工人把沉甸甸的家具搬上搬下。

无论是听到老板、同事还有朋友需要帮忙，本杰明都一口承担下来，为此麦莉和他吵了好几架，有一次甚至提出了离婚！但本杰明却说："这不是证明了我人缘极好吗！单位里的同事看到我都非常客气、友好，这不都是回报吗？哦，对了！上次老板出差回来还给我带了礼物，你忘了吗？"一说到这个礼物麦莉又气不打一处来："什么礼物？他就是把下榻酒店的免费用品送给你。你看这把牙刷，刷毛这么硬，只能用来刷皮鞋！"

本杰明深信自己给别人提供的帮助越多，那么自己的朋友也会越多，关系也将更加亲密，这就是我们通常所熟悉的人际关系法则——加法法则。加法法则的确能够拓宽我们的人脉，但它真的会让我们处于交际中心吗？本杰明试图用这种方法使自己在日常生活和工作中更加轻松，但实际上这些本不属于他的琐事不仅拖累了他自己，还拖累了整个家庭。上学时，你可能有过

## 第五章 掌握赢家思维模式，走出人际博弈中的困局

这样的经验：因为空闲时间很多，你会寻找许多事情试图充实自己，今天参加社团，明天参加读书小组，后天参加工作实习，但对于自己的"学习"却一直疏忽了。你想静下心来看会书，不一会，社团里的朋友来找你，读书小组的成员也给你打来电话问你问题，你可能还会接到你所兼职的超市老板的电话。天哪！你想通过各种各样的途径来锻炼自己，最后却发现这些原本想用来充实自己的活动，成了妨碍正业的"罪魁祸首"。

**学会做减法，为人脉圈减压**

日本杂物管理咨询师山下英子因为她提出的"断舍离"概念而受到大家的追捧。山下英子就是一反常态，使用减法，从收拾自己的衣橱开始，逐渐清理起自己的生活。同样有一个日本品牌也是如此。上世纪80年代，世界经济陷入长期的低迷状态，日本也面临着能源上的危机。当时的消费者希望能用最实惠的价格买到质量最好、最有用的东西。其他品牌在不断使自己的物品更华丽、精致的时候，他们则开始削减物品的外观，回归事物的本真，降低成本，这样反而迎合了当时日本民众的消费习惯。现在，该品牌去繁存简的理念仍在世界各国有许多簇拥者。这就是减法的力量，去掉浮华后，就能看见内心最想要的部分。

帕瓦罗蒂是世界上著名的男高音歌唱家，他所演唱的《你这冰冷的小手》《今夜无人入眠》《我的太阳》等曲目一直被奉为经典。而起初，帕瓦罗蒂并不一心专注于音乐领域。

青年时期，帕瓦罗蒂错失了进入音乐学院深造的机会，进入一所师范院校学习。从师范院校毕业后，他对自己的未来产生了困惑，现在他的面前有三条路：成为一名教师还是去音乐学院学习，或者边工作边学习音乐？教师工作稳定，待遇不错；去音乐学院学习是自己一直的梦想，哪一条都割舍不下。于是，他把自己的困惑讲给了父亲听。

**掌控**：如何在人际交往中取得主导权

帕瓦罗蒂的父亲用椅子的比喻解答了儿子的疑问："孩子，现在你的面前有两把椅子。你想同时坐上两把椅子，结果是，你只会掉在两把椅子的空当里。"帕瓦罗蒂听后恍然大悟，歌唱家和教师就是那两把椅子，如果都想拥有，那么极有可能一无所有。还不如专注于一把椅子，坐好它，坐穿它！于是他决定听从自己的梦想，在歌唱道路上一往无前。

互联网技术极速发展的今天，我们面临的是比以前更加多样的信息，气球吹太满会破，人被塞得太满也会垮。在这信息爆炸的时代，当铺天盖地的信息向我们袭来，我们往往会被它们所淹没。这也是为什么有时候面对多种选项时我们反而会迷茫，我们虽然得到的比以前多，能做的也比从前多样，但收效并没有同比例增长。归根结底是因为，我们不知自己所要，也不能找到自己真正想要的。在处理人际关系时我们也会陷入这样的误区，以为为他人付出越多，收到的回报也越多，如果没有收到对方的回馈就会加倍付出，无限循环。

面对这种情况，你需要这样思考：什么是你想要的，现在拥有的哪些是你不想要的。如果你一时还不能得出结论，你可以先思考自己不想要什么，哪些行为、事物让你感到不舒服，然后努力摆脱它们。这就像在剥一颗洋葱，剥开外面的层层外衣，你将会认识到自己的内心需求。

这就是一些女性很独立，不攀附于异性，却更能获得关注的原因，因为她们拥有优秀的自我知觉，知道自己所求，因此更明白在什么时候、怎么样表现出最好的一面。每个人最好的一面都不相同，正是这种差异更能吸引他人的注意。我们减法的目标就在于此，减去不相干的，留下你自己的：远离对你无益的人，走出让你身不由己的环境，无须迎合他人，做自己真正想做的事情。一个回归本真、彰显个人特质的人自然能够吸引人们的聚集，就像建筑师凡德罗所说："少即是多。"

# 第五章 掌握赢家思维模式，走出人际博弈中的困局

## 拨反为正：走出被人反对的困境

**"我就是要跟你对着干！"**

今天，约翰逊太太在打扫儿子伍迪房间的时候又闻到了一股香烟味。伍迪现在是高中一年级的学生，之前他因为在学校里抽烟被老师教育了一通，他信誓旦旦地保证不会再有第二次了。约翰逊太太也找他谈过话，拿早已去世的鲍勃叔父——鲍勃叔父烟不离手最后死于咽喉癌——作反面教材，跟他说了抽烟的坏处。但伍迪屡教不听，本来抽烟还躲躲藏藏，现在竟然毫不掩饰，被揭穿了也只是嘴上说改，却一点不见他的行动。

处于青春期的孩子或多或少都会出现类似伍迪的行为，成人说什么他们都会对着干。你越希望他们这样，但他们偏不这样。在前面的章节中我们也提到过，自我界限刚开始觉醒的幼儿身上也一直出现"对着干"的情况。

其实不单单是青少年，成人也很喜欢"对着干"。设想你在餐厅里找厕所，找着找着看到一则标语写着"厨房重地，闲人勿入"，你是不是很想闯进去一探究竟？厨房就是厨房罢了，还能是什么"重地"？一本书上写着"阅读本书时请勿先阅读第三章"，你原本准备从头开始读，一旦看到这一行，你是不是很迫不及待地想马上看第三章？你刚干完活，本来打算再仔细看看手上的材料，老板冷不防来了句："上班时间不要浏览网页。"你心里腹诽道："我工作可都干完了，怎么还不能上上网？"于是你趁老板走后，忍不住开始点击鼠标……

其实，第一时间反对别人通常是本能的反应，反对方可能并不是故意为

之。正如在明确自我界限的孩子一样，我们下意识的反对其实也在明确自己的独立姿态，这样更能显示自己的与众不同。罗密欧和朱丽叶的故事大家都耳熟能详，在与朱丽叶坠入爱河之前，罗密欧曾痴情于罗萨兰。罗密欧为了追求罗萨兰参加了一场舞会，在舞会上遇见了朱丽叶，从此移情别恋，爱得一发不可收拾。奇怪的是，罗密欧以前对对罗萨兰是如此情根深种，但在这场舞会上却以迅雷不及掩耳之势对朱丽叶一见钟情，最后甚至到了生死相许的地步。有学者说，这是朱丽叶的美貌使然，在莎士比亚的爱情故事中，美貌常常是爱情的起源。这种说法固然有其合理性，但心理学家们找到了更可信的说法：罗朱两家的极力阻拦，助燃了他们的爱情之火。因为"不可以为之"，所以激起了这对年轻恋人的逆反心理，这让他们的爱更加浓烈。从刚刚的几个例子，以及许许多多生活中的事例中看，这种说法很有根据。

**迎合逆反者，顺着他的思维去"搞定"他**

在探讨如何应对时，我们先来看看山姆大叔是怎么对付讨厌的飞车党的，他的做法很有启发性：

山姆大叔最近买了一套新房子，在他买下这套房子之前就有人劝他："山姆，你千万别买这里的房子！这个社区里的小混混特别多，他们经常在晚上出没，会扰得你心烦意乱！"但山姆却十分喜欢自己挑的这套房子，虽然位置是偏远了一点，但胜在风景优美，从二楼的阳台看出去，不远处就是一大片湖泊呢！

搬进去没多久后，山姆大叔就后悔了，当初自己朋友的嘱咐完全没错！夜里时不时地能听到摩托车引擎的剧烈轰鸣声，摩托车上男男女女的尖叫吵闹。本以为到了一片可以好好安度晚年的街区，没想到老伴因为噪音一直睡眠不佳，身体反而每况愈下。更让他头疼的是，自己的房子经常会被飞车党们喷满各种涂鸦。现在他已经和油漆师傅成为了好朋友，因为每隔一段时

## 第五章 掌握赢家思维模式，走出人际博弈中的困局

间，山姆大叔就要请师傅来重新粉刷自己的房子。

有一次，山姆大叔的好友来他家玩，帮他出了个主意。山姆大叔眼睛一下子亮了："能管用？"

"说不准，但可以试试。我之前就是用这个法子对付我们家附近那群小混蛋的。"

不久后，飞车党们又来了，在他们准备涂鸦的时候，山姆大叔开了门，他们吓得拔腿就跑。山姆大叔急忙追了上去说："孩子们等一等！你们的涂鸦画得太好看了，我和我的妻子都很喜欢。之前怕你们的作品被弄脏，所以不忍心把它们保留在外面，这次我们找到了一个优秀的油漆工，他说能帮我们保护墙壁上的绘画。所以能不能请你们在我新刷好的墙上作画？我们会付钱给你们的！"

飞车党们都觉得山姆大叔很奇怪，说了几句难听的话后，骂骂咧咧地走开了。以后的几个月内，他们再也没有出现在山姆大叔家附近。

山姆大叔不像约翰逊太太用"反对"来解决问题，约翰逊太太采用的策略是"你不能这样"，而山姆大叔正巧相反："请你一定要这样"。飞车党们在墙上涂鸦的理由可能很简单，就是在别人的责骂中找到成就感——不管你怎么反对我都会这样做。他们很享受这一过程，这是逆反带给他们的快感。这时若出现一个肯定的声音——"你一定要这样"，他们反而无所适从了。因此，对付这类喜欢唱反调的人，我们可以抓住他们这样的思维漏洞——希望被顶撞，来攻克他们。

另外，要站在对方的角度来思考问题。约翰逊太太对伍迪无计可施是因为她站在一个旁人的角度，她的批评表达的都是"别人希望你怎么做"，可伍迪最反感的就是别人来教育自己怎么做人。大多数人都会对"别人的视角"产生抵抗心理，所以在应对前应该先思考：对方为什么要这样做，他出于什么目的这么做。以对方期待的方式和他沟通，才能逐渐攻破他的防备。

不要自顾自地陈述看法，要用提问营造民主气氛。你可能会想："我又不是对方肚子里的蛔虫，我怎么能把握他人的想法呢？"这时候不如用提问的方式来了解。"别人希望你这么做"，从逆反者视角来看，是在陈述外界的观点，这些都不能代表逆反者的想法。提出问题能给对方充分的空间主动发挥，也许他的回答并不是实话，但从他的动作表情中，我们也能发现些许端倪。同时，在谈话过程中我们与对方的距离也能拉近，逐渐取得他的信任。比如，约翰逊太太可以这样问伍迪："你觉得吸烟的感觉怎样？它可以给你带来快乐吗？"

别忽视对方的好奇心。很多时候我们出现"对着干"的行为是出于自己的好奇心，比如开头讲的厨房禁令和书页上的标语。俗话说"好奇心害死猫"，尽管知道潘多拉的盒子中是瘟疫疾病，但埃庇米修斯还是因为好奇打开了盒子。当对方好奇的欲望战胜理智时，那么你就能利用这一点，顺势进行反攻了。

第六章

# 培养果断力，
# 彻底反制干扰者和操纵者

> 优柔寡断、委曲求全、过度伪装……这都是许多人在人际交往中处于被动地位的根源。为了赢得他人的认可，他们常常会希望能够满足每个人的要求，但往往事与愿违，既不能顾全他人，又无法遵从自己。果断力是一种能够让我们在人际交往中达到双赢的力量，对于那些厌倦了整日带着沉重面具生活的人们来说，他们想要卸下伪装，表现自我，而又能得体地与他人周旋，培养果断力是首要的任务。

**掌控：**如何在人际交往中取得主导权

## 依赖者的施压：当对方不断蚕食你的生活

### 依赖者的逻辑：我是弱者我有理

杰夫苦恼地对心理医生说："我与女友在一起快两年了。她是外地人，所以住在我家。她属于那种比较娇弱的类型，总是什么事都依赖我。一开始嘛，热恋的激情还在，我当然乐意照顾她。当时，她没工作，就在家里睡觉、看电影、上网，我每天下班回家还要做饭，忙里忙外。有时候我会说她两句，让她有空就帮忙打扫一下房间，而她也总是两只胳膊勾住我的脖子，可怜兮兮地望着我撒娇：'你不是说要照顾人家的吗！'每次她一撒娇，我就心软了。就这样，我们在一起同居了一年多。

"后来，因为性格原因闹了些别扭后我们就友好地分手了。由于她一直住在我家，分手后，她又找不到合适的房子，还是要求住在我这里，只是分房睡觉而已。到现在，都快两个月了，她看起来还没要走的打算，这让我非常为难。我们现在的状态，除了没有那种亲密关系，看上去就像小两口一样，每天上班、下班、回家做饭……这样的关系，实在是有些尴尬。说实话，我对她已经没有感情了，收留她也只是出于同情，可是赶她走吧，我也说不出口，毕竟曾经相好过，我不能伤害她。真不知道她是怎样想的，是真没地方去呢，还是想在这里待着让我养她，占我便宜？又或者是余情未了？"

不可否认，每个人都有着与生俱来的依赖性，当我们还是婴儿时，还不会把自己与母亲区别为两个独立体。然而，在不少成人身上，依然能够找到这种界限模糊的状态。这类人甚至还会认为，这是自己对被依赖者怀有真挚

## 第六章　培养果断力，彻底反制干扰者和操纵者

感情的佐证。

这种类型的依赖者，事实上就是被惯出来的。为了达到目的，他们往往会为自己找一个似乎无法推翻的理由："我是弱者，你就应该帮助我。"这种"弱者逻辑"是依赖者惯用的"杀手锏"。同时被依赖者的心理成熟度也是欠缺的，他们也同样希望通过讨好别人、达成别人的目的和愿望来获得别人的肯定，所以他们即使牺牲自己的利益，也不愿违背他人的意愿。依赖者擅长利用弱者的姿态去要求比自己能力强的人，是因为他们已经洞察了自己所控制的被依赖者不敢说"不"的心理，他们的妥协一次次助长了他人对自己的依赖性。其实，依赖双方之所以彼此纠缠，互相束缚，就在于他们都有着怕被别人拒绝的想法，这在心理学上称为"被拒敏感"。

应对这种依赖者的最好办法，就是直接说拒绝，否则，他会更加肆无忌惮，利用你的情感操纵你。

**果断拒绝，避开依赖型操纵者**

麦琪大学刚毕业的时候，月薪只有15磅，这本该够用了，可是她却时常感到拮据，因为她要花销之处太多了。除了基本的开销外，她还要照顾体弱的姨妈。她又不懂拒绝，有同学邀她参加聚会，即使当时她的口袋里已经不富余了，她还是会硬着头皮说："行。"尽管这意味着第二天她的午饭将没有着落。为了应付这些聚会，玛丽亚只得节衣缩食，可即便是这样，她的钱仍然常常青黄不接。这不，她现在只有20先令了，还得维持到月底。就在这时候，她接到妹妹茉儿的电话，说第二天要来和她一起吃饭。

麦琪的家庭从小就与众不同。母亲生了她和妹妹茉儿，父亲喜欢茉儿，而母亲则比较喜欢麦琪，所以麦琪从小对父亲和骄纵的妹妹并不那么亲密。母亲在麦琪15岁的时候，患病去世了，但父亲对麦琪依然不怎么关心。麦琪的姨妈得知这一情形，就把麦琪接到了自己家中抚养，这样的情况一直持续到麦琪大学毕业。这一年，父亲破产了，而麦琪已经找到了一份收入不高

但很稳定的工作。茉儿在父亲的授意下，经常来找麦琪"蹭吃蹭喝"。

所以，接到茉儿的电话后，麦琪感到非常为难，她又摸了摸自己的钱包，锁紧了眉头：仅剩的这点钱还得维持到月底呢。可是麦琪无法对唯一的妹妹说"不"，只能答应了。

麦琪知道附近有一家价格实惠的小饭馆，在那儿可以一人花3先令吃顿午饭。这样的话，她就可以省下14先令用到月底了。

茉儿对麦琪带她到这样简陋的餐馆用餐有点不高兴，但是她也没有说什么，只是虎着脸看了一遍侍者拿来的菜单，对麦琪说："吃这份好吗？"

那是一道法式烹饪的鸡肉，是菜单上最贵的，7先令，麦琪只能无奈答应了。她只为自己点了最便宜的3先令套餐。这样，她用到月底的钱就还剩下10先令，不，9先令，因为她还得给侍者1先令呢。

"这位女士，您还想要什么吗？"侍者说，"我们有俄式鱼子酱。""鱼子酱！"茉儿叫道："对，那种俄国进口的鱼子，棒极了！我可以要一些吗？"

于是，她要了一大份鱼子酱，还有一杯酒以及那份法式鸡肉。麦琪算了算，只剩下4先令了，好在4先令还够买一周的奶酪面包，她就松了口气。

可是，茉儿刚吃完鸡肉，又看见一个侍者端着奶油蛋糕走过。"嘿！"她说，"那些蛋糕看上去非常好吃。我能尝一个吗？就一个！"她不容分说地让侍者给了她一份草莓蛋糕。

蛋糕还没吃完，侍者又端来一些水果，茉儿说："我要吃一些水果，尤其是我们在吃了这么好的午饭之后，麦琪！"。

"没有啦！甚至准备给侍者的小费也没有了。"麦琪终于忍受不了了，大声说："不可以！我拒绝为你买水果，我只请你吃午饭！现在我已经做到了！"

茉儿很不高兴，她看了看侍者手里的水果盘，又朝着麦琪撅了撅嘴，想着自己已经饱餐了一顿，没有再说什么。

过了一会儿，侍者拿来了账单：17先令。麦琪心痛地在盘里放了17先

## 第六章　培养果断力，彻底反制干扰者和操纵者

令，没有侍者的小费。

茱儿看了看钱，又看了看她。"那是你全部的钱？"她问。

"不，我还剩下3先令，但是我希望留下这3先令，所以我拒绝为你买水果，很抱歉！"

"天哪，你怎么会那么穷，你不是有工作的吗？"

"我的收入并不高……"

"上帝！"茱儿说，"你怎么不早说，这顿午餐差点撑死我了！早知道，我就不点那么多东西啦！"

案例中，茱儿对麦琪一步步地进行施压，一次又一次让她陷入两难的境地。毫无疑问，茱儿是一个典型的"亲密型操纵者"，她会利用自己与亲人之间血浓于水的感情来达到个人的目的；她看上去是一个弱者，事实上却比强势之人更具威力——她懂得利用他人的同情心，并且擅长为自己的过度依赖寻找正当的理由。如此戏剧性的场面、歇斯底里和紧张的气氛围绕着麦琪和茱儿，也充斥在所有依赖者与被依赖者之间。

对这种依赖型的控制者，最有效的做法就是果断地拒绝。由于麦琪碍于情分，不愿推辞，屡次陷入茱儿无形的操纵中。故事的最后，她拒绝了为茱儿买水果，茱儿虽然不太高兴，但是并没有为难她。可以推测，即使她一开始就对茱儿说"不"，并且阐明原因，对方也不会拿她怎么样，正是她的软弱、怜悯和妥协，使自己一步步陷入窘境。

当你和别人打交道时，尤其是和一个擅用操纵手段的人交际时，妥协和退让是毫无用处的。应对这种人最好的办法，就是狠下心说"不"。你要知道，依赖者最擅长的手段就是得寸进尺，如果你总是不敢拒绝，那你只能被他一点点"蚕食"。

**掌控：**如何在人际交往中取得主导权

## 被控制的木偶——过度干涉

对于许多人，尤其是具有强迫人格的人，自我价值的体现就是建立在对别人的操纵上的。他们喜欢操纵别人的行为、人格甚至记忆，用这种方法来满足自己的掌控欲。这样一来，身边的人就成为了他们手中的"玩偶"。

对于操纵者来说，强大的支配欲让他们希望把身边的人变成提线木偶，任其摆布，这种心理的暗示也是有着复杂的前提条件的。其中，以情感操纵最为常见，因为操纵他人的情感比操纵他们的逻辑思维更容易。操纵者可以把他们引入某种对他有利的想法中，这样他就能在不知不觉中获得他想要的。在这方面，操纵者往往试图竭力控制自己的情绪，并让你成为一个优秀演员，需要哭的时候就要哭，该笑的时候就笑，完全顺应形势。大多数情况下，操纵者在对身边的人进行操纵时可能并没有明确的动机，也没有意识到他的操纵行为，但他的确让身边的人不得不违背自己的意愿，成为了他的"提线木偶"。

凯蒂 25 岁了，她最近非常苦恼，因为大学毕业后没找到称心的工作，这让她和父母之间产生了巨大的矛盾。父亲还是希望凯蒂能继续学画，在这方面，他可以为她提供一切帮助。而凯蒂却很想去学习投资和管理，想做一名金融分析师。更让她难以接受的是，她找了个当老师的男朋友，而父母却逼着她嫁给一名企业家。

"为什么你们总是这样呢？好像我做什么都是错。我不当画家和爸爸有什么关系？我同谁结婚和你有什么关系？你什么时候能放开我呢？我已经是个大人了呀！为什么每当我自己做出决定的时候，你那副样子就好像是我大

## 第六章　培养果断力，彻底反制干扰者和操纵者

递不道似的？"凯蒂终于忍不住，向父母连发炮弹，她积压在胸口的苦楚，需要找到一个释放的理由和时机。

"亲爱的女儿，你知道当你想挣脱我的时候，我是多么痛苦吗？我在你身上倾注了我的全部，我真担心你会犯可怕的错误。我是过来人，我已经走过了大半的人生，你为什么不相信我的决定呢？你对我的违逆，令我多么痛苦啊！我宁愿死，也不愿意感到自己是个失败的父亲。"父亲老泪纵横，道出了对女儿的失望。凯蒂的母亲则喃喃自语："这都是为了你好！"

凯蒂的父母一方面想操纵凯蒂，让她按照他们既定的思路去生活，这个生活可能是她的父亲在年轻时的梦想——做一名画家。另一方面，他们又担心他们会被凯蒂那已经开始独立的人格和思想抛弃，这让他们有莫名的惶恐，甚至让他们开始变本加厉地对凯蒂实施模式化管理。他们这样做的目的，也在暗示凯蒂："你根本没有独立生活的能力，你还需要我们的陪伴和扶持"。

这类现象在当今社会并不乏实例，过度控制子女的父母在很大程度上把自己同一种家长的角色绑在一起，因此孩子独立后便觉得自己被出卖和遗弃了。而这种操纵所具有隐秘性的一点就是他们对孩子的统治是以"情感绑架"的形式出现的。像"这是为了你好""我这样做是为你""只是因为我太爱你"这一类的话其实都出于一种用意："我做这一切都是为了你，如果你违背了我的意愿，那你就真是个令人失望的孩子！"

英国著名的唯美主义作家奥斯卡·王尔德，5岁之前都是被母亲当成女孩来培养的。母亲在生下大儿子，也就是王尔德的哥哥后，特别想要再生一个女儿，为此，她早早地为还未降生的第二个孩子准备好了衣物——全是女孩穿的。然而，王尔德的出生完全打乱了母亲的计划。按理说，这个时候，正常的母亲会扔掉之前准备好的衣服，接受刚出生的孩子是男孩的事实。哪

知,她还是坚持自己的想法:既然生的不是女孩,那么不如干脆把他当女孩培养吧!

在这种性别颠倒的教育之下,长大之后的王尔德,出现了极其明显的同性恋趋向。

不仅如此,王尔德的理想也被母亲所操控,那就是长大以后一定要出名。王尔德的母亲在年轻的时候有过非常美好的梦想,并且坚信自己会成为一个不平凡的女人。可惜的是,她最终没有达成目标。这样一来,她就将自己绚丽的梦想留给了自己的后代,并将自己的种种想法植入了王尔德的心理——王尔德从小的口头禅就是:"我以后要出名。"

如果不能一鸣惊人,那么生命就是完全没有意义的。在这样的人生理念下,王尔德开始变得十分疯狂,他想尽一切方法进行创作,终于成为了人们狂热追捧的作家。不过,这些似乎还不够。为了满足母亲对盛名的渴望,他继续进行颠覆性的创作——他甚至写出了令人震惊的低俗、恶劣的作品。随着创作动机的扭曲,他的生活也陷入一团乱麻。后来,他甚至违反了当时英国的法律,被判入狱。

人格的健全必定建立在自由的思维和意志之上,任何过度的干涉,都会残忍地扼杀一个人作为个体本身的权利。认识自我,认可个体的独立性,是摆脱干扰者的第一步。

在挪威戏剧家、诗人易卜生的代表作——三幕话剧《玩偶之家》(A Doll's House)中,主人公娜拉从爱护丈夫、信赖丈夫到与丈夫决裂,最后离家出走,摆脱玩偶地位,实现自我觉醒。《玩偶之家》曾被比作"妇女解放运动的宣言书"。娜拉的丈夫海尔茂肆意摆布他人的做法,完全就是一种打破极端禁忌的行为,里面包含了人类强大的控制欲。许多人不仅仅是对控制他人的行为有极大的兴趣,而且还希望改变他人的人格,操纵他人的思想。在这个"宣言书"里,娜拉终于觉悟到自己在家庭中的玩偶地位,并

## 第六章　培养果断力，彻底反制干扰者和操纵者

向丈夫严正地宣称："首先我是一个人，跟你一样的人，至少我要学做一个人。"以此作为对以男权为中心的社会传统观念的反叛，也作为她重获自由的第一步。

**摆脱干扰者，从坚持自我开始**

31岁的罗伦在一次聚会上遇到了一个老同学，当时，一番寒暄之后，同学问他有没有结婚，罗伦笑着摇了摇头，同学马上说："啊，你的父母一定感到很伤心吧？"

一年之后，他再次碰到这个同学，同学又问了跟上次同样的问题。罗伦的答案显然还是不能令他满意。而且，他的反应几乎和上次一模一样："唉，你的父母一定很为你操心吧？"这一次，罗伦感到十分不悦，他生气地告诉他，父母从不干涉自己的私人生活，并且尊重自己目前的选择。

这个干扰者仅仅用一句话就传达出了一个大道理：在罗伦这个年纪，还没有结婚的话就不正常了。他必须结婚，否则就会让父母失望。罗伦是对的，在应该做出反击的时候表明自己的态度和立场，让干扰者无处插手。

每个人都有各自的看法、计划、原则，每个人的人生目标和社会经历都各有不同，为什么非要为了迎合他人，强迫自己走一条别人认为正确的道路呢？尤其当干扰者是一个年长的人，比如你的父母、师长，你就很难质疑他们。但不妨问问自己：他们的人生理论真的是典范吗？

## 当断则断，走出双重困境

并非任何事情都是我们能够随心所欲地控制的。即使那些事情与"上天

注定"无关，只是人力而为，我们也经常会陷入进退两难的困境。而之所以会进入这种困境，大多都是由于我们两方面都想兼顾，从而畏首畏尾，难于取舍。

然而，只有学会权衡利弊，果断地采取行动，勇敢地做出选择，我们才能获得最大的利益，甚至能够无意中扭转局面。而若是前怕虎、后怕狼，什么都不想失去，通常会使自己变得怯懦，结果却什么都得不到。

可怜的利兹对时间越来越敏感了。利兹今年已经38岁了，至今未婚。而他的男朋友杰西则有过一次失败的婚姻，但没有孩子。三年前，利兹和杰西住在一起，一切都很顺利，然而，随着时间悄无声息地溜走，利兹开始有些慌乱了。

刚开始与杰西交往时，利兹就坦率地向他表明，她渴望与他尽快步入婚姻的殿堂，并拥有自己的孩子。而杰西则表示，他也非常喜欢孩子，但是孩子的母亲必须是最适合他的人。他已经经历过一次不愉快的婚姻，那次婚姻以双方的恶语而告终，他还将一部分财产作为离婚补偿金，他为此一直非常心疼。他不希望同样的情景再次上演。他得对他的第二次婚姻有绝对的把握才行。更何况，杰西是在单亲家庭中成长的，他的童年因为失去母爱而非常悲惨，他不希望自己的孩子也遭受这样的悲剧。

利兹觉得自己是最适合做杰西妻子的女人。刚开始与杰西同居时，她经常暗示杰西与她尽早结婚，然而杰西对此却从不作出任何回应。由于没有承诺作为保障，利兹经常会有离开杰西的想法。但是，每当她收拾好行李，打算离去时，这种感情却又奇怪地消失了。她只好又留下来。

当利兹明白而直接地向杰西提出结婚的要求时，杰西解释道："亲爱的，难道你对我们的爱情如此不信任吗？我爱你，这毫无疑问。但是，婚姻不仅仅需要爱情。我们不能如此盲目地做出这个决定。上次婚姻的失败已经给了我太大的打击，在第二次做出决定前，我必须认真地对这段感情进行权衡，

## 第六章　培养果断力，彻底反制干扰者和操纵者

考虑周全。否则，我很难答应你的要求。"利兹无奈地看着他，而他继续说："相信我，请再给我点时间。好了，这个话题到此为止。"他硬生生地结束了谈话。而如果利兹继续追问，杰西则会显得烦躁不安，甚至大发雷霆。她只好将自己还未说出的话咽回去。

后来，杰西对这个有关婚姻的话题更加敏感了，有时候利兹无意中提到，他都会表现出莫名的愤怒情绪。

在他们同居一年之后，利兹对婚姻更加期待了。她多希望杰西能够亲自给她戴上一枚戒指，但她的期待换来的只是一束玫瑰花。这束娇艳欲滴的玫瑰似乎在讽刺她日渐衰老的年龄，她再也控制不住自己的伤心与失落，啜泣着，坚持要与杰西讨论一下他们的未来，或者说，他们到底有没有未来。

同以往一样，杰西不仅毫不留情地拒绝了利兹的要求，还与她争吵了起来。他完全不想了解利兹内心的感受，只是对她进行指责："看看，就是这样！接下来，我们可能要打架了！这正是我最担心的事情，也是我不想结婚的原因。我之前离婚也是因为我和她总是不停地争吵、攻击。我现在更加不能确定我们是否能够好好相处了，我绝对不可能现在就下决定和你结婚。"说完后，杰西便怒气冲冲地摔门离开了。

听了杰西的这番话，利兹只好强迫自己静下来思考他们的关系。她爱杰西，她希望与他共度一生。但是，如果她逼得太急，又担心他会逃走。她劝自己要耐心一些，安慰自己，他很快就会决定娶自己了。杰西回来后，她向他道了歉，杰西最开始表现得很冷淡，过了几天后，他们又恢复了之前的亲密关系。

以后的日子，只要利兹一触及有关结婚的话题，杰西就会怒不可遏。利兹只能无可奈何地忍住自己想要结婚的想法，因为她知道自己并不是一个勇士，她害怕这样的争吵和对抗，只能尽量避免这一切的发生。

事情并不会因为人们的逃避而变得更好。利兹的青春已经逝去，光阴荏

苒，她迫切地渴望着婚姻，但又不能如愿。时间越长，她心里的委屈和怒气就越大，但她只能拼命地压制着。

于是，利兹陷入了这种双重困境之中，男友杰西让她进退维谷。为了不让杰西发火，她只能保持沉默，而这又不能让她实现结婚的愿望。

在这种煎熬中，利兹与杰西已经同居两年了。杰西依然对结婚的事情只字未提。经过这么多天的深思熟虑，她渐渐明白，这种感情漂浮在半空中的状态才是她最担心的，而相比之下，与杰西结束这段感情反而是个解脱。是时候采取一些措施了，她决定夺回自己的主动权，即使杰西抛弃自己，也要主动为自己婚姻的梦想而努力。

想通了这个道理之后，利兹立刻给杰西写了一封信，告诉他，她明天就会离开这里，搬到自己以前的住所去。她已经决定了，她不会再挣扎在这段没有结果的感情之中了，也不会因为害怕杰西发火而终日惶恐不安了。她告诉杰西，她依然爱他，希望嫁给他。如果在她遇到另一个意中人之前，杰西能够战胜他对婚姻的恐惧，那么他们还是有可能恢复亲密关系的。

看到这封信后，杰西非常生气，也对利兹的行为感到无比失望。他告诉自己，对啊，她最终会一走了之的，这证明她根本就不是我最合适的结合对象。

然而，在他们分开两个月后，杰西就主动去找利兹，表示希望他们能够继续在一起。利兹依然坚定地表明，只有他愿意娶她为妻，她才会答应重新回到他身边。没有了杰西的陪伴，利兹感到非常孤单，但她依然忍受了下去，因为那种进退两难的困境使她更加煎熬。她不断地安慰自己："如果杰西依然爱我，他会来找我的，会娶我的。"

幸运的是，利兹的行动换来了美好的结果：杰西不久之后就向她求婚了。他们最终携手步入了婚姻的殿堂。

很显然，利兹是被杰西无形地操纵了，而她被利用的就是自己对杰西的

第六章　培养果断力，彻底反制干扰者和操纵者

爱和对婚姻的渴望。她两方面都不想失去，结果处处受到限制，举步维艰；当她勇敢地做出选择，决定对自己最渴望的婚姻做出努力，甚至放弃自己与杰西的亲密关系时，她反而得到了最好的结果。因此，在遇到这种进退两难的局面时，我们应该多问问自己，什么是自己最需要的，做出最明智的选择，才能解开困扰。

## 培养果断型行为：快刀斩乱麻，让你迅速摆脱困境

在面临困境的时候，动物总是有两种天然的反应：一是飞奔而去，迅速逃离危险的环境，行为心理学将这种反应称之为"逃跑反应"。这种遭遇困境选择避开危险的行为，属于退让型行为。二是奋起反抗，与侵犯自己的外敌进行战斗。这种反应属于"攻击反应"，也就是我们说的攻击型行为。

人与动物不同，人与人之间不只是单纯的强与弱、亲密与敌对的关系。性格的多元化和情感的丰富性，决定了人际交往的过程不是简单的逃离或者攻击。为了保全自我，在不伤害他人的情况下，使得自己的境遇变得有利，同时使场面可控，人类在面临棘手情景的时候，除了以上两种反应之外，还有第三种选择，即果断型行为。

**面临困境，人类的三种不同行为**

**1. 退让型行为**

退让型行为来自心理上的胆怯和懦弱，不敢于表达自己意见，不坚持自己的立场，不管自己内心是如何想的，都会选择首先遵从别人的意愿。是一种通过妥协、回避、屈从的方式来避免干扰者的行为，这种退让行为有时的

确很有效，因为它可以很好地避开人际矛盾，但是，当遇到强悍的操控者时，往往会被逼得无路可退。当人们选择"后退"作为处理事物的一种行为模式，就证明他默认了让别人凌驾于自己的意愿之上。

当面对冲突时，退让型的人总是选择自己退步。比如在公交车上，你的座位被别人无礼地抢占了，而你为了避免矛盾选择了默不做声；已经到了下班时间，老板为了想完成更多的业绩，屡次让你留下来，免费为公司加两个小时的班，这时面对老板的无偿剥削，你没有提出抗议，而是应承下来。这样的人对自己的权力范围与底线不能够正确地划分界限，常常被人一步步侵犯。总是选择退让型行为的人，事实上是在自掘坟墓。

**2. 进攻型行为**

进攻型行为是指过度勇敢，过度心理紧张，坚持自己的立场，容易藐视和忽略他人的感受。与退让型行为相反，他们习惯将自己的意愿强加于他人之上，强迫别人服从于自己。同时，太过的敏感、不容侵犯的心理，也会对他人造成不必要的伤害。他们不仅极力保护着自己的界限，也常常侵犯别人的界限，如常常以强硬的态度要求亲密的人帮助他，在公司过分计较自己的责任范围，在家庭中过多要求自己的配偶等。尽管这样的行为能够让自己不被他人侵犯，但由于太过冲动，会给自己的交际带来隔阂和不必要的麻烦。

在交际中，这类人对于利益关系清楚，富有进攻性，有时甚至到了睚眦必争的地步。这种人虽然很难被他人影响和利用，但他们的人际关系也是不理想的。

**3. 果断型行为**

果断型行为介于以上两者之间，或者说，它包含了两者共同的特性。拥有果断性行为的人，能够对交际中出现的各种问题进行合理的判断，能够衡量利弊，找到平衡点，照顾双方的利益，让双方都满意。果断型行为不会让人总是屈从别人，也不会强迫他人服从自己；他们能够在尊重别人的同时，

## 第六章　培养果断力，彻底反制干扰者和操纵者

表达自己的想法和感受，正确地坚持自己的观念，顾全大局，面对种种冲突和矛盾，能够进行恰当的处理。这种行为发生在一定的合理区间和承受范围之内，会让交际者双方都处在一个比较愉快的氛围中。是一种双赢的行为。

接下来，我们对这三种行为进行进一步的分析，以便能够更清楚地了解它们。下面我们来设立一个场景：

一家企业的人事部在进行面试，面试官是一位人事主管。这位主管进行了一天的面试工作，到了傍晚，还剩下最后三名应聘人员在门外等候。面试继续进行。

这是一位很强势的面试官，他以高傲的姿态坐在椅子上，语气强硬，盛气凌人。他没有正眼看应聘者。一天的面试任务让他非常疲惫和烦躁，他希望以最快的速度结束面试，所以他避免与应聘者进行过多的交流，不愿意搭理应聘者。

我们来看看，最后的三名应聘者是如何应对的：

应聘者A：不敢正视面试官，坐立不安，声音小得几乎无法听见。勉强回答完面试官提出的几个简单的问题后，仓促离开。

应聘者B：挺胸，俯视，后靠椅背，声音很大。

应聘者C：坐姿端正，微笑，正视面试官，音量适度，注意仔细揣摩对方的问题，在肢体语言上能够模仿对方，用"I–I–YOU"的双方互动应答模式给予反馈，为自己争取机会。

场景中的应聘者表现出来的三种行为稍稍夸张，但也非常典型，我们很容易就能够看出区别。我们可以看到，应聘者C无疑是最有可能让面试官心存好感的人，而他所采取的，正是果断型应对方式。

掌控：如何在人际交往中取得主导权

**有效行为和无效行为**

　　值得注意的是，"退让、果断、攻击"这三个词不是用来形容人的，也就是说，这些行为并不是固定的，不是说某个人只会拥有某一种行为。事实上，我们每个人都会有这三种不同的行为，比如，一个习惯退让和妥协的人，他在遇到令自己气愤的事情时，也会选择反抗或报复；一个霸道、冲动的人，偶尔也会懂得尊重他人。然而，我们的选择会具有某种倾向性：在处理棘手情景的时候，人们往往会自动、本能地做出反应。某人的某种倾向性比较明显的时候，我们会认为他就是这种类型的人。我们每个人都有某种倾向性，但是这种倾向性行为并不总能得到我们所期望的结果。

　　在这三类的行为模式中，我们需要根据不同的场合、不同的人、不同的境况选择合适的行为模式，否则，不仅不能解决问题，还会激化矛盾。这样就会产生两种效果：有效行为和无效行为。有效行为是指在运用某种行为模式时，产生了积极的效果，使交往情境良性发展。而无效行为是指在运用某种行为模式时，由于出现了某种偏差，导致交际失败。

　　通常情况下，只有面对必须退步的交际环境时，你选择退让行为才是有效的，如果你遇到的是必须捍卫自己的权利，需要主动进攻的环境时，你的退让只会让对方步步紧逼，最后完全被对方所掌控。同样，如果你总是锋芒毕露，选择"先声夺人"，的确可以在一定程度上让自己摆脱操纵，但你却很容易失去与他人进行密切沟通的机会，你的圈子只会越来越小。

　　由于退让和进攻型行为难以在交际中场合中得到准确的应用，出现无效行为的概率很大，习惯于退让的人很难为自己争取权益，而习惯于进攻的人会与他人形成隔阂，这样就会失去主动权，甚至会引发适得其反的后果。所以，根据折中原理，在大部分的工作与生活的场合，选择使用果断型行为模式才是最万无一失的法则。

# 第六章　培养果断力，彻底反制干扰者和操纵者

## 强调自己的做事风格：别对我指手画脚

一次偶然的机会，菲德罗和佛兰克经过面试、体检、培训和考试，成功地进入了肯德基，但是还必须满足一个条件，他们才能够真正成为肯德基的正式员工，这就是工作时间累积达一百个小时。

上班的第一天，经理分配给他们一人一台收银机，然后就在一旁远远地看着。公司规定，收银员必须严格按照国际统一标准服务顾客，即"收银七步曲"。第一步是微笑欢迎顾客：在顾客进入大厅五秒钟内，收银员必须用响亮的声音招呼顾客，亲切有礼貌地说："欢迎光临，请您这边点餐！"喊出这第一声，真不是件容易的事。

菲德罗和佛兰克试了好多次，费了好大劲儿，声音还总是在喉咙里打转。可是，只要他们不主动招呼的话，就很少会有顾客主动走到他面前。同样是收银员，别人"门庭若市"，自己却傻站在一旁，无所事事。

这才是第一步。工作中，动作稍慢一些，或食品码放稍不规范，经理上来都是劈头盖脸一顿训斥，真的是恶狠狠、毫不留情的。每位职员，无论是业绩好的，还是业绩差的，没有一个没被骂哭过的。当然，菲德罗和佛兰克被骂得更惨。

一个星期就这样过去了，佛兰克终于忍受不住了。他提出了辞职，并且极力鼓动菲德罗和自己一起走人，再也不要受这种窝囊气了。可是，菲德罗还想留在肯德基继续工作，佛兰克则一个人离开了。

有一次，公司在所有分店开始售卖"吮指原味鸡"，并同时进行买一赠一的促销活动。为了这次促销，菲德罗和同伴们接受了无数次培训。经理反复叮嘱他们，见到顾客第一句话，应该这么说："欢迎光临，您要不要尝一

份全新的吮指原味鸡,买一赠一!"

这天,正好是菲德罗当班,他反复重复地说这句话,舌头都麻木了。可突然,原味鸡开始供不上了,前台经理让他在收银时暂时停止建议。菲德罗刚点头答应,可一转身,见到客人,又习惯性地脱口而出:"欢迎光临,要不要尝一份全新的吮指原味鸡?"话音没落,前厅女经理的高跟鞋跟一下踩在了他的脚上,接着又是一堆尖酸刻薄的挖苦。

当时,菲德罗真的无法控制自己的情绪,眼泪在眼眶中打转。但他还是告诉自己:要微笑服务顾客,要微笑。可泪水还是溢了出来,他真不知道自己究竟是哭着笑,还是笑着哭,总之是委屈极了。

佛兰克听说这件事后,找到了菲德罗,极力劝他离开肯德基,并且说自己当初离开肯德基是多么明智的举动。菲德罗开始有点动摇了,当他回去后想了想,既然都已经坚持这么长时间,为何不再继续坚持下去呢,他又一次拒绝了佛兰克的建议。以后的日子,他更加努力地工作,让自己熟悉业务,锻炼思维能力和待人接物的能力,前台经理的训斥他也慢慢习惯了。他开始适应这样的生活,并且能够从中找到快乐。

这样工作了几年之后,菲德罗已经晋升为这家肯德基店的经理了,而佛兰克还在和当初一样为工作的事情发愁呢。

目标能否实现,在很大程度上取决于你的意志是否坚定,能否抵挡住周围的人对你进行诱惑。比如,你想让自己的工作更加出色,业绩更加好看,于是你选择每晚坚持多加一个小时的班,来学习充电,整理修改方案或者收集、熟悉客户的资料。然而,就当你已经坚持了一两个星期的时候,你的一个好朋友突然打了一个电话,热情地邀请你晚上出来放松放松,去唱唱歌,喝喝酒,他还满口地嘲讽你不懂生活。对于已经处于疲惫状态的你,这是一个很难抵挡的诱惑。你正想着给自己放一晚的假,便装作无奈地答应了他,如果这个时候你动摇了,那么很快就会有第二次、第三次,久而久之,你之

# 第六章　培养果断力，彻底反制干扰者和操纵者

前"提升业绩"的计划就泡汤了。

很多人在交际中容易迷失自我，很大原因在于他们容易出现突变心理，会随着外界的条件变化而变化，不能果断地坚守自己的想法，这种心理状态被称为"猴子下山心理"。一只猴子下山，遇到桃子，先摘了桃子；接着遇到玉米，丢了桃子去摘玉米；最后看到西瓜，扔了玉米又去摘西瓜。它的心理始终没有坚持最初的选择，而是容易被外部环境所操控。心理选择不坚定的人，往往容易被身边的人所干扰，虽然自己拥有主见，但是这种主见不够坚定，内心活动始终处在摇摆的状态。

**不要理会他人的看法，坚持自己的决定**

有人曾经说过，我们的大脑就像一汪清泉，别人的评论就是一颗颗石子儿，石子儿扔进泉水中激起的只是水波，但激不起石子儿，所以别人的说法即使在我们的脑子里装得再多，那也是别人的，而不是自己的。当我们决定做一件事情时，总会有这样或那样的干扰。你的耳边总会响起这样的话："这真是一个愚蠢的决定。""如果我是你，我可不会这么干。""天哪，放弃吧，你不适合干这个。"你很容易就会动摇，会怀疑自己的选择，甚至会自我否定。

事实上，外界的否定、怀疑、诱惑等，无疑是一个人在实现预定目标的过程中所面对的种种干扰和阻碍，这会使自己进入消极敌对的情绪状态，会给人造成极大的心理压力，如果不能够及时地调整过来，不能进行妥善的疏导和管理，就会使自己丧失信心和热情，从而轻易地改变自己的初衷。

一个人能够成为什么样的人，达到什么样的境界，做出什么样的成绩，受外因和内因两大因素的制约：外因，包括来自外界的影响、牵制和触动，等等；内因就是来自于自身的意志信念、价值取向和主观能动性，等等。在小的时候，我们主要受外界因素的影响，在潜移默化中我们继承了语言、习惯等"遗产"，使我们得以与整个社会沟通，这个时候，我们更多的是作

为一个"自然人"存在；伴随着我们年龄的增长，我们受外部因素影响的程度就会越来越小，因为我们有了自己的想法和认知，也有了自己想要走的路。

一旦你决定对自己完全负责，那么无论出现什么情况，你都会满怀信心地让你的事业和生活沿着既定的方向前进。

## 想到就去做，别让对方有机可乘

全球闻名的麦当劳连锁快餐创始人雷蒙·A.克罗克是一个雷厉风行的人。他在年轻时，并没有一技之长，不过他总是想到什么，立即去风风火火地执行。他当过芝加哥某电视栏目的编导，当过装刨冰的纸杯推销员，还在佛罗里达帮人推销过房地产。后来，他进入了一家制造奶制品机器的工厂工作。

一次，克罗克收到了一份订购28台奶制品机器的订单。这对他来说，是一张大订单，而面对的客户正是当时经营汉堡包快餐店的麦当劳兄弟。

当时麦当劳兄弟开的这家餐厅，与美国的无数的汉堡包店一样，没有什么特别之处，都是卖汉堡包和炸薯条这类快捷食品。不过不同的是，麦当劳兄弟经营的快餐店采取了独特的生存方式，采用了流水线生产汉堡包，套餐式标准，搭配炸薯条、牛肉小馅饼，并且用红外线照射，保持薯条的温度和口感。他们推出的套餐不仅分量足，而且味道好，携带方便，受到了消费者，尤其是青少年的喜爱。由于采用流水式作业，麦当劳的服务员可以在一分钟内满足一百多位客人需求。克罗克从中看到了巨大的商机。

麦当劳兄弟虽然在销售渠道上有独到之处，在经营理念上却存在巨大不足，因为他们思想较保守，过于满足于现状，不愿意去进一步开拓业务，发

## 第六章　培养果断力，彻底反制干扰者和操纵者

展分店，让事业壮大。这就是克罗克看到的商机——他要买下麦当劳分店的经销权。

与其同时，克罗克的上司，奶制品的机器公司的经理佛瑞科也敏锐地嗅到了这一商机。虽然他也看出了克罗克的意图，但他一点都不心急，他认为克罗克没有与他竞争的实力，他决定慢慢地制定与麦当劳兄弟的合作协议。

克罗克知道机会稍纵即逝，如果经理和麦当劳兄弟达成开连锁店的协议，那么自己将会毫无竞争之力。于是，克罗克决定先下手为强，他一个星期不眠不休，制作做了一份联营协议，并且火速地与麦当劳兄弟进行谈判，最终顺利签下了这份联营协议。

协议规定：麦当劳兄弟答应转让给克罗克在全国各地开连锁分店的经销权，为他提供原料供应，给予技术指导，但是克罗克要事前支付一笔数目不小的转让费，并且开出的条件非常苛刻：克罗克只能抽取连锁店营业额的1.9%来作为服务费，而其中只有1.4%是属于克罗克的，0.5%则归麦当劳兄弟。这对克罗克是一个严峻的考验，但他还是毫不犹豫地接受了这个条件，尽管这项协议冒了非常大的风险。

当他的上司佛瑞科听到这个消息后，克罗克已经创办了麦当劳连锁公司。连锁店的进展非常顺利，1955年4月，第一家分店在得西普鲁斯城开张；是年9月，第二家分店在加州的弗列斯诺市开业；三个月之后，第三家分店在加州雷萨得市成立……

克罗克开设分店的速度越来越快。到1960年，已经拥有228家麦当劳餐厅，营业额达3780万美元，除去麦氏兄弟拿去的0.5%利金，麦当劳连锁系统的盈利只有7.7万美元。随着规模的扩大，麦氏兄弟的抽成越来越多，而且，根据协议规定，克罗克无权对麦当劳兄弟设立的快速服务系统做出任何修改，他只能偷偷地在经营中做一些细微的改良。麦当劳兄弟苛刻的规定，严重阻碍了麦当劳连锁公司的进一步发展。

"一定要买断麦当劳！"克罗克下了决心。1961年年初，他与麦氏兄弟

进行了一场谈判,麦氏兄弟答应转让麦当劳的经营权,但是要价苛刻:270万美元!并且只能是现金!克罗克感到怒不可遏,但他极力遏制自己的愤怒。他们明知他拿不出这么多钱,却将价码定得这么高,这是摆明了不愿让克罗克得到经营权。克罗克衡量再三,还是下定决心答应了麦氏的苛刻条件。他和财务一起想方设法筹款、借贷,终于筹集到了270万美元,买下了麦当劳的所有权。后来,虽然公司仍然以麦氏兄弟的姓氏命名,但却与他们毫无瓜葛了。克罗克成了麦当劳真正意义上的创始人。

果断和决绝是打败一切敌人最好的武器,尤其是对付那些想要阻挠你的人。不要去等待一件事情达到绝对完美或是接近完美,如果你要等到万事俱备之后才去做,那么你就永远只能等下去。一般来说,任何人在做一件事情的时候,都会有一定的反应时间,这段反应时间被叫做考虑周期,这是每个人潜意识中施行自我保护的本能反应。而拥有果断力的人,往往会利用这段时间差,在别人还没有得出应对措施的时候,果断地执行,抢占先机。

科学家富兰克林说:"今天的事情不可以拖到明天执行,上午的事情不可以拖到下午去完成,不论做什么,是经营事业、高级推销工作或科学、军事、政府机关工作,都需要雷厉风行的人来执行。"当你在交际中,要想不被周围的人所胁迫、钳制,就应尽快做决定,让对方措手不及,失去最佳的操控你的时机。

## 你就是自己真正的主人——培养果断力的五大要素

在交际中,果断力的培养是必要的。果断力是一种自我掌控的心理表现,它是让人能够坚持自己、勇于表达自己的愿望和意见、增加个人效能的

## 第六章　培养果断力，彻底反制干扰者和操纵者

综合体现。有了果断力，人们就很难受到操控者的控制和干扰者的影响，能够依照自己独特的思维去判断事情的发展，掌控接下来的局面。特别是在面对众多的信息干扰时，不会左右徘徊、犹豫，能够完全地遵照自己的真实意愿，迅速地给出带有抉择性的行为表现。

### 1. 警惕情感绑架

苏妮和莉拉是大学时期的室友，关系比较密切。苏妮毕业之后去了一家会计事务所工作，由于她聪明机智、心思缜密，工作能力也很强，很快就成为了老板的红人。由于莉拉从之前的公司辞职了，正在找工作，而当时苏妮所在的公司正好缺人，所以她就将莉拉介绍过去。莉拉正在为找工作的事情而发愁，苏妮又恰好雪中送炭，而且这家公司正在日新月异地发展着，待遇也非常好，这简直是天赐良机，莉拉便毫不犹豫地答应了。

然而，在之后的工作中，问题逐渐显现出来。已经成为莉拉上司的苏妮，总是将繁重、复杂的工作交给莉拉去做，而自己只做简单的、轻巧的。莉拉虽然每天忙得不可开交，但是自己之所以能够进入这么好的公司都是由于苏妮的帮助，她对苏妮心存感激，所以总是毫不犹豫地接下这些工作。

后来，苏妮变本加厉，不断地将自己的工作推给莉拉，莉拉只能每天加班加点地完成工作。但苏妮似乎对莉拉的辛苦熟视无睹，她依然轻松自在地做着简单的事情，对苏妮也依然表现得非常亲昵。她们的关系似乎还是与从前一样要好，这让莉拉更加左右为难了。她已经心力交瘁了，但是又不敢对苏妮说半个不字，一来是由于这个难得的工作机会是苏妮给她的，二来是因为她不想破坏和苏妮之间的友谊。

就这样，一年之后，莉拉终于受不了这样的折磨了。她决定离开公司。苏妮因为她的这个决定非常生气，对她说："你居然不顾我们的之间的友情，说走就走。太忘恩负义了！"而莉拉也只能无可奈何地对苏妮表示抱歉。

离开这家公司后，由于莉拉这一年来没日没夜地处理工作，已经累积了

大量的经验，所以很快便找到了一家比之前更有潜力的公司。不久之后，她便进入了公司的高层，成为了公司的顶梁柱。

在这个故事中，苏妮利用莉拉与自己的关系，一步步达到自己的目的。她轻轻松松地就能够完成工作任务，而那些工作事实上都是由莉拉来做的。莉拉因为不愿让两人的友谊受到影响，所以一直默认着苏妮的操纵。如果她既不想继续承担这些压力，也不想破坏两人的关系，那么她可能会由于疲惫而怨气丛生，最终还是会毁掉她们的友谊，得不偿失。只有选择勇敢地离开公司，退出苏妮的计划，才得以保全自己的利益，另觅他处。

优柔寡断是阻碍人前进的绊脚石。要想两者兼顾，往往会令我们处于被动，反而两方面都会失守。我们必须调动自己的理性思维，果断地做出选择，防止被他人情感绑架。果断型行为模式会对交际中的各种情况加以分析，并且快速地做出判断。

**2. 在混乱的信息干扰中找到出口**

有一位心理学家做过这样一个实验：将一张图片放在受试者的面前，让受试者详细地记录图片上的细节。图片上显示的是火车站旁一个人抢了另一个人的行李逃跑，火车站时钟上显示的时间是下午3点。当心理学家询问受试者"发生事件时是几点钟"时，多数人回答正确；当心理学家询问受试者"发生事件时是3点还是4点"时，回答正确的人减少；当心理学家询问受试者"发生事件时是4点还是5点"时，只有少数人可以跳出心理学家的圈套给出正确的答案。

很多时候，人们面对一个清晰的信息时，可以保持清醒的头脑，却很难在多条复杂信息面前，还能一如既往地不受来自信息的压力，这会让人产生挫折感，也意味着你已经被信息以及提供信息的操纵者所控制。例如，当有人反复地向你灌输某种观点，你会发现，你的思维很快就会陷入混乱，以至于不能清醒地、客观地看待自己，甚至会不自觉地总是把自己和别人做比

## 第六章　培养果断力，彻底反制干扰者和操纵者

较，长此以往，内心就产生了自我强迫和紧张，也就是心理学中所说的信息焦虑综合征。

**3. 不用让每个人都认同自己**

曾有人问美国华尔街40号国际公司前总裁马修布拉："你是否对别人的批评很敏感？"马修布拉答："早年对这些非常敏感，我力争使公司里的每一个人都认为我非常完美，要是他们不这样想的话，我就会感到忐忑不安，甚至是很忧虑。只要有一个人对我有怨言，我就会想法子取悦他。可是一旦我做了讨好他的事，总会让另外一个人生气。等我想补偿这个人的时候，就又会惹恼其他人。最后我发现，我越想主动地讨好取悦别人，就越会使我的敌人增加……"

我们不可能，也没必要让每个人都认同自己。所以，在有生之年，做自己喜欢做的事情，不要在乎别人的评论，也不要让别人来影响你的工作、生活。

**4. 不要等待敌手，要主动出击**

狼在捕猎食物时，从来都是主动出击，从来不会埋伏在某处进行守株待兔。果断的人往往知道该如何掌握自己的命运，敢于挑战，定好方向之后就勇敢出击。当危难降临时，退让只能说明我们的畏惧和无力，在这个时候，主动还击才是最好的表现。

一个小男孩去学画画，每当她走到老师家门口时，就会有一只凶猛的雄鹅朝他扑来，小男孩就吓得逃跑，而雄鹅就在后面拼命地追他，好几次还啄了他。

小男孩害怕邻居那只凶猛的鹅，不肯再去学画画。她的母亲千方百计地劝她，并且找了一根长长的棍子，交到他的手上说：如果雄鹅来了，你尽管大胆向它走去，然后用棍子狠狠打它，它就会跑掉了。"

小男孩拿着棍子，来到老师家，刚推开院门，那只凶猛的雄鹅便高高地

伸着颈项，发出可怕的叫声向他冲过来，男孩害怕极了，这时他想起了妈妈对他说的话：主动出击。

于是，小男孩颤抖地伸出手中的棍子，在周围一通乱打，雄鹅被小男孩的阵势吓坏了，害怕起来，大叫着回到群鹅中去了。

这个小男孩名字叫西门子，在后来的人生自传中，他写道："因为童年的一点启示，而使我终生受用，让我懂得在今后的交际中，不管对手是谁，只要主动出击，就一定会赢得主动！"

### 5. 不畏人言，用行动证明自己

有时往往难以做出决断的行为，原因是心中存在胆怯的心理，这种胆怯的心理导致了畏首畏尾、犹豫不决的表现。培养一定的胆识能够促使人们对自己的行为更有信心和动力，甚至可以不计较后果。

富兰克林一开始宣称闪电是天空中大规模的放电现象时，他的言论遭到了人们的嘲笑。

为了证明自己的论断，他做了一个大胆的实验：在一个暴雨的天气，他来到郊外放风筝，风筝是特制的，放风筝的绳索里有一根细的金属导线，一端连接着高飞的风筝，一端连着一把铜钥匙，系在他的手腕上。

他的助手对他说："老师，你还是放弃吧，这样做太危险！"

富兰克林摇头说："我决定了要证明给所有人看！"

这时，一阵闪电划破天空，富兰克林感觉胳膊上快要被烧焦了，他兴奋地大喊："我抓住闪电了，我抓住闪电了！"

他大胆的实验证明了自己的言论是正确的，终于让所有嘲笑他的人都闭了嘴。

第七章

# 训练强势力，
# 做"霸气"十足的自己

> 在职场、家庭、人际交往等日常生活领域中，我们经常会因为各种原因被迫处于劣势地位，面对他人不合理的要求，我们常常只能委屈自己，被迫答应。而这个时候，一味地逃避并不会给你带来任何好处，你的解决之道只有一个——训练强势力！强势并非是咄咄逼人的攻击，也不是盛气凌人的打压，更不是张牙舞爪的较量，而是运用一种巧妙的策略，建立强大的内心和一套应对模式，以"四两拨千斤"之力，让对方打心底里接受你、尊敬你。

**掌控：** 如何在人际交往中取得主导权

## 不当"软柿子"，有时候你应当强硬一些

罗恩是美国一家化工品生产企业的销售部经理，工作五年了，业绩突出。前不久，听说公司要进行一次人事调动，罗恩的目标是公司的副经理职位。

罗恩正在琢磨升职的事情，突然电话响了，他看了一眼来电显示，电话来自总经理乔治的办公室。每次看到这个号码，罗恩都会感到一种无形的压力，因为他似乎能预感接下来会有什么事情发生。罗恩有点不情愿地拿起话筒："喂，总经理您好！"

"罗恩，怎么现在才接我电话，赶紧到我办公室来一下！"电话那头，乔治的声音铿锵有力，带着催促。

"好的……"罗恩还没把话说完，电话已经挂了。

来到总经理办公室，只见乔治手里正拿着一份文件，对罗恩说道："罗恩，这是我们和墨西哥索拉公司的一笔15亿美元的订单合同。现在由你亲自去搞定它！如果你能够顺利签下这份合同，等你回来后就会被晋升为公司的副经理；如果失败了，你就直接卷铺盖走人！今晚十点的飞机，机票已经订好，在秘书那里。罗恩，你知道这份订单对我们公司意味着什么，无论你用什么方法，一定签下它！"乔治最后强调了一句，再也没有说别的什么话，然后低头看文件。

罗恩拿着合同就直奔机场。飞机上，他仔细地阅读了合同的文本，他知道他的这个上司从来不说废话，而且是说到做到，所以这是一次只许成功、不许失败的任务。罗恩开始思索如何才能让索拉公司签下这份合同，并且能够保持公司给出的底线——15%的利润。罗恩知道索拉公司的采购经理米露

## 第七章 训练强势力，做"霸气"十足的自己

是一个精明干练，而且非常难缠的女人，许多次与他们合作失败，都是因为这个女人！

谈判桌上，刚开始的时候，都很顺利，当谈到利润点时，双方产生了严重的分歧，这也是合同最核心的部分！

"我们要的是16%的利润，这已经是我们最后的底线！"罗恩的态度很坚决，没有一丝退让的意思！

"16%的利润，你不是开玩笑吧，我们索拉公司可从来没有签过如此高的让利合同！"米露针锋相对。

谈判一下进入了僵持阶段，谁都不肯让步，双方最后不欢而散！

谈判第二天。

"罗恩，你们虽然是新产品，但是在价格上，我们是不能接受的，你要知道还有其他公司等着和我们合作！失去这次合作，将是你们的一大损失。"米露想以此威胁，让罗恩妥协。

"16%的利润，这是我们最后的底线！"罗恩仍旧重复昨天的话。

"那好吧，你再回去考虑考虑，明天可是最后一天！"米露没有多说一句话。

第三天。

"罗恩，你始终不肯让步吗？如果你还在坚持，我们只能终止合作！"米露使出了最后一招杀手锏。

罗恩摇了摇头，回答："16%的利润，真的没有办法再让步。"

说完这句话，整个会议室又陷入了一阵沉寂。

"那好，我宣布我们的谈判到此结束！"米露显得十分生气，大步走出了会议室。

谈判失败了，罗恩有点沮丧，因为公司给他的底线是15%。如果刚才在谈判中，答应让出1%的利润，会不会顺利签下合同呢？

罗恩失落地回到了酒店，心想总经理说一不二，这次他把谈判搞砸

了，只能引咎辞职了。就在他正准备离开酒店时，电话响了，是索拉公司打来的。

"罗恩，你真是一块硬骨头，我们决定和你签合同！"电话那头，米露的声音有点无奈。

当罗恩把签好的订单合同放在乔治的办公桌时，感觉如释重负。第二天，在罗恩的办公桌上，多了一份升职通知。

可见，强势的人永远知道怎样把握事情发展的方向。乔治以罗恩的职业相要挟，没有给他任何商量的余地，这等于给了罗恩一个心理暗示：你知道下一步该做什么。这种做法，在心理学上被称为"强势刺激"，就是当人被某件事情逼到绝境的时候，人的思想、行为会完全处于被动屈服状态，意识中不会再产生任何的反抗情绪，全部的精力都会嫁接、转移，投入到他所面对的难题上去。

同样，罗恩在谈判中，也对米露运用了"强势刺激"的办法，他毫不退让，就是想要让索拉公司的谈判代表们认为罗恩即使放弃合作，也不可能让利。从一开始，罗恩就把米露逼到了绝境，让她在大脑中产生了这样一个心理意想："这可能真的是他们的底线。"接着，罗恩采取逐步加深的战术，让这一意想在米露心里由刚开始的模糊状态，变得清晰明朗，最后产生心理定型：16%的利润真的是他们的底线。而事实上，罗恩手中的底线却是15%。

当然，在人际交往过程中，采用"强势刺激"的方法，不一定都能取得成功，但是至少可以最大化地保证自己的利益。人与人之间的沟通，实际上是就是心理上的沟通。一旦两个人产生了交际关系，就等于彼此建立起一个沟通的心理空间，此时你要做的就是能够迅速地进入对方的领地，占领他心中的制高点。这样，你就可以引导他的心理活动，让他听从于你。这是因为主导心理优势往往可以操之于人，就像领头的大雁一样。领头雁主导着雁群的飞行方向和保持的队形，哪怕飞行的方向是错的，后面的大雁们也会毫无

## 第七章　训练强势力，做"霸气"十足的自己

条件地跟随着飞行，这就是主导作用。

所以，要想获得一定的主导权，你就要像乔治和罗恩一样，表现得强势一点，尤其当我们面对一个势均力敌甚至比你更强大的对手，战胜他的关键因素往往不是能力和实力，而是气势和意志。

如何才能让自己变得强势起来，获取更多的主导权？下面介绍几种方法：

**1. 擅长借势**

狐狸能够在森林里取得威信，那是因为它借了老虎的威风。有时，在交际中，当自己不够强势时，我们可以去"借"别人的强势。比如，在工作中，底下的员工不服你的管教，这样你可以请公司的经理在一旁为你助阵。

**2. 懂得造势**

营造自己的霸气，是展现自己魅力的有效手段。在著名小说《三国演义》中，张飞在长坂坡上大声一吼，吓退了曹操的百万雄师，其实他是在虚张声势，但是他的霸气表现，掌握了两军对峙的主动权，最终在心理上击溃了曹军。

**3. 敢于说"不"**

在上司的面前，"不"是不容易说出的一个字，有时候需要有极大的信心和勇气，甚至会陷入灾祸。要知道，上司并不缺少听话的员工，而是缺少有胆识和魄力的员工。只要你以公司的利益为出发点，并有切实可行的理论作为依据，那么在上司做出错误决定时，你就可以以巧妙的方式据理力争。这样会让领导觉得你真的是为了大局着想，是一个可塑之才。

**掌控：** 如何在人际交往中取得主导权

# 坚持自己的主张，平衡的格局由我来打破

### 谁能抢占先机？

1923年，雷迪克成为了通用汽车集团的设计总监。雷迪克不仅年轻智慧，而且思维独特，行事果敢。他用敏锐的目光观察到，通用生产的"马车型"汽车虽然简单适用，但已经要渐渐淡出了人们的视线了。美国人的消费观念正随着时代的前进而逐渐地改变着，日益富足的美国人希望拥有漂亮、舒适、高性能的汽车。一些有文化和品位的中产阶级，更是追求一种格调高雅、造型美观、时尚的汽车。在这样的形势下，刚刚上任的雷迪克以此为目标，决定加快研制新型轿车的进度。

他把自己的方案提交给了总裁斯通。斯通看到雷迪克的方案时，有点拿不定主意，因为这是一次史无前例的改革。雷迪克感觉斯通似乎并不相信自己的眼光，于是对他说："总裁先生，您既然把我聘请前来当作您的助手，您就应该相信我的决定。如果您这一次没有同意我的设计方案，那么我也会行使我手中的权力，除非您把开除！"

与此同时，与通用汽车公司竞争的还有美国最大的汽车公司——福特，总裁艾斯尔正是老福特的长子，和雷迪克一样，他也意识到了改造车型的必要性。很快，他要求技术部门重新设计了一种新型的T型车。当艾斯尔兴冲冲地把新车型给老福特看时，却遭到了父亲的反对。

在父亲看来，老款式的T型车曾获得"廉价小汽车"的美名，广受美国人的欢迎，因为它不仅价格低廉，而且性能优良。对于老福特来说，老款T型车承载的是他的辉煌，他不许有人淘汰它，他对艾斯尔说："T型车销售得

## 第七章 训练强势力,做"霸气"十足的自己

很好,而我不打算开发新车型,还是等等看吧!"对于父亲的否定,艾斯尔感到很遗憾,尽管自己有权力,但他还是没敢违背父亲的意思。他很快又想:"也许正如父亲所言,老款T型车的生命力依然强盛呢?"

就这样,福特公司推出新车型的计划耽搁了下来,然而通用汽车公司果断行动,改造新车型的计划正在全面铺开。1925年,通用公司推出了新款车型雪佛兰。新车型一出来,就把福特汽车的市场占有率从59%挤到了47%,第二年又滑落到35%以下。

艾斯尔再不能坐视公司的销售业绩江河日下了,可如果要研制开发新型汽车,必须先征得父亲大人的同意,于是艾斯尔语气委婉地写了一份市场调研,呈送父亲,再次探讨车型问题。

然而,老福特很顽固,为了力挽T型车销量的猛烈下滑,他不惜采用削价的方式来刺激消费者。但是,美国人消费观已经变了,降价已失去了往日的效力,并不能抵制T型车销量的下滑的总趋势。

最后,老福特不得不承认自己错了,这才组织技术人员研制开发新款汽车,直到1927年,福特的A型车才投入市场。

但已经晚了!通用汽车公司凭借新车雪佛兰,已经走进了美国人的心中,牢牢地占领了市场。此时福特虽然推出了新车型,但是已经失去了先机。

同一种创新方案,不同的交流方式,产生了两种截然不同的效果。也许在人们看来,老福特的失败是因为他墨守成规,不能够进行有效的创新,其实不然,归根结底还是因为总裁艾斯尔在与父亲的这场博弈中没有取得胜利。福特和通用几乎是同一时间提出了改革方案,关键一点在于新方案是否能够得到执行。通用的设计师雷迪克采用了"进攻式心理战术",在和总裁斯通的交谈中,采取了非常强硬的态度,迫使斯通采取了自己的改革方案。这种威胁心理,在某种程度上起到了给自己立威壮势的作用,让自己看起来

底气十足，从而使对方的心理产生一种反应——不容拒绝。相比之下，身为福特总裁的艾斯尔，拥有比雷迪克更大的权力，但是在与老福特的交谈中，他采用了"退让式心理战术"，他从一开始就认为自己处于弱势地位，认为父亲的眼光也许是对的，从而对自己的创新产生了一定的质疑。这种畏惧心理的存在，直接导致他失去了主导权，最终造成了创新方案的搁浅。

**我行我素，打破平衡："我就要这样做！"**

有时，我行我素并不是一件坏事情。这一点也许会让别人感到不舒服，认为你粗鲁、无礼，但在遇到需要紧急决断的情况时，这无疑是最有力的一种方法。这是一种快速打破平衡的技巧。因为在交际中，会出现一种对等的心理，就是彼此的心理接受水平、决策权在同一个基准线上，就像刚开始没有放砝码的天平一样。但是，意志坚定的人会打破这一常规，从一开始，他就在自己的一边加上了一个"砝码"，让天平朝着自己的一方倾斜。这样一来，他就完全占据了先机。别人可能会对他提出反对意见，但如果对方是一个懦弱、没有主见的人，最终往往会选择屈服。

从现在起，甩掉那顶"退让就是美德"的帽子，在很多时候，你需要强势一些。

1. 你有权做出"不合逻辑"的决定。在很多时候，正常的交际都遵循着一种有序的逻辑，而这种逻辑往往会牵制着彼此，使双方相互制约。可是，并不是所有合乎逻辑的事情都是对的，事情也不一定能够在双方协商的和谐状况下顺利完成。当我们要决定一件事情的时候，往往会受到别人的干扰，这时，只要你足够信任自己的判断，你完全可以把交往逻辑看成一种外部标准，跳出逻辑的判断，做出"不合常理"的决定。

2. 你有权说，"我是对的，至少在这件事情上，我是对的"。当别人操控你的时候，无论他用什么方法，他的手段中往往会有一根共同的主线：他们想当然地认为你是错的，并且加以误导，让你否定自己，从而迷失其中。

## 第七章 训练强势力，做"霸气"十足的自己

这时，你应该果断一点，说："我是对的！"所有的强势手段都必须建立在自我认可的基础上。

3. 你有权说，"我就要这么做！"如果认定了自己的决策，就不要太在乎别人说三道四。强势的人会把自己的思想和行为归结到"我想做的""我应当作的"和"我必须做的"三类当中，不在乎别人的言论，尽管有时会显得有些偏执，但是他们很难被他人操纵。

## 承诺未必可靠，别死守那份心理契约

在《三国演义》里有这样一个故事：一次，曹操想严明军纪，树立自己的威权，同时也为了赢得民心，做出这样一个承诺："在今后的行军中，不论是谁，都不能损害老百姓的庄稼，如有犯者，将军法处死。"

于是，在行军中，当士兵们经过麦田时，大家都纷纷下马，用手扶着麦秆，小心地穿过麦田。老百姓看到曹操能够如此兑现诺言，无不称颂，一致认为曹操是一位明君。

可是，正当曹操准备下马穿过麦田的时候，忽然从麦田里窜出了一只野鸡，惊吓了他的坐骑。马带着他一下子蹿入田地，踏坏了许多麦子。

这下所有人都望着曹操，看他会如何收场，如果曹操违背自己的诺言，就等于当众失信于人，那么今后自己的威信必将在军中大打折扣；可是如果曹操践行了自己的诺言，那么他就要下令将自己杀死。这真是一个两难的决定。

只见曹操立即叫来随行的执法官，说要求惩治自己践踏麦田的罪行。执法官说："我怎么能够给丞相治罪呢？"

曹操说："我要遵守自己的承诺，如果自己说的话自己都不算数，还会

有谁心甘情愿地服从我的管制呢？一个不守信用的人，怎么能统领成千上万的士兵呢？"随即抽出腰间的佩剑要自刎，众人连忙拦住。

就在这时，大臣郭嘉急中生智，说："《春秋》上说，法不加于尊。丞相是三军统帅，身系大任，怎么能自杀呢？"

曹操见郭嘉给了自己一个台阶，故装无奈地说："既然《春秋》上有'法不加于尊'的说法，我又肩负着上天赐予我的使命，那就暂且免去一死吧。然而，我却不能失信于大家，以此成为天下人的笑柄！"于是，他抽出了自己的宝剑，割断自己的头发说："那么，今天我暂且用我的头发代替我的头吧。"接着，他命人拿着自己头发，传阅三军：丞相践踏麦田，本该斩首示众，但因肩负大任，所以割发替罪，以示丞相是信守诺言的人。

曹操想用自己的承诺来约束自己的士兵，获得主导权，如果士兵们不遵守这个承诺，那么自己就有理由治他的罪。偏偏不巧的是，第一个违背承诺的人便是他自己，瞬间让双方的关系发生了逆转，主导方变成了被动者，这在心理学上被称为"承诺反噬效应"。也就是说，当一个人想用承诺来取得自己的主导地位时，一旦这个承诺被自己打破，那么他就会完全失去原有承诺的效用，带来与预期完全相反的效果。这很好地说明了承诺往往具有两面性——并非只约束着被动接受的一方，同样也在约束着制定规则的人。

**小心，别搬石头砸自己的脚**

承诺往往能满足他人心理预期，起到抚慰他人、获取信任的作用，从而为自己赢得主动权。这一点符合美国著名管理心理学家施恩提出的心理契约理论。当承诺成为彼此一种心灵契约的时候，它对约定双方都存在着约束力，虽然这不是有形的契约，但却发挥着有形契约的作用。

因此，承诺是具有一定风险性的，因为这种承诺是以彼此共同遵守为前

## 第七章 训练强势力，做"霸气"十足的自己

提而形成的一种约定。有时，人们为了达到某种目的，会许下一些难以兑现的承诺。也许在刚开始的时候，你的确能够获取主动，就像案例中的曹操一样，但他的承诺并不能将自己排除在契约的范围之外，当他打破了自己的承诺时，他的主导地位便立即丧失，这种质变是瞬间性的。只要诺言被打破，彼此之间形成的心理契约会立即产生"反噬效果"。

## 我有权决定我的想法

1860年美国总统大选，林肯当选为美国总统。不久后，大银行家巴恩斯在林肯总统的办公室门口看见参议员萨蒙·赛斯从里面走出来，于是，巴恩斯迎了上去，说道："你怎么甘愿屈居于林肯之下，帮他做事呢？"

赛斯回答道："是的，他现在已经任命我为财政部长了呀。"

巴恩斯又说道："凭你的能力和学识，远远超过了林肯，你为什么要为他去卖命呢？"

赛斯说道："正是因为我比他能力强，所以在他的内阁中，我才能显示出我的才能，我才有用武之地呀。我愿意做什么，不愿意做什么，这是我个人的决定！"

几天后，巴恩斯单独见了林肯总统，说道："总统先生，请你不要将赛斯选入你的内阁。"

林肯感到非常疑惑，问道："为什么呢？"

巴恩斯回答："因为他认为自己比你更有能力，伟大得多。"

"哦，"林肯说，"你还听说还有别的人说比我更伟大吗？"

巴恩斯摇了摇头，不解地说，"你为何要选赛斯进入你的内阁呢？"

林肯回答说："因为我想把他招进我的内阁，这是我的权力。"

巴恩斯彻底不懂了，于是林肯微笑地解释道：

"你不是出生在农村吗？那么你一定见过马蝇了。有一次，我和我的兄弟在农村老家的一块稻田上犁地，我吆喝马，他扶犁。但是，这匹马非常懒散，不愿意干活，不过有一段时间我发现它在地里跑得很快，简直要把我们甩掉。等到了地头，我发现有一只很大的马蝇紧紧地叮着在它的背上，于是我顺手就把马蝇打死了。我的兄弟看到后遗憾地说：'哎呀，正是这家伙的作用，才使得马飞跑起来的，干嘛打死它呀！'也许我的确做错了，但是打死马蝇是我的权力。也许它的确可以刺激马跑得更快，但是我不想它吸掉马更多的血，这样会减小马的耐力。而我的兄弟看重的是马的速度，这也是他的权力。"

对于林肯来说，赛斯的确是一个能力极强的人，作为财政部长，他不仅把工作处理得井井有条，而且在美国经济处于瓶颈的时候，也能采取种种有效的办法让国家渡过难关。可以说，在某些程度上，赛斯的成绩的确有点"功高盖主"，但是林肯需要这样的一个人，在他的执政过程中帮助他解决很多麻烦。巴恩斯企图通过挑拨的方法，来影响林肯和赛斯的决定，然而他打错了算盘，林肯和赛斯都是具有良好决断力的人。

深入分析发现，巴恩斯之所以能够这么进行挑拨，企图干扰林肯和赛斯的决定，那是由于他发现了思想的瞬间可变性。心理学家研究发现，人们的思想并不是一成不变的，而是随时可以改变的。比如，你想买一辆轿车，起初，你的想法是红色的轿车，可是这时你身边有人告诉你，红色并不适合你，你应该选择黑色，黑色是最经典的颜色，于是你很可能会在瞬间改变想法，选择黑色。就在这时，又有人会告诉你，黑色太沉闷，一点都不出挑，而且并不像人们所想的那样耐脏，不如白色好看，纯净大方，这时你又会觉得白色好。这就说明，当外界环境发生变化时，人的心理是处于起伏状态的，容易受到外界因素的影响，产生瞬间性的变化。瞬间性

# 第七章 训练强势力，做"霸气"十足的自己

的变化易于被别人所操控，在交际中，不想被别人的思想左右，就要拥有一定的决断力。

**我的地盘我做主**

美国《成功》杂志的创办人奥里森·马登说："人人都应具有明确的决断力，它就像一枚指南针，会指引人们走上光明之路。"决断力体现在有个人独立、冷静的思维，有积极的心态，有长远的眼光和多维度的视角，能够瞬间判断出一切可能性。

对于那些不善于表达自己的不满和反对意见的人，他们往往难以在别人的干扰下进行正确的决策，这样一来，操纵者就很容易找到他们的心理漏洞。那么，通过提高决断力的训练，能够使人们变得更加果敢，能够表达或敢于表达自己的意见或自己内心的真实决定。

决断训练一般有下述几个步骤：

**1. 对症下药，明确决断的方向**

如果你发现自己易于听从他人的意见，应该首先分析自己属于哪一类决断力缺乏者。我们一般将其分为"不愿性决断"和"不能性决断"。前者是因为某些心理障碍，而无法做出决断；后者是因为害怕和恐惧心理，担心会发生严重后果，不能决断。

**2. 提高决断动机**

深入分析自己的心理——你的想法是如何被他人所左右的。比如很难说"不"字的人，他们可能也很想拒绝别人，但认为这是一种不礼貌的行为，才迫不得已违背了自己的意愿。这就产生了一种同情和愧疚之心，易于被别人利用。所以，你需要弄清楚自己到底是产生了怎样的心理，以至于被他人操纵。

**3. 进行全面分析**

你应该知道，除了方案A和方案B之外，很可能还存在着更加完善的方

案C。所以，当有人干扰你的决策时，不妨瓦解曾经的定式思维，走出思维盲区，重新进行全面的分析，也许你能够找到更好的决策方法。

**4."对不起，我才是这件事的决策者!"**

许多缺乏决断力的人，从根本上并没有权力概念。认识到自己有主动做出决定的权力，是培养决断权的关键。就像林肯所说的一样："也许我的确做错了，但是打死马蝇是我的权力。"

# 坏CD表达法："耍无赖"的艺术

### "我只想要回我的鳕鱼"

周末，弗朗斯去超市替妻子买菜和生活用品，回到家的时候，他发现自己买的一块鳕鱼丢在了超市，忘记放进购物袋里。他决定去超市，把鳕鱼给要回来。可是，当他回到超市时，发现收银台上自己买的鳕鱼已经不见了，于是发生了以下的对话场景：

弗朗斯：你好，收银员小姐，我一个小时前在这结账的时候，我的一块鳕鱼忘拿了。

收银员：是吗？

弗朗斯：我在超市里买了一只鸡、一块肉、一盒鸡蛋、一块鳕鱼和其他生活用品。可是我回到家时，发现我的鳕鱼不见了，现在我想拿回我的鳕鱼。

收银员：对不起，先生。我也没看到你的鳕鱼，今天上午，我都没有看到过什么鳕鱼。你检查过你的车了吗？

弗朗斯：我看过了，没有，我想拿回我的鱼。

# 第七章 训练强势力，做"霸气"十足的自己

收银员：对不起，我也没办法。

弗朗斯：我就知道你会这么说，但是我这次回来是来拿鳕鱼的，因为我已经为它支付过了。

收银员：那么你能出示一下收银时的小票吗？

弗朗斯：小票在这儿。你看，我想要回我买的鳕鱼。

收银员：的确，你是在超市里买了一块鳕鱼，可是鳕鱼是在海鲜部买的。

弗朗斯：可是我的鳕鱼是在这里付钱时丢的，我想要回我的鳕鱼。

收银员：我这里不是海鲜部，我只是一个收银员。

弗朗斯：我理解你说的，可是你已经收了我的钱，难道你不愿意把鳕鱼还给我吗？

收银员：对不起，这个我无法解决，你可以去找海鲜部的经理。

弗朗斯：那他会把鳕鱼给我吗？

收银员：也许，他是负责人。

弗朗斯：请问他叫什么名字？

收银员：他叫迈克。

弗朗斯：那请麻烦你打个电话，让他过来一下可以吗？

收银员：你可以直接去后面找他，他就在后面。

弗朗斯：我已经去过了，他不在那儿，你还是打电话让他来这儿吧。

收银员：麻烦你不要老是在这儿纠缠好吗？你看其他人都不能在这付款了。

弗朗斯：我知道，我要回了我的鳕鱼，我立刻就离开。

收银员：那好吧，我打电话让海鲜部经理过来。

五分钟后，海鲜部的经理迈克走到了收银台前。

收银员：您好，经理。这位顾客说他买的一块鳕鱼丢了。

迈克：请问你是在这儿丢的吗？

弗朗斯：我就是在这儿丢的。

迈克：你确定不是在其他地方丢的吗？或者你一时粗心忘记了。

弗朗斯：对，我粗心地忘记在了收银台上。

迈克：我的意思是除了这儿。

弗朗斯：没有了，我想拿回我买的鳕鱼。

迈克：这样，你再回去好好想想，看有没有丢在了别的地方。想不到的话，你明天再来。

弗朗斯：我明白你的意思，可是我今天就想拿回我的鳕鱼。

迈克：我也没办法，这事我也不能擅自做主。

弗朗斯：谁能做主？

迈克：超市经理。

弗朗斯：麻烦你打个电话，让他过来一下，好吗？

迈克：他现在很忙，恐怕没有时间过来见你。

弗朗斯：我理解你说的，不过我也很忙。请你打个电话，让他过来处理一下，我只想拿回我买的鳕鱼。

迈克：那好吧，你在这里稍等，我去问一下，看怎么处理。

弗朗斯：好的。我会在这儿等着你。

迈克走进了超市后面的办公区。过了一会，迈克从办公区走了出来。

迈克：发生了这种事情，我们深感抱歉。这样，你和我一起去海鲜区挑选一块你想要的鳕鱼吧。

弗朗斯：好的，非常感谢。

迈克：下周我们的海鲜区会打折，您可以买到很多物美价廉海产品。

弗朗斯：我会告诉我的妻子，谢谢。

案例中，弗朗斯最终要回了自己丢失的鳕鱼，也许在别人看来，他这种做法有点像无赖，可事实上，这种强势的态度的确为自己争取了利益。他一

## 第七章　训练强势力，做"霸气"十足的自己

系列的行为和语言都在向对方暗示一点："如果今天没有还我的鳕鱼，我会跟你没完没了。"

在很多时候，当冲突发生，责任很难明确的时候，要想掌握主动权，在进行有效的沟通中，必须要持久不懈地坚持自己的立场。软弱的人往往在被别人几次拒绝或者几次推卸责任后，就选择妥协让步，宁愿忍气吞声，也不愿再继续纠缠。强势的人则会坚定自己的目标，始终坚持自己想要的，不断地重复。在不断地重复中，强化自己的意愿，并且让对方充分感受到自己"不成功，便成仁"的决心。这样一来，对方也就会顺势妥协了。心理学家瓦德纳把这种技巧叫做"坏CD表达法"，也叫做"反复纠缠法"，让自己如同一张坏了的CD一样，不断重复自己想说的话，丝毫不顾"聆听者"的意见。

**咬定青山不放松**

弗朗斯正是通过"坏CD表达法"，重复地把自己的要求在收银员的脑海里进行不断的强化，让收银员最后不得不打电话给海鲜部的经理。弗朗斯明白，运用"坏CD表达法"的目的，就是不卑不亢地把信息反复地传达给能为自己解决问题的人，向他表达：我可不是随便敷衍几次就可以打发走的，如果你们要想用"踢皮球"式来操控我，那我就一整天抓住这个"球"不放手。无论你们出什么样的花招，我只坚持一个道理——要回我本应属于我的东西。

在现实生活中，我们有时的确需要学会"耍无赖"，尤其是在为自己争取权益时。比如，许多无良的商家正是利用了人们"不愿过多纠缠"的心理，才不愿诚心地为客户解决问题，因为他们知道，问题拖一拖就会过去了。如果消费者学会运用坏CD表达法，将自己坚持维护权益的意愿一而再、再而三地表达出来，就能够给对方施压，从而达到自己的目的。这种方法能够直观地表现出需求方的不屈不挠，直到彻底掌控局面。

## 折中应对法：不逞一时之勇，折中不代表软弱

在日本，原一平具有"推销之神"之称，他总能够曲折迂回，完成别人不能完成的任务。

他刚参加工作的时候，进入了一家著名的保险公司，上司交给他一项去一家大型汽车公司推销企业保险的任务。这是一个非常艰难的任务，因为这家公司总经理宫本一郎非常难缠，很多家保险推销员都曾被拒之门外。

原一平知道，要想推销保险，首先要和宫本一郎见上面。如果自己和其他推销员一样，硬生生地去推销，肯定也会被拒绝。与其这样莽莽撞撞地进入，不如采用迂回战术。于是，原一平先去见了公司推广部经理山田先生。

山田先生是一位和蔼的人，原一平把自己的保险方案递给了山田先生，并且说："山田先生，你好。之前我听说你们拒绝了很多家保险业务，这是我们的方案，相信你会看到我们比其他保险公司保险费更低，保价更高。希望我们能够有机会合作。"

原一平知道，要想打动宫本一郎，首先要掌控他的推广部经理山田先生。果然，山田先生被原一平的方案所吸引。这是因为原一平在原方案优惠的基础上，又降低了五个百分点。山田先生看完后，说："的确，你的保险方案很诱人！我会把它向我们的总经理宫本先生汇报的。"

果然，三天后，原一平接到了山田的电话，说宫本一郎要见他，跟他谈一谈保险的事情。原一平觉得机会来了。

原一平来到宫本一郎的办公室，宫本开门见山地说："我看了你的方案，的确比其他推销员给出的价格优惠很多，这也是我见你的最大理由。不过，我还是对这个价格不满意，如果你的方案能够再优惠五个百分点，那是我所

## 第七章 训练强势力，做"霸气"十足的自己

希望看到的。"

听了宫本的话，原一平立即感受到宫本的确是一个非常厉害的角色，如果自己再让利百分之五，那么就已经远远低于公司定的最低标准，公司完全无利可图。可是如果不答应，就意味着这次任务就此失败。

原一平想了想，说："尊敬的宫本先生，如果按照您所说，我们是没有利润而言的，而且还要承担很大的风险。不过我依然很想和贵公司合作，不如这样吧，我们都各自退一步，您的条件我可以满足您，但是您必须要和我们公司达成10年的保险协议，而不是方案中5年。"

宫本先生想，如果按照这个优惠价，就算签订10年协议也还是很划算。其实，对于原一平来说，尽管在价格上承担了很高的风险，但是在时间上加了一倍，从而抵消了整个方案的风险。于是，原一平与宫本签下了10年的保险协议，顺利地完成了这笔业务。

然而，令人头疼的是，虽然业务完成了，但是自己擅自做主，改变了原有的推销方案，并且违背了公司的原则，这笔业务公司是不能够通过的。原一平想，如果回去直接向总经理汇报，肯定会遭到总经理的拒绝，因为公司从来都没有给出这样的优惠条件。他带着他的方案，直接来到了公司的风险评估部门，进行了一次风险评估。评估报告显示，原一平的方案虽然违背了公司的原则，但是总体来说，对公司还是有利的。他把评估报告一起订在了方案里，交给了公司总经理。

总经理看到原一平递交的优惠方案后面附有风险评估报告和宫本签下的10年保险合同，算是功过相抵，没有责罚他。

在交际中，尤其对于客户而言，刚开始的谈判明显会有不满意的地方，因为对方会认为你开出的条件总会有一定的让步空间。在心理学上，这种一开始的不满意被称为"不满分心理"。也就是说，在与他人的交易中，我们总会感到自己"被坑了"，不论对方付出多少，总是会感到不满意，这是一

种普遍存在的心理反应。这种心理放在人际交往中也同样合适，比如一个男孩非常优秀，但是当女孩第一眼看上这个男孩时，依然不会为他打上满分，总觉得他有不如意的地方。

**如果他不满意，我该怎么办？**

有时候，他人对我们的负面印象只不过是人类的"负面暗示"心理在作祟，无论我们有多优秀，别人总会挑出毛病，这种情况下，不管你多么努力，都毫无意义。

这时，你可以采取"折中应对法"。折中应对法也叫做赫尔威斯准则（Harwicz Decision Criterion），这种决策方法的特点是对事物既不太过强势逼近，也不完全退缩放弃，而是从中折中平衡一下，用一个系数a（称为折中系数）来表示，并规定 $0 \leq a \leq 1$，用以下算式计算结果：即用每个决策方案在各个自然状态下的最大效益值乘以a，再加上最小效益值乘以 1-a，然后进行比较，从中选择一个双方都能接受的状态值。

在交际中，这里的"折中"可能是一种让步，也可能是一种妥协，也可能是一种优惠条件，总之是一种可以降低对方心理预期的办法。一旦对方的心理预期下降，那么他的心理警戒也就会放松，这等于给自己一个可乘之机。案例中，原一平采取的就是一种优惠折中法，告诉宫本一郎"我可以给你最优惠的价格，但你必须与我签订更长时间的协议"，这个折中方案明显对两者都有利，宫本一郎也就自然地接受了这个保险方案。后来，他又如法炮制，用一份对己方有利的风险评估报告抵消了"公司原则"，这也是折中应对法的典型运用。

如何采用"折中应对法"呢？以下给出几点建议：

1. 退让三分。在交际中，针锋相对并不是获得主导权的好办法，反而会容易两败俱伤，这时不妨采取以退为进的战略，反而更能赢得主动。

2. 主动决策法是选择对自己利益最大的方案，被动决策法是被别人牵

第七章　训练强势力，做"霸气"十足的自己

着鼻子走，只能迎合他人的决定。这两种方法都有很大的片面性。折中法是介于这两者之间的，在一定程度上可以克服这些缺点。折中法的特点是即不非常主动，也不非常被动，而是通过"退而求其次"的方法，赢得相对利益的最大化。

## 反扣帽子：我不接受你的恶意批评

### 贬低他人能够获得满足感

每个人都会以各种方式让自己的心灵获得满足感，这些方式通常是无意识的。其中，就有一种非常特别的方式——贬低他人。这种心理就是以挑剔、贬低甚至攻击比自己优秀或者和自己差不多水平的人，来获得心理满足的心理特征，即"贬低心理"。它是通过贬低一个非己的外在客体，将糟糕的定义、评价或者认知投射给他人，以提升自己的优越感，满足自己的虚荣心。

美国南北战争时期，北方联盟为了获得加利福尼亚等西部地区的支持，开始派兵驱逐印第安人。而在英国殖民者踏上北美这片土地之前，印第安人才是这里真正的主人。但因为当时在欧洲人的世界中存在着严重的种族歧视，作为"白人"的他们有着强烈的种族优越感。大部分人从内心压根瞧不起其他肤色的人种，认为他们都是低等下贱的种族，所以在英国人殖民北美后，对印第安人一直持续着贬低的观念和排斥的态度。

这种尊己卑人的观念深深植根在北美地区的英国移民内心，所以导致美国在南北战争时期犯下屠杀印第安人的罪行，给印第安人造成了种族灭绝的危险。当时北方联盟军的一位将领回忆道："我见过唯一的印第安人，就是死人"。由此可见，贬低心态对人的观念所造成的影响是巨大而深远的。

而在人际交往之中，这种贬低心态形成的因素有很多，大抵可以分为两类，一种是自卑，一种是自傲。

自卑者往往是由于童年成长过程中经常遭受挫折，产生了严重的自卑心态，做任何事情都觉得自己不如别人。在这类人的成长过程中，他们会出现一个价值观的趋同，即通过贬低别人可以提升自己的形象，增加自己的能力，让别人对自己刮目相看。这种就是因为自卑心理导致的一种价值观的认知倒错。

每个人都有天生的自我保护机制，每个人的内心都是自我肯定的，谁也不希望自己在错误的方阵。当自己的行为或决定与外界产生矛盾时，第一反应会本能地认为自己是对的。但总有人是错误的，这就需要人们对自我的认知进行调整和修改。但自傲的人不会这么做，他们从来不会认为自己会做错事，即使事实证明自己的决定是错误的，他们也绝不会承认。只要是别人的想法和自己不同，他们就会认为对方是傻瓜。要不就认为自己的追求比对方更"高端"，从而采取一种轻蔑的态度来诋毁、迫害对方，最终验证自己的优越感。

无论是出于自卑心理还是自傲心理，这种恶意的贬低都是为了达到某种自私的目的。人际交往大师卡耐基认为，批评他人往往是一种自我满足的方式。具体地说，如果你被人批评，那是因为批评你会给他一种快感。

**批评还是挑衅：恶意批评是一种变相的攻击行为**

薇薇安从宾尼法尼亚大学毕业后进入了一家大型企业，她对目前的职位非常满意，但总感觉工作上不太顺心。"我的专业对口，而且工作强度也不算大，但我就是觉得力不从心。"薇薇安想，"这都是莎莉的错，我做什么她都看不惯。"

莎莉是一名老员工，由于公司竞争激烈，她对初来乍到的名校毕业生薇薇安打心底里感到不满。虽然她表面上还是跟薇薇安很热络，但薇薇安

# 第七章 训练强势力，做"霸气"十足的自己

总是觉得哪里不对，因为莎莉经常借机指责她，还总是表现得是"出于好意"。

"薇薇安，你知道这个项目有多重要。你是一个新人，毫无经验……"

"天哪，你怎么能犯这样的低级错误呢？你也太没有责任感了！"

"我真不知道，这样的小事情你都做不好，你是怎么考进那么好的大学的？"

"我这么说，也是希望提醒你，这对你有好处。"

……

薇薇安苦恼极了，她知道这些批评是别有用心的。但因为莎莉是"前辈"，她又不能还嘴。

有一次，莎莉居然对她的装束也开始指手画脚："我说，薇薇安，你穿这身衣服真是暴露了你的缺点，显得屁股太大了，真像一只大葫芦啊！……"

听到这些，薇薇安都快哭了。在莎莉狂轰滥炸的批评下，薇薇安感觉自己的确很差劲。

人际关系中的善意批评的确存在，但也有一些人会通过批评他人来达到自己的目的。然而，很多情况下，否定、指责与批评其实都是一种对人的变相攻击。这种攻击渗透到了我们生活的各个方面，无法躲避。只要我们活着，不管我们做什么，总是会有人对我们进行评价，如果评价是好的，那么我们自然会很激动；一旦评价是负面的，我们就会"中弹"。这是因为，我们身着的盔甲太薄了，如果它足够厚实，就会将"子弹"反弹回去，事实上，有问题的是批评者，而不是我们自身。

## "反扣帽子"，巧妙地回击

受到批评，每个人都会感到不痛快。尤其是受到无端的指责，更会使人

心里感觉窝火。根据心理学的研究，当一个人遭受批评时，心跳会加速，会觉得自己被挑衅、被考验、被刺探了，本能性的防卫机制就会随之启动。这种情况下，他通常会产生两种反应：一是认可他的说法——"我的确是这样的人"，然后很挫败；二是马上反击他，然后感觉更加愤怒。

然而，否定自我和自我辩解都是被对方牵着鼻子走的表现，换句话说，我们已经被批评者的话题所控制了。如果他使用的是激将法，那么他就赢了。

最理智的方法，不是反击，因为这样很可能会出现两败俱伤的局面。解除攻击的方式，是站在客观的角度，重新认识这种批评形式。别人对我们的攻击，只是一个"扣帽子"的过程，是别人对我们的主观定义，并不代表我们本身就是那样的。弗洛伊德对这个微妙的过程进行了精彩的解释：移情、投射与认同。也就是说，别人对你的否定，很可能只是他内心的投射，是他对你不满情绪的一种移情，这是他的事，来自他个人的不良情绪；如果你认同了他，那么很显然，他就达成了自己的目的。

当我们被攻击，首先应该冷静下来，问问自己，他说的是否是真的，他的批评是善意的，还是一种攻击手段。如果你确定他是在攻击你，你看穿了他给你"扣帽子"的意图和整个过程，那么你就可以进行下一步——"反扣帽子"。如果这顶帽子不属于你，你就应该把帽子还回去。

以薇薇安为例，她就应该告诉莎莉（语气尽量平和，做出一副无所谓的样子）："我不是一个没有责任心的人，只是我初来乍到，的确是能力有限——您不是也经常这么说我吗？您刚参加工作时，肯定也经历过这个过程吧？所以我想您肯定能够理解我。我或许是出现了失误，这是因为我经验不足，但我正走在精进的路上。我相信有一天我也会跟您一样优秀的。"

此外，对待恶意批评，不做出反应，也是一种应对措施。

美国内战时期的林肯曾这么说："只要我不对任何攻讦做出反应，这件事就只有到此为止。我尽力而为，并继续如此直到生命的结束。到最后，

# 第七章 训练强势力，做"霸气"十足的自己

结果证明我是对的，所有的责难都不具有任何意义。反之，结果证明是我错了，那么即使有十位天使作证说我是正确的，也没有用的。"

## 让自己看起来很强大，赶走心中的怯懦

在心理博弈中，博弈双方所具有的气场，对于最终的胜负有着很关键的作用。想在日常的心理博弈中笑到最后，必须克服内心的软弱，保持胜利者的姿态。有时候，即便是自己的实力不够强大，但是只要采用一定的技巧，让自己看起来很强大，也能从气势上压倒对方。原世界重量级拳王穆罕默德·阿里，每次比赛前都要为自己写一首赞美诗，宣誓一定要击倒对方，然后再上场。此举为他赢得了"吹牛大王"的称号，其实这正是阿里特有的心理战略。通过宣布自己的比赛目标，在比赛前就在心理上先给对方重重的一击，使自己占据优势。

**虚张声势的技巧：为自己戴上一张霸气的"面具"**

20世纪40年代，在日本的神户，新开了一家经营煤炭的福松商会，商会的会长正是少年得志的松永幸之助。可开张没多久，商会来了一个当时神户最出名的人，他给松永的拜帖上面写着"松永老板亲启"，题款是"山本三郎"，拜帖上说："在下是横滨的一位煤炭商，承蒙你松永父亲的老友天野介绍，听说你在神户经营煤炭，请多加关照才是。为表达我的诚意，今晚在东村饭店准备了一桌薄宴，恭候大驾。"

当晚，松永一进入东村饭店，就受到前所未有的热情款待，山本三郎一晚都毕恭毕敬，让松永有了一种飘飘然的感觉。在酒宴正酣时，山本提出了自己的请求："横滨有一家规模很大的煤炭零售店，并且信誉很好。老板阿

**掌控**：如何在人际交往中取得主导权

郎也是我的老朋友，如果承蒙松永先生帮我，信任我，让我们一起合作，通过我将贵商会的煤炭卖给我朋友的煤炭零售店，他也一定乐于接受。贵商会也可以从中得到一些利润。不知松永老板可否愿意？"

松永听完之后，心里细细算来。可是还没有等他开口，山本就把女招待叫来，让她帮忙买一些神户的特产前来，并当着松永的面，从怀里掏出了一大沓钞票，随手交给了女招待，并给了女招待丰厚的小费。

松永看着那一大沓钞票，心中很是吃惊，眼前这丰盛的晚宴，使他眼花缭乱。于是当场答应道："山本先生，我可以考虑接受你的请求，我们可以建立合作关系。"稍作一番细谈后，当即松永便与山本签下了合同。

其实，事实并非如此，当丰盛的晚宴一结束，松永立即离开了，山本便马上赶到车站，搭上最后一班车回横滨去了，东村饭店这样高的消费，哪是山本能够消费得起的？

当晚，他当着松永拿出的那一大沓钞票，其实是拿他在横滨那家不景气的煤炭店作抵押，临时去银行贷款得到的，然后，山本又利用豪华气派的东村饭店，成功地上演了一场自己财大气粗的"胖子戏"，打动了松永，签得了煤炭合同。

从那以后，山本以非常低的价格，从福松商会得到煤炭，再转卖横滨，从中获得了丰厚的利润。

在商业运作中，为了提高自身的形象，包装作秀是当下常见的一种手段，这有助于抬高商品的商业价值。与此类似，人们提高自身的形象，在于提高自己在别人心里的形象。不管用什么方法提升自己的形象，都相当于给自己戴上了一张"面具"，是虚张声势也好，是掩饰缺陷也罢，都是为了提高自己的威信。案例中，山本就是以"出手阔气"面具，来打造一种有钱有地位的形象。松永对他的定位就此产生：此人财力丰厚，而且为人大方，是一个很好的合作伙伴。

# 第七章　训练强势力，做"霸气"十足的自己

**在细节上下工夫，让自己看起来更强大**

那么，要如何做才能让自己看起来更有气势，更强大一些呢？

首先，当你因为自己的实力而感到胆怯或自卑时，找出对手的弱点，先在心里将对手打倒。你可以在心里想象对方可笑的地方，当你想着他的可笑时，压迫感、胆怯就全都消失了。假如只看见对手的优点，往往容易高估对手的实力，而产生难以应付的意识。如果你实在挑不出对手的毛病，那就想象一下他在其他场合可能出现的另一面，比如，他可能会对他公司的老板言听计从，回到家里，他也可能是一个在太太面前抬不起头来的惧内先生。

相信每个人都有与他人握手的经历。那么，当你感受到对方强而有力的握手时，你会对他产生什么样的印象？反之，如果对方连握手都是软弱无力的，你又会作何感想？所以，想要营造强者的气场，你必须从握手开始，握手有力的人，会给对方留下自信、勇敢、有能力的印象，而软弱无力的握手则会给人留下内向、胆怯的印象。握手有力的女性会得到比她们的男性对手更高的评价。

如果对方是不容姑息的敌对势力，那么你可以用强硬的态度来营造强势的气场，不过在这么做的时候，你一定要底气十足，让对手感到胆怯。

目光的接触也能传递你的强大和信心，用你的眼睛盯视对方眼手等某一身体部位，给对方以压迫感。这样可以给对方一种心理上的压迫感，并可避免语言冲突时双方不冷静、易冲动的心理状态。

在做这些的时候，有一个最基本的原则你必须清楚，那就是你要有绝对的自信，以小充大，以弱充强说到底是勇气的较量，意志的搏斗。所以你一定要首先做到战胜自己，然后才有可能具有吓到对方的气势。

第八章

# 以弱胜强的掌控术，
# 让你搞定那些难缠的人

> 刁钻顽固的客户、尖酸刻薄的同事、沉稳老辣的对手、独断专行的上司……只要你在这个世上生活一天，就避免不了那些态度强硬、脾气暴躁、以自我为中心的人，而让你的生活事事顺心的方法，就是用特殊的技巧搞定那些强势的人。没有"难搞"的人，只有不够高明的博弈策略。再难缠的人，也一定能够找出最恰当的方式，让他真心实意地认可你。

**掌控：** 如何在人际交往中取得主导权

## 再强硬的人，你也有能力制服他

珍妮在一家小型金融公司上班，假期快到了，她和同事们正在讨论假期到什么地方去玩。珍妮说："我昨天恰好在旅游节目里看到，离公司不远的郊外有一片非常适合度假的地方，那里人不多，有安静的树林和澄净的湖泊。听说老板在那里还有一套别墅呢！我们要不要撺掇一下老板，让他带我们去？"

丽莎听了马上就打消了她这个念头："你还不知道我们的老板吗？一毛不拔！圣诞节的时候连礼物都没给我们买！"珍妮想了想，心生一计，她悄悄地对众人说："不如我们这样……"大家一致同意珍妮的方法，派了丽莎、珍妮和乔治作为代表去和老板交涉。

"老板，我们准备去夏威夷度假。我当年蜜月旅行的时候都没去过，想趁着假期去看看。您要和我们一起吗？"

"夏威夷？一共只有四天假期，除去来回的时间能在那儿玩点什么？我不去。"

珍妮继续说："您想想威基基海滩，那里一年四季都风和日丽，一碧万顷，听说那里还很适合垂钓。您上周还在抱怨自己的垂钓工具好久没见阳光了呢。"

"是啊！而且我们想好了。"丽莎补充道，"跟着您我们都学到了很多，您一直以来也对我们很关照，我们都想感谢您。所以我们一致决定您的旅游费用我们来承担！"

"谢谢你们费心。我不去是觉得时间太短，玩不尽兴。另外，去那么远的地方度假公司可怎么办？我手头还有很多事情没有解决呢，去那么远的地

## 第八章　以弱胜强的掌控术，让你搞定那些难缠的人

方有什么急事也不方便应对啊。"

乔治若有所思地点了点头："是啊，不如我们别去了。公司里本来就没多少人，全去度假了真有什么事可怎么办？"

珍妮夸张地摇了摇头："这怎么行？好不容易讨论出一个大家都想去的地方，大家期待这个假期很久了！"

丽莎想了想说："要不我们去近一点的地方？我昨天看电视说近郊有一处地方特别适合度假，人少又便宜……"

珍妮和乔治连夸这个主意好，珍妮笑着对老板说："多谢您的提醒，我们能省下一大笔钱了！这次您可一定得跟我们一起去，您的费用仍旧我们来出。"

老板停下了一直敲打着键盘的双手，先前的川字眉也舒展了开来："可巧了，我在那边正好有一套房子，你们也别操心了，我带你们过去玩。费用就由公司来承担了！"

珍妮与同事提议去夏威夷玩，但老板以公司繁忙和假期时间不足为托辞拒绝了他们的请求。随后珍妮缩小了请求的成本和时间，成功地让平时抠门的老板为他们的假期买单。这种先提出比较难实现的要求，然后通过改变条件让对方同意的现象在心理学中被称为"拆屋效应"。该现象得名来自这样一个心理原理：当你觉得屋子昏暗，建议他人增加一个窗户，别人可能并不会同意；然而，当你提出把房顶拆了以得到最多的阳光时，他们会觉得你的想法很荒谬，这时甚至会主动提出增加窗户。美国应用心理学大师罗伯特·西迪尼奥也曾做过一个相似的实验：

研究者假装成青年咨询计划部门的工作人员，进入各个大学中去询问学生：是否愿意成为志愿者，义务陪少年犯参观动物园。结果，83%的大学生都拒绝了这个请求。

然后，研究团队在实验中改变了提问策略，这次他们问了两个问题。第

一个问题是,是否愿意成为志愿者,每周花 2 小时为少年犯提供咨询服务,并且咨询服务的时间不得少于两年。结果正如研究员所预期的,所有人都拒绝了。随后,研究团队紧接着提出了陪伴少年犯参观动物园的志愿活动。最后的统计数据显示,答应参与的人数是原来的 3 倍。

珍妮的例子告诉我们,以弱胜强的现象并不只存在实验里,在我们的生活、工作、学习中时刻都在出现这样的情况,有时你甚至会碰上比一毛不拔的老板更难以对付的人,他们大都态度强硬,咄咄逼人;挑剔而苛刻的客户,每晚音响大开不顾投诉的邻居,交通事故中将责任推卸给别人的肇事者……这些人的出现都让你的生活痛苦不已,但你避免不了这些人,他们常常会毫无预兆地出现,并且蛮不讲理,脾气暴躁,让你毫无还手的余地。你会选择以怎样的方式去应付他们?逃避?顺从?还是激烈抵抗?无论做出怎样的选择,首先要给自己树立起信心:你有能力应对他们。防守好自己的界限,紧握自己的权力,才能不被他人侵犯。其次还应记住,尊重自己的权力你才有可能获得权力,无论对方看起来多么强大,你都要为自己争取权益。珍妮用实际行动告诉我们,只要用对方式,就算遇到"铁公鸡",也能在他身上拔毛。

## 以沉默回应挑衅,让拳头落到"棉花"上

认识到自己也拥有制服对手的能力后,我们开始准备迎击。此前,还有一件非常重要的事值得关注:自己的情绪。要知道,你的情绪将会影响到整个掌控权争夺战的局势。

约翰·D.洛克菲勒是美国美孚石油公司的创办者,是一名超级资本家,

## 第八章 以弱胜强的掌控术，让你搞定那些难缠的人

是全世界公认的"石油大王"。

有一天，一位不速之客怒气冲冲地冲进洛克菲勒的公司，推开了无数保安，横冲直撞地闯进洛克菲勒的办公室。他怒火中烧，用拳头狠命地砸着洛克菲勒的办公桌，把桌上的文件和笔筒都敲得震动了。他咬牙切齿地说："洛克菲勒，我恨你！你这个衣冠禽兽，你这个道貌岸然的伪君子！……"他用尽了一切恶毒的字眼来咒骂洛克菲勒。接连不断的咒骂让陌生男子上气不接下气，他的怒气让办公室外的工作人员们捏一把汗，怕他们的老板受到伤害。

但看看洛克菲勒吧！他一点也没表现出自己的惊恐和愤怒，反而用十分和善的目光一直盯着男子。甚至还起身问他口渴不渴，需不需要喝点水。陌生男子构想了千百遍洛克菲勒的反应，他想象过洛克菲勒气愤地让保安来把他驱赶走，这他可不怕，因为他知道他们不会真的把他怎么样的。他也想象过洛克菲勒会言辞激烈地反驳他，这他也不怕，打娘胎起，吵架可是他的绝活。可是，他怎么也没有想到洛克菲勒竟然像什么也没发生一样，还对自己嘘寒问暖！他渴望的是一个拳头下去能得到对方的反击，并且也为各式的猛烈反击想好了对策。万万没有想到，他的拳头竟打在了一团棉花上！陌生男子越骂越没劲，见洛克菲勒仍然一副气定神闲的模样，在空中挥了几下空拳就走了。

挑衅是在交际中十分常用的一种方法，特别在某些场合（如谈判中），如果对方想要扰乱你的思维，就会先试着挑逗你，如果你在对方的干扰下情绪逐渐失控，那么你就处于下风了。一旦偏离了自己往常的情绪，人们很难理性地思考问题，被激动情绪所控制的你更容易被引导至他人的观点上去，你就会犯下平时根本不会犯的错。这时候保持平常心，甚至以友好的姿态去应对挑衅，反而会让对方手足无措，因为你并不像他构想中的那样易控制，他反而会因此失去阵脚。

**掌控：**如何在人际交往中取得主导权

### 对待棘手的人，不妨进行"冷处理"

"冷处理"是物理学上的名词，是指模具加工工艺的一道工序，叫"淬火"，就是把烧红的模具放入冷水中处理，目的是让模具变硬、耐用。

物理知识告诉我们，金属工件被加热到一定温度，然后浸入冷却剂（油、水等）中处理一下，这样出来的金属工件性能更好、更稳定。而现在，"冷处理"则被人们引申为一种处理问题的学问，其效果要好于强攻猛打。遇到蛮横霸道之人，与他硬碰硬是很不明智的，尤其在他怒气冲天的时候。

人与人之间出现争执是不可避免的。仔细观察你就会发现，激烈的争吵往往出现在两个极不冷静的人之间，而如果其中至少一方能够采取冷静的态度，激烈争吵的结果就不会出现。

恩格斯的妻子玛丽逝世时，恩格斯给马克思写了一封信，在信中他谈到了自己的痛苦，字里行间都表露出了希望马克思能安慰他一下的信息。当时马克思的处境也十分艰难，在回信中，他只用了一句话对玛丽的死表示不幸，接着就大肆倾诉自己的困境。恩格斯看后气愤异常，再次写信斥责马克思并暗示要与这位共处20年的老朋友绝交。马克思看完信，开始很生气，但他冷静下来后，非常不安，他写信承认了自己的过错，其坦率与真诚的态度感动了恩格斯，二人最终言归于好。

当争吵发生后，你最需要的是冷静，而不是把对方的"热争吵"变成激怒自己的武器。一旦矛盾发生，不妨采用冷处理，适当留点空白进行暂时的"冷却"，把正在闪射的火星冷却，等过段时间，大家都冷静下来，误会自然也就消除了。

试想某天，你的老板在主管给你布置的新任务之外又给你安排了一个紧急任务，你很努力地工作了一天，终于完成了这个紧急任务，但是却不得不

## 第八章　以弱胜强的掌控术，让你搞定那些难缠的人

在大家都下班后，继续留在公司加班来完成主管交给你的任务。

就在这个时候，你的主管走到你身边，很不满意地说："××啊，你每天都干得挺快的，怎么今天干得这么慢啊？"说完这话，主管径直朝大门走去……

不容置疑，此时你的情绪肯定是：生气、委屈……面对这样的情况，如果你立即辩解或以不满的态度对待主管，后果是可想而知的。但如果你能冷静下来，暂时不做理睬，也许当你平静下来以后，你会发现你的主管并不知道你的老板给了你任务！而如果第二天你的主管从老板处得知了真相，你想他会不会对你刮目相看呢？

一般而言，人可分为冲动型和熟虑型两种类型，冲动型的人反应快，但是错误多；熟虑型则是反应慢，错误少。这两种类型各有利弊，但是"暂不处理"却可以使两者达到平衡。

某公司经理王先生，眼看要洽谈成功一笔业务，而在上周，对方却提出了苛刻的要求，让王先生觉得无法接受却又弃之可惜。

业务受阻之初，王先生召集了几名资深干将，加班加点，讨论应对方案，等新方案出台时，客户又临时变更了部分条件，这让大家面面相觑，一时士气低落。

上周末，王先生宣布，让大家正常休假。他告诉员工可能大家过于重视这个问题了，反而顾此失彼。他建议，先把问题晾起来，过段时间再做决策。

谁知冷处理阶段，客户却主动让步。

有时候，趁热打铁并不合适，把矛盾放一放，冷静地观察和思考，或许它就能自动化解。

但很多情况下，以沉默回避对方的挑衅并不那么奏效，对方可能因为你

的"不作为"反应而变本加厉，在适当的时候予以反击保卫自己也是有必要的，我们会在接下来的内容里针对各种应对方法进行具体说明。但切记：要冷静。不然你又陷入了被别人掌控的死循环中。

## 以柔克刚，软化比你更加强大的对手

我们战胜强大的对手并不是要和他硬碰硬，而是施加巧劲，以柔克刚，以弱胜强。维多利亚女王和她丈夫阿尔伯特公爵的这则佚事相信大家已经非常熟悉：

有一天，维多利亚女王处理完政务，已经是明月高挂的深夜了。她伸了伸懒腰困倦地朝卧室走去。奇怪的是，今天卧室的房门竟然紧紧地闭着。而以往，女王的丈夫阿尔伯特公爵都会给女王留灯留门，今天是忘了？

女王带着疑惑敲了敲房门。"是谁？"丈夫阿尔伯特公爵还没有入睡。女王心里很疑惑：这时候敲响房门的还会有谁？于是，按照平时的习惯答道："我是女王。"但是房门没有开。维多利亚女王有点生气了，声音不自觉地又带了点威严："我是维多利亚！"房门紧闭得就如一道铁墙。她徘徊着思考了一阵子，过了一会她轻轻敲响了房门，柔声道："快开门，阿尔伯特。我是你的妻子。"门当即就打开了，阿尔伯特公爵伸出手牵着女王进了房间。

维多利亚女王是英国历史上在位时间第二长的君主，她在位期间英国继续扩张自己的霸权，在世界的各个角落建立了自己的殖民地。她刚烈的态度和雷厉风行的行事风格让大英帝国进入了前所未有的鼎盛时期。在政事上的强硬风格也被带入了生活中。一开始，她想以自己的气势让丈夫把门打开。

## 第八章　以弱胜强的掌控术，让你搞定那些难缠的人

后来，她才意识到面对自己的丈夫时，她应是一名温柔的妻子。她的"柔"不仅打开了房门，也打破了隔在夫妻间的墙壁。女王的例子让我们看到：柔弱并不代表软弱，而是一种四两拨千斤的技巧。

德国哲学家莱布尼茨曾说过："世界上没有两片完全相同的叶子"。世界上喜欢掌控的控制者类型也各式各样，对他们采用的柔术策略也各不相同。在我们的观察和分析中发现，控制者可以大致被分为5种类型。了解他们的特征，才能在人际交往中特别留意，有的放矢地予以应对。

"失控型"控制者：这类控制者在通常情况下都十分友好，但一旦触发了某些条件，他们就会一改常态，开始失去控制，不讲道理。他们转变之快，让你招架不住，无法做出有力的回应。

"战略型"控制者：这类控制者的难对付之处在于他们掌控人于无形，他会耐心仔细地编织一张网，构想好战术把他的猎物慢慢地套住，你不知道他们是怎样把你俘获的，甚至你已经落入他的掌控，但却仍然对控制者的话语点头称赞，你很难察觉到他们从哪一步开始收网。

"跋扈型"控制者："跋扈型"控制者天性嚣张狂傲，"控制"已经成为了他们性格中的一部分。他们大多目中无人，脾气暴躁，不管环境如何变化，与谁交际，即使遭到反击，他们的不可理喻都不会减弱半分。

"武断型"控制者：这种类型的控制者固执己见，喜欢将自己的想法强加于他人，希望别人认同自己的想法，并按照自己的想法行事。对于别人的想法，一般都予以批驳，一旦自己的想法被他人否决时，很容易变得愤怒，会一直坚持自己的主张。

"权威型"控制者：这种类型的控制者都在一定的群体中掌握着权威，他们会利用这种身份来对他人施压，从而让被控制者自觉不自觉地服从权威。即使有时候你不认同这类控制者的行为和想法，但因为他们是"权威"，你会身不由己地听从于他。

为了防止被这些强势的人所威胁，我们需要对每一个类型进行充分的了

解，预测他们的行为，做最好的准备来应对强敌。让我们来看一个案例，看看这里的控制者属于哪种类型，他的对手运用了怎样的方法来使他软化。

"叮铃铃铃……"一串尖利的电话声打破了原本宁静的夜晚。"莫森警官？紧急事件！第三大道上发生了人质劫持案件，请速速赶来！"莫森警官是一名谈判专家，他的工作主要就是用语言将人质安全地解救出来。

今晚的这名劫持者马克·罗斯有些特殊，他是一名黑帮成员，帮派里素来崇敬强者，想成为强者就需要干些轰动的事件，在此之前他已经两次被指控犯暴力重罪了。第三次犯案，他有极大的可能面临终身监禁。莫森警官想：马克肯定知道自己的境地，第三次的劫持有种破罐破摔的感觉。他现在的想法肯定是：要不杀了一个人质成为"强者"，要不就痛快地自杀。罪犯一旦有了这样念头，案子就会十分棘手，任何的武力威胁对于他来说根本没有什么作用。"只能先和他建立起信任关系了。"莫森警官当即决定。

但这样的尝试显然徒劳无功，之后的五小时里马克一直拒绝谈话，不停重复着："去你们的！你们休想进来，你们进来一个我就杀一个！"转机出现在第七个小时，莫森警官根据马克的表现和陆续搜集到的信息改变了谈判策略。

"我以前也好几段时间特别难挨。"莫森警官尝试使用安抚和探寻战术，转而说起了自己的故事，"你之前说遭遇的灾难太多，以至于都记不清了？我可是对我的悲伤记得一清二楚。我母亲去世得非常突然，这让我们全家都措手不及，尤其是我……"

"你的母亲已经去世了？"马克问到。太好了！莫森警官心里欢呼起来，他相信自己离突破口不远了。"对，在我高中一年级的时候……"

从母亲话题开始谈判的走向终于逐渐明朗了起来，马克在一点点地相信莫森警官，和他也谈了自己的家庭。最后，马克如大家所愿地放下了武器，他说："我知道自己已经被包围了。但……不知道能不能让我最后和父母还

## 第八章　以弱胜强的掌控术，让你搞定那些难缠的人

有我的妹妹道个别？"

莫森警官分析马克劫持人质的主要原因是为了提升在黑帮中的地位，马克已然能预知此次暴行的后果，因此，他在第三次劫持中，情绪一直处于歇斯底里的状态。在警方和马克对峙的五小时中，马克只是不断地重复自己的愤怒，但没有进一步的行动。莫森据此得出结论：马克出现极端行为很可能不是性格使然，而是夹在帮派和法律间，让他失去了安全感。安全感的缺失让马克选择了暴戾的行为。因此，在第七小时中，莫森警官将话题导向了他的母亲，因为母亲是最能让人获得安全感的人。很幸运，他的这次尝试成功了。莫森警官的谈判方法也是一般制服"失控型"控制者的典型办法，在后面我们会详细地介绍。

## 追根溯源，搞定歇斯底里的"失控型"控制者

你也许碰到过这样的情况，起初与你交往的对象表现得十分得体，他可能冷静克制，可能友善谦和，可能温文尔雅……无论他们之前表现得如何，在某一特定的场合中，他们会发生极快的转变，他们忽然变得无理、激动、咄咄逼人，这样迅雷不及掩耳的变化让你手足无措，一步步被他的情绪牵着走，自己也变得歇斯底里，这样的对象我们称为"失控型"控制者。一般情况下，他们都很通情达理，但一旦遇到某些事情（比如认为自己没有被公平对待时），他们就开始失控了。

2006年10月的斯德哥尔摩网球公开赛中，47岁的网球老将麦肯罗与瑞典球星博克曼争夺男双半决赛名额。

**掌控：** 如何在人际交往中取得主导权

第一局比赛打得很激烈，双方僵持不下迎来了关键的"抢七"局（一方率先获得 7 分即胜利）。麦肯罗一方与对手的比分达到 5 比 5 时，对方发球得分，司线认为此球发球失误，打出了发球区，但主裁判却认为该球压线，把宝贵的一分给了麦肯罗的对手。对手方以 6 比 5 更先接近了 7 分。当时麦肯罗队进行了抗议，但主裁判仍然坚持自己的判定，这影响了麦肯罗队整场比赛的情绪。在与裁判的争论中，麦肯罗气势汹汹地指责裁判：误判是为了让自己的名字出现在报纸上！他还说了许多难听的话，甚至对对手和裁判进行了谩骂，遭到裁判警告。

赛后的媒体见面会上，麦肯罗仍然愤怒异常："在我三十年的职业生涯中，见过很多这样的事情。裁判仅凭一个关键判定就能掌控局势的走向，有些人怎么会放过这样的机会？这种事情太可耻了！这场比赛我们本可以获得胜利，对手的发挥并不见得比我们出色！"

这也不是麦肯罗第一次对裁判的裁决表示愤慨了。早在 1981 年，麦肯罗在温布尔登网球公开赛中也不服裁判的判决，对他爆了粗口，因此被判罚 1500 美元，几乎要被罚禁止参赛。2011 年，他到日本进行慈善表演赛，他的发球局被一声尖利的婴儿啼哭声打断，他大吼道："这里是网球场还是托儿所？这里到底怎么了！"

在球场上惯有的坏脾气，爱说以 F 开头的脏话的麦肯罗也因此有了"坏小子"的称号。然而，麦肯罗在比赛中击球冷静、漂亮，力度控制得十分完美，生活中也幽默诙谐，私生活检点，很难与"坏小子"联系起来。

场上场下判若两人的网球选手还有很多，即使一直以温和形象示人的费德勒也有过不满裁判判定而摔拍子的火爆表现。他们都曾在比赛场上面对有争议的裁判而变得咄咄逼人。根据这样的方法，我们就能很容易分别出怎样的人属于"失控型"控制者了。

这些控制者失控时往往处于压力很大的环境中，比如在工作中是即将举

## 第八章　以弱胜强的掌控术，让你搞定那些难缠的人

办的大型活动负责人，家庭中是即将供养孩子进入收费高昂学校的监护人，政治中是面对别国挑衅的政治家……压力来自方方面面，处在压力下的人们很难以温和、冷静的态度待人，他们会变得焦虑、狂躁。当压力到了一定程度，就会以外化的方式表现出来，这就会让他们看起来十分不讲理。他们的心理状态一般会出现这样的规律：

第一阶段——空白期：这时个体还未受到压力的影响，个体的情绪和行为都如常；

第二阶段——不安期：压力开始出现，个体逐渐感受到压迫，周围自由的空间开始收缩，但还未出现明显的情绪异常；

第三阶段——恶化期：压力越来越重，个体的情绪开始出现明显的恶化，旁人已能鲜明感知到这种变化；

第四阶段——失控期：个体彻底失控，有时甚至丧失理智，变得毫不讲理，像一桶火药，一点就炸。

当然，这四个阶段并不一定循序渐进，如果压力来得快速而凶猛，个体一时无法招架时会直奔失控阶段。

记住，一旦失控型的控制者踏入这些阶段，就要避免和他们理性地分析问题和讲道理——这时候他们只能看到自己的压力，觉得自己不被理解，处在一个近乎"真空"的自我环境中，再清晰有理的观点对他们都没有用。同时，也要控制住自己的情绪不被他们点燃，同样失控的两人只会让情境恶化。另外，逃避回应也是于事无补的，他们失控的情绪始终得不到消解，你也会一直被他们的情绪所控，你要做的是寻找情绪"暴走"的根源，适当疏解才能最终夺回掌控权。

想想我们对"失控型"控制者的定义，这些人在失控之前是冷静易沟通的，他们的失控肯定有一个特定的场合，这就像自行车的车胎漏气总有一个漏气孔，修补车胎的第一步就是找到这个漏气孔，而你最先需要找到的是促使他们情绪爆发的小孔。只有找到根源，才能有目的地调节对方的情绪，瞄

准漏洞的修补才能与对方相携,重新上路。

## 步步为营,攻克沉稳老练的"战略型"控制者

亚历山德拉·米哈伊洛夫娜·柯伦泰是苏联著名的外交官,她几乎能够熟练使用11国语言,因此被屡次派往挪威、墨西哥、瑞典等国成为驻外公使。同时,她也是一名很有影响力的作家和演说家。

在她担任驻扎挪威公使时,有一次,与挪威商人谈判将挪威的鲱鱼进口至苏联。挪威商人的开价很高,但苏联给出的购入价很低,两方谁也不肯做出让步,价格上的巨大悬殊让这单交易久悬未决。

突然,柯伦泰有了个好点子,她一改刚刚的严肃,微笑着对挪威商人说:"好吧,我接受你们的出价。"挪威商人很惊诧,经过了这么长时间的僵持,柯伦泰在毫无征兆下竟松了口。

挪威商人没有高兴很久,柯伦泰接着说:"我只是站在个人的立场表示同意,还需政府批准我的提议,这个协议才能达成。万一他们不能批准这个价格,您也不必担心我们的交易就无效了。我会用我的工资来支付差额的。不过,我的工资毕竟是有限的,需要分期付款,这可能需要你们等一辈子了。"

挪威商人最终只得以苏联方提出的价格签订了贸易协议。

柯伦泰不愧是强势的外交官,她的话句句在理,让人不得不信服,但她的谈判中显然有一些陷阱,让挪威商人自觉钻进来。我们不妨再回顾一下柯伦泰的谈判用语。"我只是站在个人的立场表示同意,还需政府批准我的提议""这可能需要你们等一辈子"这两句话是"战略型"控制者惯用的表述

## 第八章 以弱胜强的掌控术，让你搞定那些难缠的人

风格。

第一句话往往出现在这样的情况下：双方都对某提议达成了一致，这时对方却说"决定权并不在我"。与你进行谈判的对方身后很可能有某个系统（比如某个公司，某个权威人物等），在谈判时，你会默认为对方就是那个系统的代表，他的一切话语都经过授权；即使对方说自己没有决定权，你同样也会理所当然地认为，他就能代表这个系统。往往危险就出现在这里！对方口中"没有决定权"的潜台词很有可能是"我的确可以答应你，但我们的协定可不一定作数"。

第二句话虽然看似委婉，实则十分强硬。柯伦泰摆出了"你只有接受或拒绝"二元选择的姿态，对方除了说"是"和"不是"外没有其他商量的余地。这会让对方产生一种危机感：只有此刻接受，不然将永远错失机会。如此一来，对方往往选择"接受"，虽然会承受损失，对自己来说，得到机会的诱惑性更大。

这就是"战略型"控制者的常用伎俩，使用战术来实现他们的最终目的。即使你隐约察觉到他们另有所图，但却早已被对方精心编织的规则控制住，只有跟着他们的规则走，才是最适合的选择。攻克这种类型控制者的第一步就是：觉察他们的意图。留意对方语言中的每一个细节，一旦发现对方的话中含有某种目的性，就应该有意识地开始反攻，然后进入第二步——识破他们的战术。

### 识破他的战术，才能有的放矢

除了柯伦泰案例中呈现的两种常用战术外，"战略型"控制者常用的武器还有以下这些。需要注意的是，这些武器并不是只有"战略型"控制者会使用，其他类型的控制者偶尔也会采用，只是"战略型"控制者使用得更有自我意识，战术转换也更加自如。

战术一：夸大情绪。当你提出要求或者申明自己的界限时，对方会展现

出夸张的语气、表情和动作。一般会用到这样的句式："这简直太让我难以接受了！""我真的太伤心了！"他们的意图就在于把你的立场偷换成他们的，你将不自觉地站在他们的角度想：我这样做是不是太过分了？出现这样的想法你就需要警惕了。

战术二：保持沉默。对方对你提出的要求保持沉默，往往沉默时间会持续很长。这会让热烈的气氛一下子冷却甚至冰冻，给你一种无形的压力。这和战术一的目的相似，你会不自觉地站在对方的立场上想："是不是我的条件太苛刻了。"为了打破这种僵局，被控制者往往会先一步行动，透露一些信息，意图让对方开口，而一旦你开了口，就留给了对方更多砝码。

战术三：调虎离山。这种战术的目的是为了让你转移注意力，为了达到这种目的，对方会不断地纠缠在一些无足轻重的问题上；会故意把问题中的概念混淆，转移问题的重点，如果你被对方引导，转而对那些与问题无关的事情争论不休，就会正中对方下怀——此时，制定规则的人已经是他了。除此之外，对方还会用最简单的发怒形式，让你关注到他的情绪而不是问题本身。比如，在两夫妻吵架时，如果有一方以"你怎么可以这样指着我？你不尊重我"为由指责另一方，另一方即使再有理，也会感觉站不住脚。

战术四——言而无信。为了使你让步，对方会做出有利于你的许诺，保证在未来的某一天兑现，但这些许诺不是空口无凭就是太虚无缥缈，只是他的幌子而已。

战术五——趁你不备。你认为双方处在平等的条件下，对方却会突然引入新的信息与要求，在精神已经松懈的时候杀个回马枪。

在认清他们采用何种战术后，你就能开始行动了，最重要的是要让对方知道你已经识破了他们的规则，这会大大挫伤他们的锐气。之后，你可以配合适当的战术，一点点将他们攻克。但表述的时候一定注意不能过于强硬，比如："我知道你的诡计了""我知道你想干什么"。这样的应对很容易激起对方的防护墙，让交流变得更加困难。适当的方法是表述自己的感受。以挪

# 第八章　以弱胜强的掌控术，让你搞定那些难缠的人

威商人为例，面对"我还需要提交给政府，以博得他们的批准"、"这可能需要你们等一辈子"时可以这样说：

"既然你做不了决定，我们不认为继续跟你谈判会取得什么成果。"

"这样看来，我们似乎没有什么别的选择了，我们觉得被逼退到了悬崖边。我不确定我们的对话是否能有所进展。"

## 层层推进，遏制不可理喻的"跋扈型"控制者

1969年8月9日的清晨，查普曼太太像往常一样在她工作的豪宅外停车。她本以为这是一个平常的清晨，但当她进入后门后——她一般都是从后门进去的，她发现了残忍的一幕：宅子中的电话线都被剪断了，起居室里还吊着一具尸体！尸体下面有大块的血迹。她快速奔至前门想向路人求救，门前草坪上竟也躺着几具鲜血淋漓的尸体。她惊恐地报了警，她实在无法相信上周还充满生气的宅子现在已然成了一座血腥的地狱！

这座豪宅的主人是好莱坞明星莎朗·塔特和她的丈夫导演罗曼·波兰斯基。怀孕8周的塔特被活生生勒死，身上被砍16刀，前来举行派对的好友们也死状凄惨。凶手用塔特的鲜血在墙上写下了"杀死猪猡""暴动"等口号。隔天晚上，住在比弗利山庄的一对富人夫妇也被同样凶残的手法杀害，房间里也有相似的血字。

四个月后，洛杉矶警察局调查发现，两起凶案的凶手都来自"曼森家族"，他们的幕后主使者是他们的"家族领袖"查理·曼森。查理·曼森在十五六岁时已经经常出入监狱。在社会和监狱间的不停辗转中，曼森学会了观测人心，以及怎样用意志力去操控对方。曼森33岁时，在旧金山开始了他控制人心的"征途"。

**掌控：** 如何在人际交往中取得主导权

他独一无二的经历和个人魅力吸引了一大群年轻人，他被尊为领袖。曼森则用披头士的歌和迷幻药控制他们，让这些青年男女更加对他唯命是从。曼森制定了一个"终极计划"，声称发动一场末日战争来惩罚统治阶级，并扬言只有家族的信徒才能幸存，他自己是耶稣转世来帮助大家逃脱苦难。

曼森杀人案是一个十分极端的案例，但在其中我们看到了"跋扈型"控制者最显著的特点。他们的所作所为不合情理，只求获得却不思考付出。他们的强势不分场合，不分人物。如果说前两个类型的强势者本身并不强势，只是通过一切附加形式以表现得强势，那么"跋扈型"的控制者则是天生如此。外界难以忍受他们的行为，但他们并不觉得这样做有什么不合情理的地方，自己的所作所为都是正确的，其他人都应该听命于自己。

"跋扈型"控制者情绪也经常失控，可以参看《帝国的毁灭》这部纪实性电影。这部电影记录了希特勒人生的最后十二天，在这部影片中，可以时常听到希特勒的咒骂，他无时无刻不处在情绪激动的状态。粗鲁、狡诈、无所顾忌、非理性是他们的常态，因此这种类型的控制者最难对付。不像"失控型"控制者，你无法找到他们发怒的源头，因为他们本性如此，没有特定的发怒原因；他们也不像"战略型"控制者，你无法以战术压制他们，他们就像武侠小说中所描述的"无招"之人一样，行为毫无规律可言。他们的表现就像小孩，听不进旁人的劝导，只是单纯地发泄自己的情绪。不过，正因为他们的控制行为产生的原因相对简单，虽然难对付，但应对方法比较一致。

面对"跋扈型"控制者，首先不能急躁。在他们的情绪面前，你可能觉得很无力，实际上，我们的权力之多超乎自己的想象。对付这种类型的掌控者，就是要力图把自己的力量发挥出来。"知己知彼，百战不殆"，想将自己的力量尽量展现，就先需知道对方的力量在哪里。

**第一步，锁定权力源。**"跋扈型"的控制者认为自己拥有很大的权力，

## 第八章 以弱胜强的掌控术，让你搞定那些难缠的人

每次的情绪失控也只是不断地向人展示他们的权力。在他们看来，他们有权大喊大叫，有权指责他人，有权决定一切。通过观察和总结，权力源主要可以分为三类：权威型、惩罚型和资源型。一般来说，一名"跋扈型"型控制者的权力来源由多个类型组成，因为任一来源都不能单独产生作用。比如：希特勒和曼森都认为自己是优等种族的首领，首领的位置就是他们的权力来源；首领具有权威性，同时还能优先掌握到丰富的资源和惩罚他人的权力，也就是说，他们是三种权力源都具备的人。"跋扈型"的丈夫认为自己是整个家庭的经济来源，掌握着经济命脉，这让他们既掌握着资源又掌握着权威。"跋扈型"的母亲认为自己千辛万苦地把孩子生下来，并且比孩子多了几十年的阅历，有资格对孩子的行为指手画脚，那么她的来源也是三种来源的结合。

**第二步，权力制衡**。孟德斯鸠提出了三权分立，使西方民主国家政治建制都以此为原则，司法权、行政权和立法权的相对独立让每个部分都各司其职、各不相扰，这里提到的权力制衡也是类似的道理。面对"跋扈型"的丈夫，妻子最适当的解决之道就是取得经济上的独立。即使不能马上在经济上与丈夫平等，但一旦她不再依赖对方了，对方的任何操纵行为都不会对她造成影响。"跋扈型"控制者之所以如此肆无忌惮，是因为坚信自己掌握了权力，如果你让对方知道，他的权力不会对你造成任何威胁，那么他的张牙舞爪也就失去了发泄的对象。

**第三步，威胁沟通**。在与"跋扈型"控制者沟通时，你需要展示的不仅是相互制衡的权力，而且需要表现：你也拥有自己的权力，你的权力将带给他什么，对他产生怎样的后果。这种沟通不像日常的沟通一样温和，但却是非常有效的一种方法，能够让他们认识到自己并非无所不能，对于崇尚权力的他们来说，也只有更强的力量才能让他们心悦诚服。

## 顺势迎合，避开尖利刻薄的"武断型"控制者

艾维斯是一家网络公司的主管，最近公司效益不佳，于是公司开会决定削减开支。艾维斯在会上强调自己是研发部门的人员，研发需要资金支持，如果削减开支，研发工作一定会受到阻碍，此外，这还会导致以后部门中每个人的工作量要比现在多出四分之一，削减开支并不适合自己的部门。艾维斯在会议上慷慨陈词，力图说服老板，但老板还是一句话："削减预算，不分部门。"

这可难倒了艾维斯，他从来不知道怎么把坏消息带给自己的部下，他连批评部下都常常不知如何开口，他完全不知道如何应对部门成员的情绪。尤其，哥达也是他的下属之一。哥达是研发部副部长，也是艾维斯的好哥们，办事能力也非常强，很多事情只要交给他，艾维斯都能很放心。但他有个毛病：时常会为自己犯的错找借口，碍于哥们的身份，艾维斯每次想好好批评一下哥达，都会被他给讲责任推回来。

有一天哥达迟到了，艾维斯批评他作为副主管应该严格遵守上班时间。但哥达没有反思自己的错误，还抱怨路上太堵了。艾维斯心知肚明，昨晚是欧洲杯的决赛，作为资深球迷的哥达一定是熬夜看球了。艾维斯本想叮嘱他不要因为私事而耽误工作，却始终没有开口。

又有一次，一个小项目的发票因为过期而不能报销。艾维斯询问原因，哥达马上一脸无可奈何，答道："是财务部不配合啊！他们一直拖着才把这张发票拖过期了。"公司的财务部一向以高效率闻名，而且哥达在行政类事务上一贯有些拖拉。艾维斯清楚，此次很有可能是哥达的疏漏。艾维斯也不知道怎么让哥达既能够意识到自己的问题，又不伤害两人间的友情。

## 第八章　以弱胜强的掌控术，让你搞定那些难缠的人

这次竟然还要告诉他预算削减、工作量又要增加的噩耗，还不知道他会怎样说呢！艾维斯揉了揉太阳穴，他需要一些阿司匹林来缓解自己的头痛。

"武断型"的控制者最为常见，他们的控制出现在言语中，习惯性地对他人的话语进行武断式的评论或批驳。哥达说出自己的借口前，其实都已经先预设了："不，艾维斯，你说的不对。真实的情况是这样的……"这就是武断式的评论。

面对"武断型"控制者，很多人的临时应激反应只有两种。一种是迫于无奈只能赞同对方的说辞；另一种是虽然不认同对方的评论，但因为害怕或者临场应变力弱，不能立即予以反驳。事实上，在这两种反应之后，如果我们投一枚烟幕弹给对方，来迷惑他的思维，不仅能安抚对方的情绪，还能更方便地说出自己想说的话。也就是说，你在表面上要同意对方的说法，但事实上，你的话里另有玄机。

注意，面对以下任何一种情况，在与人交谈前都要抱着"他说的不一定正确"的心态。第一种情况中，控制者试图用自己的逻辑掌控你。你可以选择性同意对方所说的事实，然而并不需要百分之百同意，比如：

A：你怎么做得那么慢！你不是还想把工作带到家里去吧？这不就会影响睡眠时间吗？睡眠时间不充足会严重影响明天的工作质量，这不是恶性循环吗！

B：对，睡眠是很重要，如果工作量合适，我也希望尽快完成。

还有一种情况，对方通过强势的批评和建议来控制你。面对批评，你可以承认他所说的是事实，比如：

A：你昨天怎么又那么晚睡？我一觉睡醒你的灯还亮着。

掌控：如何在人际交往中取得主导权

　　B：对，我昨天确实睡得很晚。（承认事实而避开指责）

　　强势的建议指的是对方让你非听不可的建议，这时你能选择和第一种情况相似的应对方法——部分同意对方的建议，即向对方展示他的建议是可行的，但不一定会发生，比如：

　　A：你得干快一点，你再这么晚睡，身体会垮的！
　　B：确实，我的身体可能会垮。

　　那么现在我们来看看，面对哥达的尖利回答，在不添加任何其他信息的情况下（通常人们会添加信息来减少负罪感，在艾维斯案例中，他可能把责任都推卸给制定这则方案的管理人员），艾维斯可以采用迷惑性回答，哥达问什么他就模棱两可地答什么。

　　哥达：什么？在同样的工资下还要做超额的工作？艾维斯，我们都是家里的顶梁柱，以前的工资只能勉强温饱，现在工作量又要增加，我要是累倒了，我的家庭可怎么办？
　　艾维斯：你说的情况的确有可能发生，但我们还是得增加工作量。
　　哥达：唉，你如果在大会上坚决一点，他们就不会强人所难了！你总是这样，一点威信都没有。
　　艾维斯：可能是我不够坚决吧，但我们的工作量增加是不可避免的了。
　　哥达：但现在我已经精疲力竭了！
　　艾维斯：我明白你现在很累，大家都一样。如果超出你的承受范围请告诉我。不过，我相信，以你的工作能力，你会应对自如的。你觉得呢？
　　哥达：好吧，但我讨厌这样。
　　艾维斯：我也不喜欢，哥达。但决定权不在我们手里，我们还是看看怎

第八章 以弱胜强的掌控术，让你搞定那些难缠的人

样解决接下来的问题吧。

## 坚持主张，应对顽固自负的"权威型"控制者

《旧约》中亚伯拉罕杀子的故事相信你一定不陌生：

亚伯拉罕99岁的时候，上帝耶和华在他面前显出真身说，他和妻子只要听从自己的指示，亚伯拉罕的国家将日益繁荣，他和妻子也将在一年后拥有一个儿子。他们如上帝指示的行事，果真如此。儿子以撒茁壮地长大，国家也一片祥和。

一天，神又降临了，他对亚伯拉罕说："亚伯拉罕，现在带着你的儿子去摩利亚，你会得到指示爬上哪座山，在山上请把你的儿子献祭给上天。"亚伯拉罕非常疼爱儿子以撒，但他笃信耶和华，认为这样做一定有他的深意。

正当亚伯拉罕拿出小刀准备下手时，一位天使飞了过来，焦急地喊道："亚伯拉罕！亚伯拉罕！你不能动手！这是上帝对你的磨炼，我们都看到了你的虔诚。"从此，耶和华授命亚伯拉罕为神在地上的代理人。神也遵守约定，亚伯拉罕的后代世世代代都十分兴旺。

亚伯拉罕听从了上帝的命令，面对自己喜爱的亲儿子仍然拿起了刀子。他对自己的行为正确与否的判断并不是来自道德评判标准，也就是说，他不认为杀害亲生儿子是善是恶，只要是上帝的命令，他都相信是善。或许你会说亚伯拉罕这么做，是因为他信守了早年和上帝的约定，并不能体现权威的力量，那么下面这则真实的实验将证明权威对人有着怎样的掌控力。

**掌控：** 如何在人际交往中取得主导权

米尔格莱姆实验是著名的社会心理学实验，它又被称为服从实验。当时实验的负责人米尔格拉姆想知道在第二次世界大战中，对犹太人进行大屠杀的刽子手是不是只是为了服从上级的命令。他尤其想测试：面对有违良心的命令时，人对权威的拒绝力多强。

通过广告招募的被试人员被分成两组，一组成为"老师"，一组成为"学生"，两组人员待在互不影响的两个房间中（实际上招募的被试人员都被分为"老师"一组，进入"学生"组的都是由实验者假扮成的被试人员）。老师的任务是朗读单词，然后让学生记住它们。随后，学生将接受测试，检测他们是否真的记住了单词。如果学生回答错误，老师将按动手边的按钮，相应的惩罚就会落在学生身上。与老师手边按钮联结着的是一台发电机，老师们被告知：一旦按钮被触发，隔壁的学生就会受到电击。发电机的起始电压为45V，每电击一次，电压自动上升一级。

事实上，不会有真的电击产生。但在另一个房间里，由实验者假扮的学生仍需播放录制好的尖叫声，随着电压强度上调，叫声也越惨烈。实验者给不同的电压设计了这样的呼叫声：75伏时，"学生"开始小声抱怨；120伏时，痛得大叫；150伏时，高喊想退出实验；200伏时，求救并喊叫身体不适；300伏时，拒绝继续回答问题；330伏以后开始没有声响，直至最高的450伏电压。

若是有被试人员示意暂停并表示想终止实验，实验者会依次这样回答：请继续；这个实验需要你接着参与，请继续；你的继续参与是必要的；你没有选择的权利，必须继续下去。如果听完四个答句后，被试人员仍希望停止，这时实验才会停止。只要被试人员没有喊停止，那么惩罚电压就会升至最高，并持续三次惩罚后，实验才终止。

在左右为难的情境下，被试人员会选择继续还是终止呢？

第一次实验后，米尔格拉姆统计发现：每名被试人员都在实验的某个

## 第八章　以弱胜强的掌控术，让你搞定那些难缠的人

阶段企图停止实验，但最终，40人中没有一人在330伏一级的惩罚前停止。其中有27人（67.5%）达到了最大电压惩罚，尽管这27人在终止实验时都显示出了内疚、痛心等情绪。

同样真实的事件一直在我们的社会中发生。第二次世界大战后，为审判和惩处两个主要战犯国，设立了两个临时国际性的司法机构：纽伦堡国际军事法庭和远东国际军事法庭。在法庭上受审的士兵都不约而同地将服从上级命令作为辩护的理由。（他们的理由也促进了国际刑法的修订：受审士兵不能因"执行上级命令"而免除责任。）无论这个理由是否真实，从一个侧面可以向我们证明：权威的影响力确实存在，并且这种力量往往控人于无形。

所以当面对权威人士时要记住以下三点：

**1. 不被表面现象所迷惑**。权威人士的外部包装往往精致考究，当有两个人向你推销商品，面对穿着随意的推销员，你可能看了第一眼就把他拒之门外；而面对身着剪裁得体西装的推销员，你会给予他更多的耐心。不仅仅是衣着方面，一个人的头衔（如：医生、博士、教授等）及外显标志（如：钢笔、汽车等）都能让人不自觉地产生对他的信赖。如同花对蝴蝶和蜜蜂有种天然的吸引力一般，"权威型"控制者很注重自己的外在装饰，对脑中没有一根警戒线的人来说，这些装饰能产生非同一般的吸引力，之后，控制者的初步目标就达到了。

**2. 不轻易被学识上的差距所折服**。当然，外部包装只是为了更好地控制，打扮再体面，"道具"再高端，一开口你就知道他是否有真才实学。几乎所有"权威型"控制者都会拥有一套他人所没有的学识，因为学识上的差距最容易让人产生盲目崇拜。这也是为什么有一些医药骗子很容易得手，除了注重商品包装外，他们常常说一些云里雾里的术语，让人不自觉地点头称是。

**3. 坚定自己的想法**。坚定自己的想法是最重要的一点，在你左右为难

的时候，最希望有人能够给你提供参考意见，以为这样就能摆脱自己的苦恼。"权威型"控制者如果别用有心，就会看准时机侵入你的大脑，盲目听信他们的意见，你可能就被他们所控制。

做到上面这三点就不会出现这样的笑话了：

一个病人右耳发炎去看医生，医生给他开了一则处方，上面写着"Medicine R"（R为right缩写，该处方意为"药滴入右耳"）。护士拿到处方后，以为医生指示她将药滴入患者后方（英文中rear有后方之意）。虽然觉得奇怪，既然是医生开的就没有多嘴。于是就把药水滴入了患者的肛门。患者还以为是什么新疗法，复诊时和医生谈起此事，双方都哭笑不得。

## 综合博弈法，应对独断专行的老板

现在，我们已经知道了五种类型的控制者，不如来看看在日常生活中我们能怎样应用。工作中，独断专行的老板随处可见，但你会发现，应对A老板的方法不适合B老板，原因是你没有找到老板控制的本质，即独断是老板的表象，他们的深层原因各不相同。在进入讨论前，不妨先想想：你的工作中是否有这样的经历，你是怎样应对的。

丹尼尔的公司刚刚进行并购，并购后由对方公司的艾瑞克副总分管丹尼尔所在的销售部。艾瑞克是个非常强势的老板，在第一次部门会议上，他说："我交代的工作及要求你们必须绝对服从。今天我先说清楚，如果我发现有人违背我说的话，那么第一、第二次都扣钱予以警告。如果出现第三次，那你可以收拾东西准备'滚蛋'了。"

## 第八章　以弱胜强的掌控术，让你搞定那些难缠的人

有一次，艾瑞克安排销售总监丹尼尔独自去谈一个项目合作，但这次的项目合作规模比较大，按公司规定，最低也需副总把关。合作方的来头不小，诚意也比较高，丹尼尔想了想，无论是从规定上还是礼仪上都不适合自己一个人出面。丹尼尔在部门每周例会上提出了自己的想法。艾瑞克听后冷笑一声："我似乎在第一次开会的时候已经说得很清楚了，我不想再重复第二遍。现在对方合作意向那么高，你如果再拿不下，就趁早递交辞职信吧。"

想一想，为什么艾瑞克不喜欢别人忤逆自己的要求，在第一次开会时就立下了没有回旋余地的规则？除了艾瑞克本身可能就是一个控制者外，他的背景也值得注意。艾瑞克刚到一个新公司，他想尽快设立威信。而事实上，新到任的艾瑞克对公司的规章程序还不甚清楚，从他将一份重大任务交给丹尼尔一个人完成就能够看出来。因此，即使丹尼尔说明了这符合规章程序，但在艾瑞克看来，丹尼尔所提出的不是一项符合规定的正当请求，而是一封挑战自己威信的战书。

从艾瑞克的做法里我们能看到他的不安全感：因为急于设立威信，采取了一刀切的方式，强制他人服从。一旦有人提出反对意见，就会觉得自己的权力受到了威胁而情绪失控。通过与之前所说的几种控制类型的匹配，我们不难发现，艾瑞克是一名"武断型"的控制者，同时也带有"失控型"的特点，所以，在采取应对策略时，不能一概而论，而应该综合考虑。

对于"失控型"的对手，我们首先要找出他失控的原因。艾瑞克产生失控情绪的原因有二：初来乍到的不安全感和对规程的不熟悉。知道原因后，我们就能开始着手制定应对计划了。对于武断型的控制者，我们可以采取迷惑法来攻克，使用迷惑法的要点是：无论自己是否真的赞同，都要表现出自己的认同。尤其在每周例会这个公开场合，面对一名新来的老板，附议他是最佳的选择。但不要忘记，因为艾瑞克的决定是触犯了规定的，在会议结束后，不要忘记在私下里再和他商议。私下里商议时，他或许依然会勃然大

怒，认为丹尼尔在挑战他，因此可以在商议之前就明说："艾瑞克，我并不是想挑战你。"然后拿出事先打印好的规定说，"虽然对方合作意愿很高，但毕竟按照公司的规定行事更加万无一失嘛！这个项目能稳稳当当地进行，您也能省心不少。"

迷惑法使用的误区在于，应用时只注重附议而舍弃了自己的想法。不妨在提出建议前多设想几次，预测老板会在哪些方面提出异议，万事俱备后再行动。在老板固执己见的时候，一定要坚定自己的立场。暂时接受老板的想法并不意味着全盘认可，你仍然拥有提出自己想法的权力。如果全盘同意，万一老板的决策确实使公司蒙受了损失，那么他只会将责任推卸给你，认为你并不是真心为公司着想。你想通过赞同老板与他建立起信任，但一味赞同带来的损失会让信任很快飞灰湮灭。所以，在使用迷惑法的同时，一定要寻找到老板愤怒的源头，向老板显示出诚意后，在私下里委婉地提出。

## 保持独立性，逃离家人对你的操控

"维恩，把这些书收了。"维恩的母亲两手交叉抱在胸前对他的儿子说。

维恩现在读高中一年级，他刚参加了一个航模学习小组。最近有一个关于航模制作的比赛，他每天天不亮就得到学校和同学讨论模型设计，晚上还要抓紧看一些相关书籍，实在是累得快趴下了！他喜欢坐在自己房间的地板上看书，地上空间大还可以随意摆弄模型。但今天太累了，看着看着就睡着了，忘了关门，没想到就被母亲看到了。

维恩的母亲最讨厌家里人胡乱摆放物品。她认为书除了书架和书桌就不应该出现在别的地方，花瓶必须放在指定的地方，电视架上除了遥控器，不能放任何东西……从小到大，维恩已经受够了母亲的这种控制。有一次，他

## 第八章  以弱胜强的掌控术，让你搞定那些难缠的人

踢完球回来，把眼镜放在客厅的茶几上就去卫生间洗脸，出来的时候发现眼镜竟然不见了！问了父亲，才知道是母亲把他的眼镜没收了，原因是他没有把眼镜放在应该放的位置。天地良心！维恩只是去洗把脸，马上就会把眼镜拿走。母亲还很喜欢整理他的房间，维恩经常会找不到自己的东西。

维恩觉得既然是自己的房间，他就有权力随意安置东西，他起来揉了揉眼睛，继续坐在地上看书，没有理睬母亲。然而母亲并没有要离开的样子，靠着门框看着他："我已经说过一遍了，维恩，到桌子前去看书，把这些书收拾好！"维恩知道，母亲只有看到自己把书收好才肯走，不然她会在这里站一个晚上！维恩扶着床站了起来，说："好的，我知道了。"开始慢慢整理起自己的东西。等母亲走后，他马上关上了房门，把刚刚那些书又摊在了地上……

维恩的母亲对物品的摆放有一种强迫性的执念，我们可以把她视作：想通过掌控物品的摆放来彰显自己在家中的地位。维恩的母亲负责家务事，她理所应当地把整理、清扫都归为她的工作范围，在这个范围内她拥有无可辩驳的权威性。而且儿子的生活经验远不比自己丰富，这更加强了母亲的高压态度。所以当维恩把眼镜放在桌子上，把书放在地板上时，她会怒气冲冲。结果，维恩阳奉阴违，进行消极攻击，表面上服从但心里却憋着一口气。这种"权威型"的父母在家庭中尤为常见，他们的控制欲辐射到子女的方方面面，大到学业、事业、婚姻，小到每天的饮食起居、生活习惯等。他们总是以"这都是为你好"为理由，试图控制你的生活。他们还是典型的情感操纵者，能够以情感为条件，试图让被操纵者按他们的意图行事；被操纵者因为害怕失去操纵者的感情，就会长期乖乖就范，然而这种不自由的生活，会让他们感到备受煎熬。

那么，如何才能巧妙地摆脱家人对你的控制呢？

**1. 保持独立，绝地反击**。赚钱养家的丈夫、精明能干的妻子、抚养自

己长大的双亲都会有控制的倾向,究其原因,就是他们以为自己在某方面有着优越感,特别是经济和阅历方面。我们之前已经提到,面对这种类型的控制者,不能抛弃个人的主见,任凭他们做决断。一味地忍让只会让他们更加坚信你的无力,进行反击才是最佳的解决方式。当然,反击并不意味着硬碰硬,我们一直强调的以柔克刚的方法,用在家庭关系上是很好的选择。

**2. 注意调控消极情绪,摆脱情感绑架**。与单纯的"权威型"控制者不同,父母的控制含有情感因素,他们很容易就能调动你的各种消极情绪,让你感到恐惧、焦虑、愧疚、不安。很多父母尤其擅长情感绑架,若遭到反对,他们往往会告诉你:"你太让我失望了""我真难受""你太自私了""你根本不懂为人父母的心情"……听到这些,你的罪恶感就会被成功地激发出来,这时,如果你听从情绪的引导,就又会落入进退两难的境地。所以,在听到这些语言时,先别忙着愧疚,你要时刻提醒自己,你只是在为自己争取权力,这不是自私的行为。你可以试着让他们了解到你的真正目的:"我很理解您的感受,但是我希望您能够尊重我的选择。"

**3. 及时表明立场,划清界限**。对付权威者最困难的地方就在于,即使你意识到他们在控制你,你仍然会因为感到无能为力而听从于他,因为在潜意识里,你一直处于自我贬低的状态,对自己并没有信心。建立信心不是一朝一夕的事。首先,你可以用语言来暗示自己的强势。比如,维恩可以明确地表达自己的意愿:"我知道你希望我将东西摆放整齐,这的确是个好习惯,但你冷冷地看着我,随便整理我的东西,这都不能让我们双方感到快乐。我对你的行为很反感,我希望你能用更加温和的方式来对待我,而不是命令我。"用语言来与母亲划清界限,"你的是你的,我的是我的",你会渐渐认识到独立带来的满足感。然后,在双方平等的状态下,你就能提出自己的要求,逃离家人病态的掌控了。

### 第八章　以弱胜强的掌控术，让你搞定那些难缠的人

## 灵活回应，应对来自好友的考验

　　罗瑟琳和贝丝是行政部的同事，也是关系很好的朋友。公司成立三十周年，要举办庆祝大会，她们分到的任务是完成会场布置的准备工作。今天，她们准备一起去采购一些用品。不巧的是，与贝丝一直分隔两地的男朋友罗宾今天突然出差前来，现在，贝丝正在和罗瑟琳交涉工作计划。我们在她们每次"过招"后都注明了她们对话运用的"战术"，这将让我们更透彻地理解她们的真实想法。

　　罗瑟琳："今天不是愚人节吧？我们可是三天前就已经计划好今天去采购了！"（虚张声势）

　　贝丝："对……但是罗宾好不容易才来一趟，你知道的，我们异地相恋了这么久，真的很不容易。而且，离庆祝大会举办还有一个月呢，我们有充足的准备时间，不是吗？你不会介意的吧？"（调虎离山）

　　罗瑟琳低着头沉默了半分钟没有答话。（保持沉默）

　　贝丝（露出伤心的表情）："好吧，那我去和罗宾说一下，我们必须要赶紧去采购。但是罗宾和我都那么忙，不知道什么时候才能再见一面了……老实说，采购的事情真的不急。你后天怎么安排？"（虚张声势）

　　罗瑟琳（坚定地）："不行！定好的计划就不能更改，虽然现在还有一个月，但这一个月当中难保会像今天一样出现变故！当然是越早干完越好了。我哪里知道后天的安排？说不定会像你一样突然出现变动呢。实在不行，就我一个人做吧，我不希望把原定今天完成的工作拖到明天！"（调虎离山+虚张声势）

**掌控：**如何在人际交往中取得主导权

贝丝："不行不行，这么大事情怎么能让你一个人来做呢？"（重重地叹了一口气，楚楚可怜地看着罗瑟琳），"我还是不去见罗宾了吧……"（虚张声势+引起同情）

罗瑟琳（语气强硬，不为所动）："对！还是两个人一起去采购比较踏实。我跟经理的助理海伦关系还不错，我以后让她在经理面前提一下，争取经理准你的假，你以后也好与罗宾见面！"但罗瑟琳的话还没有结束，"为了能够尽早去看场地，你能不能帮我做一下这个？"（许下诺言+趁你不备）

在罗瑟琳和贝丝的过招中，我们最常见到的是虚张声势战术，这个战术不仅最好用，也最有效，它起到的效果有两处：一是让对方反思自己是不是做错了；二是给对方心理施压，激起他们的内疚感。罗瑟琳的几次虚张声势都是为了强调"这是计划好的，你没有按照计划来做，错都在你"，而贝丝虚张声势的潜台词是"我和罗宾好不容易见一次面，你连这点要求都不同意，你没有同情心"。虚张声势战术的原理和"武断型"控制者的操纵方式很像，他们坚持自己的想法不会轻易改变，这时候，采用"迷惑法"就是再合适不过的了。

第二常见的是调虎离山战术，这类战术也很容易掌控对方，因为这时的话题将会被引向对你有利的方面。贝丝的第一次调虎离山成功地把罗瑟琳专注的"你没有按计划来"转移成了"时间还很长，计划并不紧急"；罗瑟琳的调虎离山又把"时间不紧急"的话题转向了"今日事今日毕"的责问。面对这种战术，首先要曲折地向对方表明你已识破他的计策，然后再重申自己的立场。这些战术往往会互相交织，灵活地应用方能自如应对。

但我们不难发现，如果两人都深谙战术攻防，那这一段对话可能会无穷无尽。人们在夺取掌控权的过程中很容易有这样错误的认识：别人说什么我都否决，这样才能彰显对自己的权力。然而，赢取掌控权只是为了脱离他人的控制，而不是得理不饶人。顺利的交际必然包含着退让和体谅，咄咄逼人

## 第八章 以弱胜强的掌控术，让你搞定那些难缠的人

只能让关系更加僵化。如果贝丝和罗瑟琳的对话如下，相信事情就很容易在不伤和气的情况下得以解决：

听了贝丝的话后，罗瑟琳长叹一声："唉。本打算今天对会场布置工作有个初步的准备，没想到你男朋友突然来了。"

贝丝："我也感到很突然，罗瑟琳，我没有收到他的一点消息！去会场踩点和采办物品是项辛苦而漫长的工作，只让你一个人去做肯定不行。但是，你也知道我和罗宾的情况，错过这个休假，我们不知道什么时候再能见到了。"

罗瑟琳："我能理解你们异地恋的不易。现在也只有改时间了，我也希望我们一起去采购物品，这样彼此也能有个商量。"

贝丝："对，我也是这么想的！这么大的活动，一个人很难做决定，两个人一起行动还能查缺补漏。唉……我一直很讨厌计划临时变动，没想到自己也成了这样的人。要不这样，你明天的工作怎样安排？让我看看我的日历……糟糕，明天有个会议要准备。后天……后天以后都可以！"

罗瑟琳："很高兴我们有一样的见解，时间嘛……让我看看。咦？你现在还不走吗？你和罗宾约的几点见面？"

第九章

# 掌控全局，
# 有效地影响、领导他人

> 一个人最不容忽视的竞争力，就是影响他人的能力；而想要能够最大程度地影响他人、掌控局面，就必须懂得如何运用自己的掌控力。没有人天生就拥有良好的掌控力，都是后天习得的。

掌控：如何在人际交往中取得主导权

## 自我认可，找到自己的不可替代性

**想要让别人对你另眼相看，先成为不可替代的那一个**

金融危机来了，工资奖金下降了，失业率上升了，很多人被裁员了，也有很多人留下来了，甚至留下来的人里有很多还是经常和老总叫板的人。为什么有的常青树可以屹立职场永不倒，甚至成为掌控局面的唯一人选？

秘诀就在于他们的不可或缺性，这是职场精英笑傲江湖的"免死金牌"，无论是哪个时代，哪个国度，不可或缺的人在他人眼里总是有着非同一般的价值。

米开朗基罗是文艺复兴时期著名的艺术家。那个年代，一个艺术家是否能够出人头地取决于能否找到好的赞助人，而米开朗基罗的赞助人正是不可一世的教皇朱里十二世。但是，米开朗基罗却丝毫不给他面子。一次在修建大理石石碑时，两人产生了分歧——他们激烈地争吵起来，米开朗基罗一怒之下扬言要离开罗马。

大家都认为教皇一定会怪罪米开朗基罗，但事实恰恰相反——教皇非但没有惩罚米开朗基罗，还极力请求他留下来。因为他清楚地知道，米开朗基罗一定能够找到另外的赞助人，而他却永远也无法找到另一位米开朗基罗。

米开朗基罗身为艺术家，其卓越的才华是他手里的王牌。如果任何人能让自己不可或缺，就可以拥有坚不可摧的地位。才华横溢的天才不需要依赖特定的上司或特定的工作场所来巩固自己的地位。

# 第九章 掌控全局,有效地影响、领导他人

任何一个人,一旦拥有了别人不可替代或逾越的能力,就会使自己的地位变得十分稳固。因此,让一切都在自己的掌控之中,让自己的技能无可取代,才能立于不败之地。

**找到自己的特点,成为行业的权威**

职场中人,除了做得努力之外,更要做得独特。大凡公司选拔人才,除了一些新设的职位,都是找"继任"。前者或因离职或因高升,自然后来者就被无形地比较,或横向或纵向。假若是继承优良传统,并无任何新意,自不会被人瞩目。因此,你必须让自己有着某一方面不同于别人的特点,这样才能显示出你的不可或缺性,你才能够顺利"上位"。

要找到自己的不可或缺性,首先应该学会认识自己,挖掘自己的潜能,发挥自己的专长,成为行业权威。

1929年,乔·吉拉德出生在美国一个贫穷的家庭,为了生计,他做过很多种工作:从最简单的擦皮鞋、卖报,到去饭店洗碗、当快递员、做建筑工人等。可是,这些工作并没有给吉拉德的生活状况带来很大的改变,他欠了一身的债,连养家糊口都成问题。另外,他还有口吃的毛病,所以他一开始选择的职业都是不用说话太多的。由于越来越入不敷出,在不得已的情况下,他选择尝试进行销售,做了一名汽车销售员。

他第一天上班,就遭到了同事们的排挤,店里那些老销售员都不希望新人加入,因为这会无形之中给他们更大的压力。

一名老销售员看到吉拉德在为别人介绍车的时候,说话有点结巴,立刻嘲笑说:"杰拉德,你看你,话都说不利索,还怎么做一个优秀的销售员?你还是去做别的工作吧,销售根本不适合你!"

另一个老销售员也讽刺说:"吉拉德,我真的想不通,你为什么跑来做销售,这就好比是一个瘸子去参加长跑,不是用自己的短处和别人较劲吗?

吉拉德，你还是干脆早点辞职，干点别的算了，不要在这儿浪费时间！"

然而，吉拉德却发现事实上并不是这样，他认为销售并不是那么难的事情，虽然自己有点口吃，但是他善于观察。对于不同的客户，他总能找到他们心理的变化和弱点，从而捕捉到最有利于自己的一面。尤其是在谈价格上，吉拉德能够根据不同客户的心理，给出合适的价位。他仿佛天生拥有做销售的天赋，在试用期的3个月里，他销售了40辆新车，创下了店里从未有过的销售纪录。

由于在试用期的出色表现，吉拉德成为了店里的正式销售员。他以极大的专注和热情投入到工作中，只要是找他介绍车的顾客，最后百分之九十都下了订单。此外，为了增加自己的销售业绩，吉拉德不不甘心只做一个守株待兔的人，他把自己的销售融入到平时的生活中，在公交车上，他会向坐在身边的人介绍汽车，然后吸引他们去自己的店里看车；在参加一些社交活动时，他也会以拉家常的方式与周围的人聊聊汽车，他的专业知识总能让人惊叹。

短短的半年时间，吉拉德成为了店里的一名金牌销售员。虽然有点口吃，但是这根本不妨碍他的销售业绩。这让那些老销售员感到非常愤懑，他们不明白为什么自己口齿伶俐，居然竞争不过一个连话都不说清楚的人。

有一天，他们实在忍不住了，问吉拉德："你有一只笨拙的舌头，这简直可以说是销售员的致命缺点，但是为什么你每个月都能卖出那么多辆汽车呢？你有什么特殊的秘诀吗？"

吉拉德笑了笑，回答："秘诀？秘诀不是你们告诉我的吗？"

老销售员们听了，面面相觑，接着问："我们告诉你的？"

"对呀，你们不是告诉我，我不适合做销售吗？其实，我也一直在想这个问题，但是后来我发现我非常擅长做销售！这就是秘诀！"

三年以后，他成为全世界著名的销售员，谁能想到，这样一个不被人看好，而且有点口吃的人，竟然能够在短短的三年内，销售了6000辆车。

## 第九章　掌控全局，有效地影响、领导他人

认可自己，是让自己变强势的第一步，而认可自己的前提是能够正确认识自己擅长什么。之前吉拉德表现很一般，原因是他从来没有认识过自己。老销售员们的打击，让他开始思考，询问自己，挖掘自己的优点，从而找到最适合自己的特点的职业。当一个人潜藏的能量被自己发掘出来，那么他自然而然地就会充满底气，变得强大起来。

一个人能够完全地掌控自己，影响他人，原因在于他做得比别人出色。一旦他在某个领域比其他人强，有着明显的不可替代性，那么他就等于拥有了博弈的最大筹码，他的专业性会让他拥有绝对的话语权。这一点，尤其是对于一个职业者来说，非常重要。

## 利用双方共同的准则，把握事态发展的方向

唐代著名的平乱大将郭子仪、李光弼两人，原本是节度使史思顺的部下。虽然二人同侍一主，但是水火不容，各自视对方为死敌。

后来，史思顺被外调，郭子仪由于能力出众，被任命为节度使，李光弼担心郭子仪会乘机报复自己，于是准备率领部下逃走，但同时又有点犹豫不决。

不久后，安史之乱爆发了，唐玄宗命郭子仪为天下兵马大元帅，领兵讨伐。身为大将的李光弼看到国难当头，决定报效国家，想去投靠大元帅郭子仪。他知道自己和郭子仪隔阂甚深，如果处理不好，不仅不能保国杀贼，而且会有被杀的危险。但是，为了大唐江山，他还是去找了郭子仪。

当李光弼走进郭子仪的中军大帐，营帐里的气氛顿时凝重起来，众将领不知接下来会发生什么。李光弼开门见山地说："如今天下大乱，李唐江

山危在旦夕。虽然我们曾共事一君，却是人尽皆知的死对头。如今我投靠你，是为了报效国家，现在你大权在握，我愿意为你一小卒，战死沙场，只求你放过我的妻儿。"

李光弼的突然造访，让郭子仪毫无思想准备，而且他还摆出一副大义凛然的样子，以民族大义、报效国家的名义来投靠自己。郭子仪心想："纵然自己曾经和他是死对头，如今他一上来，就以国家大义为重，此时要是杀了他，难免会让人说自己挟私报复，难以服众。既然已经失去了主导权，不如做个顺水人情，成全了他，同时也彰显了自己的大将风度。如果他今后讨贼不力，再治罪也不迟。"想到这一层，郭子仪站起来，紧紧握住李光弼的手，眼含热泪地说："不错，先前我们虽然不合，现如今国难当头，皇上不理朝政，作为臣子，我们怎能以私人恩怨而置国家社稷安危于不顾呢？"说完，立即封李光弼为副元帅。

李光弼心里清楚，虽然自己被郭子仪接纳，但是并没有消除郭子仪的忌恨。他知道，要想在今后不被所害，就必须完成自己的志向，于是他在每一次的平叛中积极出谋划策，骁勇善战，打败了叛军，为郭子仪平定安史之乱立下了汗马功劳。

郭子仪也被李光弼的无私所感动，决定不计前嫌，亲自上书唐玄宗，推荐李光弼为节度使。后来，两人竟从开始的死对头，变成了一对好朋友。

要想掌握事态发展的方向，首先你必须要切中要害之处，案例中的要害之处就是匡扶社稷，平定叛乱，在这顶"大帽子"下，任何的个人恩怨都可以统统放到一边。其实，李光弼敢于主动去找郭子仪，他事前就已经很清楚事态会向什么样的方向发展。在与人交际中，这种预见性来源于他牢牢地把握了人与人之间的同理心。也就是说，当你抓住了一种大家共同存在心理认同点时，你说出的话将会引起大家的共鸣，得到大家共同的认可，这等于在无形之中，你站在了大家共同意识的讲台上。

## 第九章　掌控全局，有效地影响、领导他人

想要弄清楚事态的发展形势，你必须跳出思维框架，认识到整个事情的全貌，以及在这种形势下人们的心理状态。他们会说什么话，做什么行为，持有什么样的价值观。这个过程会存在一定的冒险性，因为谁也不能百分之百地洞彻他人的心理和行为。不过，如果能够很好地利用人们的同理心，胜算就会大大增加。

在没有定性之前，任何的想法都是一种主观臆断的，案例中的李光弼并没有十足的把握去了解郭子仪的思想和行为，他很有可能被郭子仪杀害，只不过他带上了一个自我保护的"筹码"——报国平乱。在心理学上，这是一种可利用的"道理"和"逻辑"方面的准则和标准，就好比大家共同遵守的伦理道德、国家法律和社会规范一样，这是大家公认的一种外部规则。而这种规则是约定俗成，得到了大众心理的认可，是神圣不可侵犯的。一旦你拿着这些规则作为盾牌，就有了极大的保障。

## 掌控最薄弱的环节

1966年美国总统大选中，共和党和民主党各自推出了自己的候选人，共和党方面的是卡特，民主党推选的则是爱德华·肯尼迪——死去的肯尼迪总统的弟弟。

在人们看来，肯尼迪出身名门，不仅拥有庞大的家族财势，而且他的两位哥哥有着为国殉职的声望，他自己也担任参议员多年，经验丰富，如果他想成为新一届的总统，简直可以说是探囊取物。

候选人卡特出身于贫困的农民家庭，虽有担任州长的经验，但是显然比不上肯尼迪在各个方面的优势。卡特见竞选没有优势，就开始想办法找寻肯尼迪的软肋，他知道在竞选总统上，个人的形象非常重要，因为将来的总统

代表的就是国家形象。于是，他开始在死去的肯尼迪的谋杀事件上做文章，开始了一连串攻击，说肯尼迪总统对美国中央情报局谋杀外国领袖的阴谋知情，说肯尼迪总统在白宫里面乱搞女人，甚至还请一名叫艾里斯的女人出来作证，在新闻和媒体面前大谈和肯尼迪总统的性事件。进一步又扯出一位黑手党的首领，说他如何帮助肯尼迪违法当选，等等。

这些言论的爆料，让肯尼迪家族的形象大大受损，卡特抓住肯尼迪家族的一些丑闻事件，大肆宣扬，以达到打击的目的。在这种猛烈的攻击下，爱德华·肯尼迪果然招架不住，在媒体面前，不得不宣布退出角逐。

到了1980年，爱德华·肯尼迪和卡特再度成为了总统的角逐者，两人再度交锋，竞争下一届新总统。此时卡特已经是现任总统，知道上次的打击策略不能再用了，因为那些陈芝麻烂谷子的丑闻风波已经过去，不再是肯尼迪致命的要害了。于是，他暗地里怂恿新闻记者抬出"柯鲁珍事件"，报道了当年爱德华·肯尼迪对于溺水的女友见死不救的情况，大肆批判肯尼迪的人品，说："这样的一个人怎么能够成为新一届的国家领袖呢？"外面舆论的穷追猛打，媒体铺天盖地的宣扬，再度击中了爱德华·肯尼迪的软肋，使他在新一届总统选举上再度败北。

### 掌控权力的关键，在于抓住他人的弱点

案例中，卡特能够击败占尽优势的肯尼迪，在于他运用了"田忌赛马"的交际战术，在最优势的方面不能够取得胜利，可以从最薄弱的地方下手。在心理学上，这种战术其实就是一种木桶原理。一只木桶是由很多块木板箍在一起而成的，而木桶能够装多少水，取决于这些木板的长短。

然而，不管其他木板有多长，其中最短的那块木板，决定了整个木桶的盛水量。这块短板成为了整个木桶最薄弱的地方，是木桶盛水量的限制因素。也就是说，控制了这块短板，就等于控制了整个木桶。在交际中，可以依靠掌控薄弱环节，去控制整个全局，掌握事态发展的趋势。

# 第九章　掌控全局，有效地影响、领导他人

在人际交往中，人们往往会隐藏自己的缺点，展露自己的优点。这种心理现象依靠生理行为体现出来，比如当一只乌龟遇到危险时，它会把四肢软弱的部分，缩进坚固的壳里；刺猬受到攻击时，会把头部缩进身体的刺里。这些生理行为其实都是它们心理现象的反映，它们想隐藏自己的薄弱环节，避免在交际中受制于人。一旦露出了自己的薄弱环节，将很容易被别人所控制，并且丝毫没有还手之力。由于薄弱环节一半都具有一定的隐蔽性，不易被别人发掘，要想成功地主导对手，就必须发挥一定的主观能动性，善于寻找到那块"短板"。

## 成为关系网中的中心人物：按自己的规则办事

### 抛开个人情感，用理性控制局面

罗斯福总统入主白宫以后，与以前的美国历届总统一样，拥有自己的顾问参谋团，在他的身边为他出谋划策。但是，他又和别的总统不一样，因为他从来不让他的下属和他的关系靠得太近。他认为，如果下属和总统的关系太近，就会影响他们之间的工作关系，而且下属会利用这层关系为自己牟取利益。

他任职总统期间，在他的总统秘书处、办公厅和私人顾问等智囊机构里，从来没有人工作时间能超过两年的。他规定：在白宫工作的人，就像总统的任职期限一样，到了规定的时间就必须换人。白宫里的任何人都不能以某项工作作为自己一生的职业。

罗斯福认为：一个人如果长期在白宫工作，对国家和个人都会存在一定的风险，因为他工作的时间越长，掌握的机密也就越多，所以只有采用流动

的用人方式才能对他的权力有利；二是他不想让他的下属变成他"离不开的人"。作为美国的最高统治者，如果有一个人长期在他身边工作，就会因为亲密关系影响他的思维和决断，这是他绝对不允许的。定期进行职务调动，不但可以使顾问和参谋团保持迅捷、多角度的思维，还可以使整个机构充满朝气和新鲜感，也可以杜绝顾问和参谋们利用总统和政府来营私舞弊。

生物学家费尔曼曾提出："自然界的一切群体都具有情感性，一个群体的聚集是一种情感的聚集，比如人与人之间形成的朋友关系、同事关系和夫妻关系等。"这些情感因素往往会让人失去一定的原则，比如朋友请你帮忙，走一下捷径，以为自己谋私；父母和妻子利用你的职权，以达到某些个人目的。这些感情因素会使人畏首畏尾，易于妥协，从而失去主动性。

一般来说，一个成功的领导者都会有自己的脾气，甚至有些"冷血"，这样的领导人，言论和行为都具有一定的攻击性，看上去十分霸道，不容亲近。虽然这种人看上去令人难以忍受，但这种管理方式的确更加高效、有力。情感上的懦弱在工作和生活中是十分致命的弱点，很容易成为阻碍达到预定目标的绊脚石。

在一个善于掌控全局的人内心，"我可以帮个忙吗？""我们的关系这样好！"等请求从来不能动摇他的意志，当然，他本身也是一位很有职业操守的人，不会以权谋私，不会做规则以外的事情。别人很难抓住他的漏洞，这也让他得以全面地驾驭手中的权力。

### 让自己成为决策者

杰诺进入ALISE公司还不到两年，由于他做事十分干练，已经成了公司项目部的一位主力干将。

这天，公司老板突然把杰诺叫进了办公室，给了杰诺一个大大的惊喜。老板明确表示很欣赏他处理问题的方法，公司现在接到了一个新的项目，由

## 第九章　掌控全局，有效地影响、领导他人

于人手不够，所以决定由他负责。杰诺很清楚，老板能把这样的项目交给自己负责，证明他十分信赖自己；另外，项目部经理刚刚离职，新经理的人选迟迟未定，看来，老板是要试探自己。按照惯例，这个项目完工后，他就会升职。

项目刚开始的时候，这天，工程部打电话来，提醒杰诺第二天去参加项目的奠基仪式。可是，老板恰巧不在，打电话也关机。杰诺心神不宁地放下电话，他觉得奠基仪式事关重大，但老板去出差了，也没说什么时候回来。

于是，杰诺对工程部说："老板不在，看来，奠基仪式只能改天举行了。"

"这是老板亲自定的日子，哪能说改就改呢？"工程部经理说。

杰诺不以为然地说："老板不在有什么办法呢？这个项目是我负责的，我有权决定，就这么办吧。"

工程部经理在职已经许多年了，他完全了解老板的个性，也明白改变日程会带来的后果，只能据理力争，打消杰诺的想法。无奈之下，杰诺也只能依从工程部经理的意见。

第二天早晨，当杰诺走进公司后发现，老板已经坐在办公室了。杰诺惊出了一身冷汗，心想："多亏没有取消奠基仪式。"

老板对他说："我听说你看我没回来，要取消奠基仪式？想不到你的想法还挺大胆。杰诺先生，我想你应该清楚，奠基仪式日期是早就定好的，州长都要来参加呢，怎么能说取消就取消呢？抱歉，你并没有这个权力。"

杰诺知道自己差点闯祸，看着老板不悦的脸色，只好连连认错。当然，他也很清楚，自己的升职计划泡汤了。

认可并且维护自己的权威性，是作为领导者最不容忽视的一个方面。在上面的案例中，杰诺之所以触犯了老板的"禁忌"，就是因为他没有弄清楚自己的身份，也忽略了一点：老板之所以能管理整个公司，因为他是唯一的

最高决策者，他的权威不容侵犯。也许有人会觉得老板太不近人情，但试想一下，凡事有了第一次肯定会有第二次、第三次，如果此次他姑息了下属，也就等于他亲自推翻了自己制定的法则，之后，员工私自决策的情况肯定还会发生，管理也就会陷入混乱。

值得注意的是，掌控权力并不意味着独裁，而是在既定的规则之上合理地发挥自己的权力。作为一个领导者，切勿只考虑个人意愿。要做到让人心服口服，就不能只以个人意愿作为出发点。作为领导，你一定要保持自己的公正的形象，千万不要意气用事，即使是遇到了胡搅蛮缠、不易对付的属下，也只应该以理服人。你要知道，你是在领导别人，而不是在和别人意气之争，所以你应该拿出领导的气度来，不要与他人一般见识，否则只会导致别人的反感。

## 别太急于表现自己，做最后一个发言的人

"群面"这种从外企引进的一种面试方式，正在被越来越多的国企、民企所青睐。这种方式也被称为"无领导小组讨论"，是指用人单位采用情景模拟的方式对一组求职者进行集体面试，求职者们须在规定的时间内围绕同一个主题进行讨论并得出自己的结论。

因此，无论扮演的是领导者，还是点子王，群面最重要的是能"跳"出来，设法让面试官感觉你与别人不一样，从而记住你。但在"群面"时有两个极端不能走，即默不做声和过度表现。发言的次数太少，就不能将自己的观点和才能展露出来；过度表现则反映出团队合作能力欠缺，容易侵犯别人的发言权，不尊重别人，会给面试官一种感觉，你不善于倾听别人的意见，合作意识较差。鉴于此，如果你想让面试官在这种很多人一起讨论问题的面

## 第九章　掌控全局，有效地影响、领导他人

试形式中记住你，那就尽量成为最后一个发言的人。

一个面试者自知自己的笔试成绩不理想，勉强才进入复试，因此决定在群面时好好表现一下自己。他的办法就是争取到最后一个发言的机会。一般来讲，这种群面都是有时间规定的，那天他所在的小组被给予的时间是20分钟，就在群面结束前的一分钟，这个面试者突然接过话头："我很同意××的说法，不过我还有两点补充，在说这两点之前，我先把大家的意见总结一下。"在归纳后，他积极地陈述了自己的观点，其实他说的观点并没有什么新意，但是由于他之前总结归纳了其他人的意见，又提出了看似补充的观点，这让面试官对他立刻刮目相看。于是，他胜过了笔试成绩和口才比他好的其他面试者，顺利进入了这家公司。

这位面试者之所以被录取，很大程度上由于他最后的总结发言，影响了面试官对他的印象。因为人们在吸收各种信息形成对一个人或是一件事的看法时，往往容易受到最后出现的信息的影响。

心理学家将这种由于后来的事件对先前事件获得的印象起了一定的影响和干扰作用称为心理倒摄抑制作用。由于这种心理倒摄抑制的作用，我们会发现：在沟通中，某人最近的行为总能影响其以往的人际印象。这种在多种刺激出现的时候，印象的形成主要取决于后来出现的刺激的现象被心理学家称为"近因效应"，即交往过程中，我们对他人最近、最新的认识占了主体地位，掩盖了以往形成的评价。

我们都知道第一印象对塑造形象的重要作用，那么，到底是"第一印象"还是"最近印象"对于人际形象的影响较大呢？心理学家琼斯做了这样一个实验：

他分别向两组实验参加者介绍一个人的性格特点。对甲组先介绍这个人的外倾特点，后介绍内倾特点；对乙组则先介绍内倾特点，后介绍外倾特点。最后考察这两组实验参加者对此人留下的印象。结果是第一印象作用更加明显。

然后他把上述实验方式稍加改变，在向两组实验参加者介绍完第一部分后，插入其他作业，如做一些数字演算之类不相干的事情，然后再介绍第二部分。实验结果表明，两组的实验参加者，都是第二部分的材料留下的印象深刻，近因效应则比较明显。

那么，在与人沟通时，我们到底是应该着力重视"第一印象"还是应该积极建设"最近印象"呢？根据实验结果，我们可以发现："第一印象"和"最近印象"对人际认知的影响都比较大。具体表现为：

在交往初期，即在彼此还生疏的阶段，第一印象会产生较大作用；但随着对方对你的接触增多和考验力度的加大，近因效应的优势就会凸现出来。

这种影响的作用体现在面试、企划会议或是小组讨论等更广泛的方面。在这样的场合中，你除了要适度地发言以提醒别人你的存在之外，还要默默地记录下别人的意见，尽可能用简练的言语给他们分门别类，等到会议快结束的时候，你可以在归纳大家意见的基础上，提出自己的观点。由于此时所有人都已经发过言，你这样做，无疑是将自己的观点变为别人观点的总结和升华，因此会带给与会人士更深刻的印象。

## 沉默的威慑力：于无声处让人臣服

玩过"过山车"的人应该有这样的体会："过山车"最恐怖之处，其实不是从几十米高度瞬间坠下，而是伴随着"咔咔"的机械摩擦声逐步爬向最高点，在坠落前的那个2—3秒的停顿。这种悬而不掉的煎熬会让人产生巨大的恐惧感和心理压力，而真的掉下去以后，恐惧感反而会逐渐减弱。

这种现象也可以映射到我们的人际交往中。人在感觉到极度恐惧和紧张的时候，往往不是受到攻击的时候，更多的是在知道自己要被攻击，却在被

## 第九章　掌控全局，有效地影响、领导他人

攻击前停顿的瞬间。这种在情绪即将爆发的瞬间采取停顿、静止等类似"沉默"的举动，会对人的内心起到巨大的震慑效果，它会放大情绪爆发的程度和极致感的体验，这种"停顿"式比"连续"式产生的威慑作用要更加强烈。

中国古代兵法中提到"兵先有声而后实者，谓以先声夺敌之魄，故敌不烦而服也"。这种先声后实的方式就能够起到震慑效果，通过宣传、语言等方法显示自己的力量和决心，让对方产生心理障碍，使对方有所收敛，以达到"不战而屈人之兵"的效果。两军对垒，战争一触即发之际，倘若按兵不动，能够通过一种"沉默"的方式让对手心生畏惧。国际上经常会发生类似的情况，两国之间如果发生矛盾或冲突，双方一般不会二话不说上来就动手，而是通过媒体向其他国家宣扬自己的军事实力，通过其他国家的媒体对比、宣传和造势，让对手了解自己的实力。这招"指东打西"实际是要达到震慑对手的效果，使对手根据自身的情况综合考虑，最后做出让步的选择。

除了国与国之间，"沉默"在个体交往中出现的情况也非常多。生活中有些聪明人会利用人们的这种心理来影响别人。比如，演说家在演讲到最关键的时刻会停顿几秒，激发听众的求知欲和好奇心；音乐指挥家会在交响乐高潮部分忽然停顿，瞬间提升观众的震撼体验；画家会在作品的最关键位置采用留白或者虚化等处理方式引发观众的无限遐想。

齐白石是 20 世纪中国著名的国画大师，因为笔下的虾栩栩如生而被人称道，绝妙之处在于，他的画中并没有画水，但是总能给人"虾在水中游"的错觉。心理学家将这种现象称作"空白效应"，故意设置悬念吊胃口，给人更多的想象空间，激发好奇心和求知欲。艺术上的这种"空白效应"其实与震慑效果有着异曲同工之妙，都是人为地、刻意地减少表现内容反而达到更好的表达效果，此时无声胜有声。

有一天，一个农夫来到一家餐厅吃饭，刚把马拴在树上，一个骑士也把

自己的马牵过来拴上。农夫告诉骑士，自己的马还没有驯服，可能会伤到他的马，最好他能换个地方。骑士并没听取农夫的建议，趾高气扬地进了餐厅。结果他的马果真被脾气暴躁的野马踢死了，骑士暴跳如雷，将农夫告上了法庭。

到了法庭，法官询问农夫为什么他的马会踢死骑士的马，农夫并没有立即回答法官的问话，而是直勾勾地盯着骑士。骑士"做贼心虚"，顿时觉得浑身不自在。法官继续询问，农夫始终一声不吭地盯着骑士。法官感觉到其中的怪异，于是转而询问骑士。骑士本来已经很紧张了，在法官权威的质询下，他的心理防线终于失守，交代了事情的真相。结果农夫无罪释放，骑士因说谎而被判刑。

沉默是一种无声的力量，懂得如何"沉默"，就能学会如何影响别人。猎豹、狮子和老虎等猛禽在捕捉食物之前总是静无声息，沉默是为了爆发积蓄力量，而像麻雀一样无休止地叽叽喳喳只会惹人讨厌。关键时刻的沉默能使别人对其产生一种敬畏感，也给自己增添一份神秘感。

有一个人深谙此道，他非常善于利用沉默来调动情绪，他就是美国总统奥巴马。2008年，他在竞选总统演讲活动中就充分展示了"沉默"的力量。他在每一段激情澎湃的演讲之后，都会沉默3—5秒，让台下和电视机前的观众为之疯狂、欢呼，这些演讲为他的竞选成功之路画上了浓墨重彩的一笔，以至于后来的很长一段时间里，他的演讲都被人们热议，而且还被当作演讲的教学模板。2011年5月2日，奥巴马在白宫向全世界宣布击毙本·拉登，在他近10分钟的演讲中，前面很大的篇幅都是在回顾9·11事件给美国人民带来的痛苦，痛诉恐怖分子对美国乃至世界犯下的累累罪行，激发恐怖主义受害者痛楚回忆和赢得社会各界的普遍认同。演讲接近尾声的时候，他用严肃的表情正式宣称本·拉登被击毙，之后停顿了2—3秒的

## 第九章　掌控全局，有效地影响、领导他人

时间，眼睛里透露出坚定的神情。此视频在全世界范围内第一时间以最快的速度传播，这两三秒的停顿，既是对恐怖主义的震慑，也是供百姓欢呼的时刻。

所以，当你面对一个人或一个群体演讲时，可以在关键的部分"停"下来，这样特殊的"节奏感"会影响对方的反应，达到更好的效果。但有一点需要注意，停顿时间不能过长。尤其在演讲的时候，如果停顿时间过长，反而会让受众觉得你思维衔接不上了，这样一来，非但达不到强调的效果，反而会导致对方注意力分散，使得演说效果大打折扣。

## 不鸣则已，一鸣惊人，与众不同的人更有号召力

如果让你组织一次比较正式的宴会，当你站在门口与宾客一一握手时，你会对哪种客人的印象最深？

西装革履的中年绅士

穿着黑色晚礼服的漂亮女人

穿着普通、戴着眼镜的老年学者

一个路过该饭店来此上卫生间的僧人

……

在你想好答案以后，我们来看看苏联心理学家莱斯托夫在一次宴会中发现的一个非常有趣的现象：

参加宴会的人们往往只能对身形、相貌、年龄、地位等特征中最为突出者留下一些印象。通过连续多次的观察和探访，他发现生活中有很多类似的现象，于是，莱斯托夫大胆地推测人们总是容易记住那些特殊的事物，随后

他做了一系列实验证明了这一推测，并把这个现象称之为"莱斯托夫效应"。

那么，为什么会出现莱斯托夫效应呢？

这其实和人们的记忆特点有关，人们对许多事情的记忆都是无意识记忆。无意识记忆有一些很特别的地方：无意识记忆是没有自觉记忆的目的，不需任何识记方法，也不需作出意志努力的识记。它完全是人类在自然的状态下发生的记忆，甚至连当事人自己都没有意识到。同时它还带有明显的偶然性，对于一些感知过的事物、体验过的情感、操作过的动作以及阅读过的资料，即便当时没有想到要记住它们，但事后却能回忆和再认出来。这是人们可能在无意识中记住某人的一个基础条件，但最终促使人们记住那些有特点的人，导致莱斯托夫效应产生的根本原因就是无意识记忆的选择性。

在信息爆炸时代，人们获取信息的渠道有很多，当海量的信息决堤般袭来时，记忆就开始了它的选择过程。在这个选择过程中，新鲜的、特别的、神秘的、未知的信息会比普通信息先被选择，也就是说，没有特色和价值的信息根本进入不了大家的视野和头脑。因此，即使我们的头脑再聪明，也不可能记住所有接触过的人、事、物，所以，只有那些在生活中具有重大意义的事件，那些引起我们浓厚兴趣并激发我们强烈情感的事物，才会被我们牢牢记住。

谈到白宫的撰稿人，所有人眼前都会浮现出西装革履、刻板沉稳的形象。但是 22 岁的撰稿人布罗斯却是一个特例。刚进入白宫的时候，他便在同事中引起了一阵不小的骚动。尽管他看上去是那么的普通，而且毫无经验可言，但他特立独行的性格还是给人留下了深刻的印象。尤其是他那一头染成红色的头发，更是在素以保守沉稳而闻名的白宫撰稿人中显得格外刺眼。

除了在衣着上显得与众不同以外，布罗斯对自己的职业也有着不同于别人的看法。要知道，白宫的撰稿人是一个非常特殊的群体，这些智囊们负责构思、策划、撰写、润色美国总统大部分的对外施政纲领和所有的演讲稿。鉴于此，白宫对撰稿人的选拔也就格外严格。同时，这些撰稿人内部也根据

## 第九章　掌控全局，有效地影响、领导他人

资历，有着严格的等级划分。但年轻的布罗斯似乎对这种严格的等级划分视若无物。刚进入白宫不久，他便根据从亲身实践中获得的经验，向上司陈述了一些自己的意见。然而现实毕竟不是童话，布罗斯独到的见解不仅没有得到上司的青睐，而且还招来了同事们的冷嘲热讽。一些好心的同事都私下劝他收敛一些，免得吃亏。初出茅庐便栽了跟头的布罗斯也渐渐变得沉默寡言了，但他并没有放弃自己最初坚持的东西，仍然在苦苦地等待着新的机会。

机会终于降临了。2005年，鲍威尔辞去了美国国务卿一职，白宫内部发生了天翻地覆的巨变。一朝天子一朝臣，白宫的撰稿人们都暗暗为自己捏了一把冷汗，担心自己的饭碗是否还能保住。

紧接着，新上任的国务卿赖斯便召集所有撰稿人开会。出乎意料的是，赖斯并没有裁员的意思，她说这次大会只是想征询一下所有人对如何撰写白宫演讲稿的意见。既然失业的压力已经解除，这些人当然不愿意多说，因为言多必失，祸从口出，于是大家一个个沉默不语。可以想象这样的会议开得有多沉闷，不时有人打着呵欠。赖斯失望地打算结束这鸡肋般的会议，就在她酝酿结束词的时候，一个红头发的年轻人高高举起了手。所有人都惊讶地向他投去了目光，接着爆发出一阵哄笑——又是布罗斯这个性格叛逆的年轻人，真不知道他会对新国务卿说出什么令人吃惊的话来。

由于布罗斯是整场会议中唯一主动举手的人，会议结束后，赖斯转身告诉身边的助手："请留意一下这个红头发的孩子。"

后来，无论赖斯走到哪里，人们都会看到她身边有个红头发的大男孩儿。因为与众不同，年仅26岁的布罗斯在等级森严的白宫中平步青云，成为白宫中最年轻的高级顾问。

同样的道理，当人们往往被形形色色的人搞得晕头转向时，与其他人相比，标新立异的你更容易成为别人记忆中的亮点，更可能拥有成功的机会。

也许你会说，像我这么平庸的人，真的没有什么与众不同之处，那你就大错特错了，你身上的每一处都可以变为与众不同之处，你不一定也要染一

头和布罗斯一样的红发，但是你可以学习他特立独行的做事风格，你也可以将自己的平凡之处稍加整饰和包装，使其变为与众不同之处。比如，一个叫做刘明岩的女孩，在介绍自己的时候，总是会说出这样一个谜语让对方去猜——"文武双全，日月同辉，山石同在"，这种与众不同的介绍方式，难道不值得效仿吗？

## 若要让人追随你，就要先让他认可你

善于赞赏别人，给他人以自信，会赋予一个领导人神奇的魔力。

比如你对下属这样说："大家知道，你很能干。最近单位人力紧张，有件事我希望得到你的帮助。"这样一来，你的下属一定会为你分忧，即使一人干了两个人的活儿也不会有任何怨言。

事实便是如此，领导人能够手握重权，使无数人追随其左右，大都是因为别人能从他这里获得足够的自信。

1921年，38岁的查尔斯·史考伯被"钢铁大王"安德鲁·卡内基提拔为新组成的美国钢铁公司的第一任总裁，成为美国商界中年薪最先超过一百万美元的人，用现在的话说，他是美国的"打工皇帝"。

为什么卡内基愿意付给史考伯一年一百多万美元，也就是一天三千多美元呢？是因为史考伯是个天才吗？不是。是因为他比别人更精通钢铁制造吗？也不是。用史考伯自己的话说，对于钢铁制造，他的手下有许多人懂得的比他要多得多。

他能得到这么多的薪金，主要是因为他有着优秀的处理人际关系的本领。史考伯说："我认为，我能够把员工鼓舞起来的能力是我所拥有的最宝贵财富。而使一个人发挥最大潜能的方法是：赞赏和鼓励。再也没有比上

## 第九章　掌控全局，有效地影响、领导他人

司的批评更能抹杀一个人的雄心了。

"我从来不批评任何人，我给的仅仅是鼓励和赞扬。在管理上，如果问我喜欢做什么的话，那就是我喜欢迟于寻错，急于称赞；诚于嘉许，宽于称道。我在世界各地见到了许多大人物，不论他多么伟大、地位多么崇高——都是在被赞许的情况下比在被批评的情况下工作成绩更佳、更卖力。"

的确如此，正如他所说，他的老板卡内基之所以能取得惊人成就，其中一个重要原因便是：他总是公开而非私下称赞他的同仁。

卡内基甚至在自己的墓碑上还不忘称赞他的助手，他亲手写的碑文是："埋葬在这里的，是一个知道怎样和一个比自己聪明的人相处的人。"

"石油大亨"洛克菲勒成功领导下属、赢得支持的秘诀也是对他人诚恳的赞赏。比如有一次，他的下属爱德华·贝德佛在南美做了一桩糟糕的生意，使公司亏损了近百万元，但洛克菲勒却并未责怪这位下属。他知道这位下属已经尽力了，这件事情也过去了。所以，洛克菲勒找了一些理由来称赞他，他赞扬贝德佛，说贝德佛替他节省了投资的60%的资金。他说："这没什么，我们都有不得志的时候。"

2008年4月，45岁的中国"打工皇帝"唐骏以十亿元人民币的身价为新华都实业集团公司所聘用，创下了中国高管收入之最。

唐骏在面对记者的采访时说，自己的管理方式主要是给予下属更多的鼓励和赞扬。下属做对了，他会说："好样的，你真棒！"他深深地知道，鼓励能够激发下属的创造性，也能够提高下属的积极性。

相反，如果总是用批评、打击、否定、不信任、不尊重去对待下属或支持者的话，则会让人丧失自尊、自信，这样一来，只会让自己走向孤立无援的境地。

伍德罗·威尔逊是美国第28任总统。1918年11月，威尔逊在休战条约签署后大获全胜，全世界都臣服在他的脚下。在美国，民主和共和两大党都联合拥戴他，世界各国的政治家和人民也在关注着他的一言一行。可一年

后，威尔逊的威望就丧失了，谁都不愿再信任他。

现在的历史学家分析认为，威尔逊总统事业会失败是因为他犯了两个很明显的错误，这使他所依赖的支持者的自尊心受到了严重的伤害。

威尔逊的第一个大错是在休战条约签署的前些天，从他的手中签发了一封致命的信，他命令选民只能选择民主党议员。无疑，这个举动沉重地打击了那些忠心拥戴他的共和党人。这样，他的对手就有了可乘之机。而结果是，共和党在上议院反而获得了多数席位。

没过多久，他又犯了第二个大错。他对朋友的劝阻置若罔闻，没有安排哪怕一个上议院议员或者一个重要的共和党人，如鲁特、塔夫脱等人进入和平委员会。这对于共和党和上议院来说都是一个重大的打击。大家都知道，上议院的权力很大，只有上议院批准，威尔逊希望通过的条约才能生效。

事实上，他在"一战"时的国际地位完全是他的和平委员会帮他奠定的。这样一来，等候他的便是狂怒的对手。上议院中，连民主党人都开始不再支持他，更何况是执掌着上议院大权的共和党人。于是，威尔逊几乎是搬起石头砸了自己的脚。

威尔逊的失败并非偶然，他伤害了原来支持者的自尊心，让他的支持者远离了他。

在《再见维也纳》剧中担任主角的亚尔弗莱·仑特曾经这样说过："对我来说，没有什么比自尊的滋养更重要了。"

有人尝试过，连续6个昼夜不吃任何东西。其实那样做并不困难，到第6天时，似乎还不如第2天感到饥饿。可是我们都知道，如果有人连续6天不让他的家人或职员吃东西，那就是犯罪了。可是他们却会6天、6星期，甚至60年都不给他们的家人或职员所渴望的像食物一样的赞美与尊重。

所以，作为领导者或者那些想让自己更有影响力的人，都应该诚于嘉许，宽于称道，让自己的下属或支持者充满自信。这样的话，他们一定会个个乐意做你的忠实拥护者。